PONSON DU TERRAIL

LA
REINE DES GYPSIES

2ᵉ partie du ROI DES BOHÉMIENS

Prix : 1 fr. 10 cent.

PARIS
VICTOR BENOIST ET Cⁱᵉ, ÉDITEURS, RUE GIT-LE-CŒUR, 10, A PARIS
Ancienne Maison CHARLIEU et HUILLERY.

PONSON DU TERRAIL

LES
REINE DES GYPSIES

(LA REINE DES BOHÉMIENS)

PARIS

VICTOR BENOIST ET Cⁱᵉ — ÉDITION ILLUSTRÉE — 10, RUE GIT-LE-CŒUR, 10.

LA REINE DES GIPSIES.

« Pardon de vous avoir fait attendre, mon vieil ami. » (Page 12, col. 1.)

PREMIÈRE PARTIE.

Le brouillard fauve qui, dans la matinée avait enveloppé la cité de Londres, s'était déchiré tout à coup sous le souffle puissant de la brise qui courait du sud-ouest au nord-est.

Le disque cuivré du soleil se levait alors radieux sur un ciel sans nuages, inondant de ses feux le vieux dôme de Saint-Paul.

C'était jour de liesse pour le peuple anglais que le

1er juillet 1776. Trompée par de récents et décisifs avantages remportés sur les Américains rebelles, la chambre des lords était loin de penser que, dans peu d'années, la grande colonie américaine, aidée par l'épée de la France, aurait pour toujours conquis son indépendance en se séparant de la mère patrie. Refoulés vers les côtes, chassés tour à tour des rives des lacs Érié et Ontario, les Anglais avaient fini par reprendre une à une toutes leurs positions.

L'énergie que le jeune marquis d'Asburthon avait montrée dans la défense du fort Saint-George, et l'exemple terrible qu'il avait fait, étaient pour beaucoup dans les dernières victoires de l'armée anglaise. Les vieux généraux, blanchis dans les camps, ne pouvaient se laisser distancer par un officier de vingt ans. Or, c'était un jour de fête pour les Anglais que celui où ce jeune héros de vingt ans, après avoir débarqué à Plymouth, rentrait dans la capitale à la tête de quelques braves cavaliers qui restaient encore de ce beau régiment de dragons qu'on appelait les dragons du roi.

Aussi, dès huit heures du matin, la population tout entière s'était-elle portée à la rencontre de ce bataillon sacré, bien au delà des portes de Londres. La foule immense était contenue à grand'peine par les officiers de police. Les femmes se dressaient sur la pointe des pieds aux bords de la route; les hommes se pressaient et se poussaient, les enfants grimpaient sur les arbres. Cependant, rien encore n'apparaissait à l'horizon. Un moment, la foule devint tellement compacte, que les brillants équipages furent complètement enveloppés et que les chevaux ne purent repousser ce flot humain.

Dans une voiture découverte, attelée de deux magnifiques chevaux, se trouvaient deux femmes qu'on aurait pu prendre pour les deux sœurs. L'une rayonnait du splendide éclat de la jeunesse, l'autre avait la noble assurance et la dignité calme de la maternité.

Ces deux femmes paraissaient non moins impatientes que le peuple de voir arriver les dragons, et lorsque le cocher eut annoncé qu'il ne pouvait aller plus avant, la plus âgée des deux s'écria :

« Eh bien ! nous irons à pied.

— Non, madame, répondit la jeune fille, je n'y consentirai pas, car ce serait vous exposer à vous faire écraser par la foule. Et puis, ajouta-t-elle en se levant dans la calèche, nous verrons mieux ici.

— O mon fils ! murmura l'autre femme, mon fils adoré !...

— Vous allez le voir ! chère mistress Celia, » dit miss Ellen, car c'était la pupille de sir Robert Walden qui venait à la rencontre de Lionel. En ce moment, la foule fit entendre un long murmure; un nuage de poussière obscurcit l'horizon, et cent mille voix crièrent à l'unisson :

« Les voilà ! les voilà ! »

Une femme, vêtue du modeste costume des bourgeoises de Londres, qui venait de se cramponner à la portière de la calèche, tendit une main suppliante à mistress Celia, et lui dit :

« Ah! si vous êtes mère, madame, vous ne repousserez point la prière d'une mère; laissez-moi monter dans votre voiture, car moi aussi, murmura-t-elle en étouffant un sanglot, moi aussi je veux voir mon fils ! »

Mistress Celia tendit les deux bras à cette femme et la fit monter auprès d'elle, tandis que miss Ellen regardait l'inconnue avec une ardente curiosité. Cette femme, qui paraissait avoir trente-huit ou quarante ans, était remarquablement belle encore, mais son visage portait l'empreinte d'une sombre et profonde douleur morale.

« Pauvre femme, lui dit mistress Celia, vous avez dû bien souffrir et pleurer souvent durant cette guerre maudite?

— Oh! oui, dit-elle en levant au ciel un regard voilé de larmes, oh! oui, milady.

— Mais vous allez le revoir enfin ! car il revient, n'est-ce pas? il revient sain et sauf?

— Oui, madame, répondit l'inconnue en tremblant.

— C'est la mère de quelque soldat, » murmura mistress Celia à l'oreille de miss Ellen. Mais la jeune fille ne répondit pas; elle paraissait absorbée par quelque lointain souvenir.

« Comme vous allez le presser dans vos bras, l'étreindre sur votre cœur, pauvre femme ! » reprit encore mistress Celia.

L'inconnue ne répondit pas; mais deux larmes brûlantes jaillirent de ses yeux et elle étouffa un sanglot.

« Les voilà ! les voilà ! » cria de nouveau la foule.

Et, en effet, on entendit retentir les fers des chevaux sur le pavé de la route. Les trois femmes se dressèrent dans la calèche, dominant ainsi la mer de têtes qui les entourait. A vingt pas en avant, un officier à cheval portait le drapeau du régiment, un noble drapeau lacéré par les balles, noirci par la fumée, un haillon de gloire ! Puis, derrière le porte-drapeau, on vit s'avancer seul, calme et fier, le sourire aux lèvres, cet homme dont la renommée avait fait un héros, ce colonel de vingt ans dont les vieux généraux se montraient jaloux, Roger d'Asburthon, qui saluait de son épée avec une grâce chevaleresque la foule qui l'acclamait. A sa vue, la femme inconnue que mistress Celia avait fait monter dans sa voiture, la pauvre mère aux vêtements modestes, jeta un cri de suprême joie.

« Ah! qu'il est beau ! » dit-elle en retombant à demi évanouie sur les coussins de la calèche.

Mais, en ce moment, un homme fendit la foule, prit la femme dans ses bras, l'enleva comme un enfant, et disparut en murmurant :

« Ah! malheureuse ! qu'as-tu fait? tu viens de te trahir. »

Miss Ellen avait eu le temps de voir et de reconnaître cet homme.

« Lui ! dit-elle, lui que je croyais mort ! »

Puis elle saisit vivement le bras de mistress Celia, bouleversée par tout ce qu'elle venait de voir et d'entendre :

« Savez-vous quelle est cette femme? madame.

— Non ! fit mistress Celia.

C'est la véritable mère du marquis Roger d'Asburthon. A présent, je ne doute plus. »

. . . .

Roger s'avançait toujours au pas, et son œil interrogeait avidement la foule, y cherchant un regard qui ne fût que pour lui, Roger, et non pour le soldat. Tout à coup, l'officier qui marchait derrière lui poussa son cheval et vint se ranger à sa gauche. C'était Lionel, Lionel nommé capitaine à la fin de la campagne. Le jeune officier était pâle d'émotion, mais ses lèvres souriaient.

« Elles sont là ! dit-il d'une voix entrecoupée, elles sont là ! »

Et il étendait la main vers la foule. »

« Qui donc? demanda Roger.

— Ma mère.... et celle que j'aime, ma fiancée ! »

Roger suivit du regard la direction de la main de Lionel. Il reconnut mistress Celia dans la calèche, et vit miss Ellen auprès d'elle ; il étouffa un cri et serra avec rage la poignée de son épée.

« Mon Dieu ! s'écria Lionel, qui le vit chanceler sur sa selle.

— Ta fiancée.... la femme que tu aimes.... c'est....

— Miss Ellen ! » dit Lionel.

Le visage du marquis s'empourpra tout à coup; le gentilhomme s'effaça un moment, le noble pair disparut, et le sang de bohème qui coulait en ses veines s'éleva violent et terrible pour la haine.

« Ah ! c'est miss Ellen que tu aimes ! Eh bien ! je l'aime aussi, moi ! dit le fils de la bohémienne en fixant sur son rival un regard de flamme.

II

Tandis que le régiment des dragons du roi avait peine à s'ouvrir un passage au milieu de la foule, qui battait des mains sur son passage, une voiture, qui était parvenue à se dégager, rentrait à travers les faubourgs, au grand trot. Cette voiture, dont le cheval de sang attestait qu'elle appartenait à un homme riche, traversa le pont de Londres à toute vitesse et vint s'arrêter dans Piccadily, à la grille d'un charmant hôtel. Deux hommes descendirent de la voiture. L'un d'eux soutenait dans ses bras une femme qui semblait avoir perdu connaissance.

« Porte-la, dit l'autre, car elle n'a pas la force de marcher.... Pauvre Cinthia! »

L'homme qui parlait ainsi n'était autre que Jean de France; non plus Jean de France affublé d'une vareuse de matelot, mais le beau nabab Osmany, le gentleman aux millions, le beau dont la *nobility* s'était beaucoup occupée avant la guerre. Celui qui l'accompagnait et portait Cinthia dans ses bras, était Samson, le bras droit du Roi des bohémiens.

Samson, lui aussi, semblait avoir fait peau neuve. Son habit de drap couleur tabac d'Espagne, son gilet de soie brochée, sa culotte de casimir noir, et sa grosse tête poudrée lui donnaient l'apparence d'un important receveur des taxes, ou d'un bon gentilhomme de quelque comté lointain, venu à Londres tout exprès pour y apprendre les belles manières.

Le petit hôtel dans lequel nous voyons entrer ces trois personnages appartenait à Osmany. Tout ce que le luxe asiatique peut inventer, tout ce que l'or et le goût réunis peuvent créer, avait été accumulé dans ce palais en miniature. Ce fut dans une pièce du rez-de-chaussée, un joli salon tendu de soie gris perle, que Samson porta Cinthia. La pauvre mère affolée sanglotait, le visage caché dans ses mains. Jean de France lui dit d'une voix émue :

« Tu veux donc perdre ton fils? ton fils pour lequel nous venons de jouer notre vie!... Cinthia, pense à ceux qui ne sont pas revenus dans la tribu!

— Ah! répondit-elle, il n'y a qu'une mère qui puisse comprendre ce que j'ai souffert depuis dix-huit années! Avoir un fils, et ne pouvoir se rassasier de sa vue; vivre auprès de lui, et ne pouvoir lui dire : « Je suis ta mère! » Ah! tu aurais pitié, Jean, si tu avais subi ces angoisses, si ton cœur avait été écrasé par cette torture de toutes les minutes. »

Jean de France eut un sourire amer.

« Mais que serait-il donc, cet enfant, reprit-il, s'il était resté auprès de toi? un misérable bohémien comme nous, car je n'aurais jamais songé à devenir riche si je n'avais eu de l'ambition pour lui!.... »

Cinthia pleurait en silence.

« Au lieu de cela poursuivit Jean de France, il est riche, il est noble, colonel, pair d'Angleterre, il peut s'allier aux plus grandes familles, et le roi signera son contrat de mariage; ce soir, George III lui tendra sa main à baiser, il se fera dîner à sa table. »

Cinthia pleurait toujours.

« Veux-tu donc, maintenant, poursuivit Jean de France, qu'on le renverse de ce piédestal où nous l'avons placé, et qu'on le chasse comme un laquais, en lui disant : Vous n'êtes point le vrai marquis Roger d'Asturthon, le fils légitime du lord gouverneur des Indes : vous êtes Amri le bâtard, le fils d'une bohémienne, un de ces maudits sans feu ni lieu, condamnés à errer par le monde? »

Cinthia se redressa brusquement, une flamme de colère s'était allumée dans son regard.

« Mais tu ne sais donc pas, malheureuse, quelle était la jeune fille qui se trouvait dans cette voiture où tu es monté?

— Non, dit Cinthia.

— C'est notre plus mortelle ennemie, c'est miss Ellen, la pupille de sir Robert Walden, c'est Topsy, la fille de Nathaniel, l'homme à la fouine! »

Cinthia jeta un cri.

« Comprends-tu maintenant? dit Jean de France.

La pauvre mère courba la tête et garda le silence.

« Va, dit Jean de France, si tu es privée des caresses de ton fils, tu jouiras du moins de ses triomphes; car ce n'est point assez pour moi qu'il soit noble, qu'il soit beau, qu'il soit pair d'Angleterre : je veux encore qu'il soit aimé, je veux lui donner pour femme la plus riche héritière des trois royaumes. »

Exaltée par les paroles de Jean de France, la reine des bohémiens eut un mouvement d'orgueil.

« Je ferai tout ce que tu voudras, Jean, dit-elle résolument. Faut-il quitter l'Angleterre! dois-je m'exiler? je suis prête à sacrifier ma vie pour la gloire et le bonheur de mon fils! »

Elle joignait les mains en suppliante, en parlant ainsi, et elle s'était presque agenouillée devant cet homme qui la courbait sous sa volonté de fer.

« Non, dit Jean de France, je ne veux rien de tout cela, ce que j'exige, c'est que tu ne t'exposes plus, comme tu l'as fait, à le trahir et à perdre ton enfant. Il faut me jurer que, si un jour on voulait te forcer à déclarer que Roger d'Asburthon est bien ton fils, tu auras le courage de répondre , non!

— Je le ferai! murmura Cinthia d'une voix ferme.

— Oh! s'écria Jean de France avec exaltation, quand je songe que depuis six cents ans ma race a été méprisée, conspuée, foulée aux pieds par ces vaniteux Normands, et que je viens de placer un homme de ma race à côté d'eux, que cet homme est leur égal et qu'il traitera avec eux de puissance à puissance, alors je sens mon cœur bondir de joie dans ma poitrine, en songeant que tout cela est mon œuvre! »

Mais, tandis qu'il parlait ainsi, Jean de France se souvint tout à coup de miss Ellen, et alors son front s'assombrit, un éclair de haine jaillit de ses yeux :

« Il faudra que je brise cette femme, se dit-il, comme le vent d'orage brise les branches desséchées! »

Et, se tournant vers Samson :

« M'as-tu obéi? dit-il ; as-tu retrouvé le chirurgien Bolton?

— Ça n'a pas été sans peine, répondit Samson, car le cher docteur s'est établi dans la plus sale taverne de Wite Chapel, où il se grise tous les soirs.

— Enfin, tu l'as retrouvé?

— Oui, dit Samson, et il va venir, car je lui ai donné rendez-vous pour midi : le matin, il est à jeun.

— T'a-t-il reconnu?

— Non.

— A-t-il deviné quel personnage cachait le nabab Osmany?

— Pas davantage. Seulement il s'est souvenu de vous avoir rencontré, un soir, au bout du parc du marquis Roger, au château de la Tour du roi.

— Alors il ne sait pas pourquoi je le fais demander ?

— Il croit que Votre Seigneurie est malade. »

Osmany se tournant en riant vers Cinthia :

« Crois-tu, dit-il, que notre vieux Samson m'a pris au sérieux? il m'appelle *sa seigneurie*.

— N'êtes-vous pas mon maître, dit simplement le géant, celui à qui la dernière goutte de mon sang appartient?

— Tu es un chien fidèle ! » dit Jean de France ému.

Samson eut un grognement de satisfaction qui ressemblait assez à celui de l'animal auquel on le comparait. En ce moment, on entendit retentir la sonnette de la grille, qui annonçait un visiteur.

« Ce doit être le chirurgien Bolton, s'écria Samson qui s'élança au dehors.

— Laisse-nous, ma sœur, dit Jean de France à Cinthia. Il faut que je cause longuement avec Bolton ; ce que j'ai à lui dire est de la dernière importance. »

Cinthia sortit. Presque aussitôt, la porte s'ouvrit, et Samson reparut, précédant le docteur.

Bolton, que nous avons connu à Calcutta, était devenu une sorte de John Falstaff dans la plus basse acception de l'espèce. Ses vêtements en désordre couverts de taches de graisse, sa perruque veuve de son catogan, et sa barbe de huit jours indiquaient clairement que sa nouvelle clientèle était **au-dessus des préjugés** de la brosse et du savon. Le regard seul avait conservé toute sa pénétration et toute sa finesse.

Samson, en serviteur bien appris, se retira et ferma la porte derrière lui, tandis que Bolton, un peu ébloui par le luxe qui l'entourait, saluait Jean de France comme on salue un vrai nabab.

« Monsieur, lui dit-il, vous m'avez fait l'honneur de m'appeler; avez-vous besoin de mes soins ?

— Docteur, répondit Jean de France, j'ai surtout besoin de causer avec vous.

— Ah ! fit curieusement Bolton.

— Vous avez longtemps habité l'Inde, docteur.

— Douze années, monsieur.

— Vous étiez attaché au service particulier de lord Asburthon ? »

Bolton tressaillit et regarda le nabab Osmany.

« Une nuit, poursuivit ce dernier, vous allâtes prendre un enfant dans le camp des bohémiens.

— Jamais ! s'écria Bolton.

— Très-bien, docteur ? dit Jean de France en souriant, vous êtes muet comme la tombe, je le vois ! mais vous ne pouvez avoir de secrets pour moi.

— Je n'ai pas de secrets, dit le chirurgien qui prit un air naïf.

— Regardez-moi, docteur, » fit Osmany.

Le chirurgien attacha sur lui un regard inquiet.

« Vous ne me reconnaissez pas ?

— Non, dit Bolton.

— Eh bien, puisque vous ne vous souvenez pas d'avoir été chercher un enfant dans le camp des bohémiens, au moins vous souviendrez-vous certainement d'un jeune homme blessé à l'épaule et que vous avez pansé ?

— Jean de France ! s'écria Bolton qui regarda avidement Osmany.

— C'est moi, dit ce dernier.

— Vous ! vous ? » s'écria Bolton stupéfait.

Jean de France retira son habit, releva sa chemise et mit à nu son épaule qui portait encore les cicatrices du coup de poignard et de l'incision pratiquée par le docteur pour débrider la plaie.

« Oh ! dit Bolton, c'est bien vous.... je reconnais mon coup de bistouri ! »

Et il continua à regarder Jean de France avec un profond étonnement, car il ne pouvait comprendre ce luxe qui entourait le bohémien.

« Docteur, reprit Jean de France, un de ces soirs, je vous conterai mes aventures qui ressemblent beaucoup à un conte arabe ; mais aujourd'hui, j'ai des choses autrement importantes à vous dire.

— Parlez, dit le chirurgien qui retrouvait un à un le regard d'aigle, le fier sourire et tous les traits caractéristiques de l'enfant dans le beau et mâle visage de l'homme.

— Je veux vous parler de *lui*, dit Osmany.

— Hé ! fit Bolton en baissant la voix, vous savez qu'à cette heure il est revenu à Londres ? »

Un sourire glissa sur les lèvres de Jean de France.

« Mon pauvre docteur, dit-il, croyez-vous donc que je l'ai abandonné un seul instant ? Qui donc l'a sauvé de l'ours l'année dernière ? qui donc l'a empêché d'être assassiné par le capitaine Maxwel ? qui donc encore, en Amérique, a réprimé une rébellion dans le fort Saint-George qu'il commandait ?

— Comment ! s'écria Bolton stupéfait, vous l'avez suivi partout ?

— Partout !

— Mais alors, il sait....

— Il ne sait rien.... et il peut toujours se croire le fils légitime de lord Asburthon.... J'ai tué sir James, comme sir Robert Walden a tué sir Jack Asburthon ; mais, ajouta Jean de France, tous nos ennemis ne sont point morts....

— Nos ennemis ?

— Oui, il y en a.... et de puissants.... »

Bolton songea à sir Robert Walden.

« Ceux-là soupçonnent la vérité, poursuivi Jean de France, et nous devons déjouer leurs projets.

— Mais, dit Bolton, maintenant que lord Asburthon est mort, il n'y a plus que vous et moi qui possédions ce secret.... et ni vous ni moi ne le révélerons....

— Il est un témoin terrible qui parlera pour nous quelque jour, dit Jean de France en baissant la voix.

— Que voulez-vous dire ?

— C'est la marque fatale qu'il porte au bras droit, et qui est le signe de son origine.

— Et, dit Bolton, on ne peut faire disparaître ce signe ?

— Vous vous trompez, docteur ; car il y a de par le monde un enfant de sang bohémien....

— Miss Ellen ! s'écria Bolton.

— Oui, miss Ellen, qui est parvenue à effacer ce stigmate, comme le baptême lave la tache originelle.

— Comment a-t-elle fait ? car je ne connais aucune substance qui puisse effacer ce stigmate.

— Ah ! dit Jean de France, j'ai cherché pendant bien longtemps, mais j'ai fini par trouver.

— Vraiment ? fit Bolton.

— Écoutez ! » dit le roi des bohémiens

Bolton prit l'attitude curieuse d'un homme qui va entendre la révélation d'un important secret.

« Dans chaque tribu, dit Jean de France, nous avons ce qu'on appelle un *marqueur*. Moitié médecin, moitié alchimiste, cet homme fait aux enfants nouveau-nés cette marque réputée indélébile, qui est pour nous comme un pacte de famille. Le marqueur de notre tribu était déjà vieux à l'époque où vous vîntes prendre le petit Amri, pour en faire le marquis Roger d'Asburthon. C'était un homme taciturne et très-savant, qui s'occupait d'alchimie et d'astronomie quand notre tribu arriva dans l'Inde ; il se mit à courir les bois et les jungles pour y recueillir des plantes médécinales dont il essayait la vertu. Josué (c'était son nom) aurait pu mener une existence moins vagabonde, si le sang bohémien n'avait pas coulé dans ses veines. Vingt fois il avait trouvé l'occasion d'exercer la médecine dans quelque petite ville d'Écosse ou d'Angleterre, mais il avait toujours préféré suivre la tribu. Un jour il revint au camp, et nous dit :

« J'ai trouvé le moyen d'effacer nos *marques*. Le suc d'une plante que j'ai découverte, exprimé et appliqué en compresse sur le membre marqué, fait disparaître complétement, au bout de trois jours, le triangle cabalistique. »

Les bohémiens qui écoutaient Josué lui demandèrent son secret.

« Non, non, répondit-il. Quand je serai mort, vous trouverez mes secrets, mes papiers, mes recettes pour guérir, le fruit de mon savoir et de mon expérience enfin ; mais jusque-là, je veux garder mes secrets. »

Un jour Josué disparut ; son sort fut longtemps un mystère pour toute la tribu. J'ai su depuis que s'étant pris de querelle un soir avec un matelot anglais, dans un cabaret de Calcutta, il avait été embarqué de force, malgré son âge, sur un navire qui complétait son équipage. Ramené en Angleterre, Josué avait déserté ; puis on l'avait repris, et il avait été enfermé à Newgate. Comment sir Robert Walden découvrit-il cet homme ? comment apprit-il qu'il avait un moyen de faire disparaître la marque des bohémiens ? c'est ce que je n'ai jamais pu savoir, et il y a un an à peine, j'ignorais encore que cette marque eût disparu du bras de miss Ellen. Toujours est-il que j'ai fini par retrouver les traces de Josué. Sir Robert Walden avait obtenu sa grâce, et il était sorti de Newgate. Là encore mes investigations s'arrêtaient, faute de documents ; à la prison je perdais les traces de Josué ; les gardiens, les détenus, nul ne savait ce qu'il était devenu. Enfin, il y a huit jours, à mon retour d'Amérique, un des miens demeuré à Londres et que j'avais chargé de retrouver Josué, mort ou vif, m'a apporté une petite boîte en fer que j'ai reconnue pour celle où le marqueur enfermait autrefois ses fioles et ses drogues ; il l'avait trouvée dans un village du Yorkshire, où le pauvre diable était mort peu de temps après sa sortie de prison. Cette

boîte renfermait toutes les recettes et une trentaine de fioles soigneusement étiquetées.
Et dans le nombre se trouvait celle dont vous avez un si grand besoin ! »
Jean de France alla ouvrir un bahut, y prit une petite fiole renfermant une liqueur brune, et la remit à Bolton.
« La voilà, dit-il.
— Mais alors, fit le chirurgien, rien ne sera plus facile que de l'employer?
— Vous vous trompez, mon cher docteur.
— Comment cela?
— Amri ignore le secret de sa naissance ; il se croit le vrai marquis Roger. Pour faire disparaître cette marque, à laquelle sans doute il n'a jamais pris garde, car elle se trouve au haut de l'épaule, il faudra lui révéler ce secret.
— C'est juste, dit Bolton visiblement embarrassé, et la situation devient difficile.
— Si difficile, dit Jean de France, que j'ai pensé que vous seul pouviez me servir.
— Comment cela?
— Trois fois déjà je suis venu en aide au marquis, trois fois il s'est étonné d'avoir en moi un ami, car je lui étais inconnu. Il faut donc que ce soit vous qui lui débitiez la fable que j'ai imaginée.
— Et.... cette fable?
— Attendez, » dit Osmany.
Et il reprit la fiole qu'il fit miroiter aux yeux du chirurgien Bolton.
« Qui me dit, continua-t-il, que cette liqueur n'a pas perdu sa vertu.
— C'est juste, dit Bolton, il faudrait l'analyser d'abord. Quelques gouttes suffiront pour cette opération.
— C'est cela, mon cher docteur, dit le roi des bohémiens, montez dans ma voiture, rentrez chez vous et mettez-vous à l'œuvre. J'ai besoin de savoir avant ce soir si nous devons réussir. Voici pour votre consultation et le travail qui vous reste à faire, » ajouta Jean de France en lui offrant un rouleau de guinées que le docteur empocha sans la moindre objection.
Lorsqu'il fut parti, Jean appela Samson.
« Je t'avais prié, lui dit le roi des bohémiens, de louer, dans le Wapping, une petite maison pour Cinthia, l'as-tu fait?
— Oui, maître.
— Est-elle prête à la recevoir?
— Oui, maître ; c'est Elspy qui l'occupe en attendant Cinthia.
— Bien, répondit Jean de France. Il faut que Cinthia ait quitté l'hôtel dans une heure. »
Et, tandis que Samson sortait pour exécuter les ordres de Jean de France, celui-ci passa dans la pièce voisine où Cinthia s'était retirée.
« Sœur, lui dit Jean de France, il faut que tu quittes ma maison, où tu ne serais pas en sûreté, car tu pourrais devenir, à ton insu, une arme terrible dans les mains des ennemis de ton fils.
— Je ferai ce que tu voudras, frère, » répondit Cinthia avec la résignation qu'inspire l'amour maternel.
. . . .
Une heure après, Cinthia avait quitté l'hôtel d'Osmany, et ce dernier demandait son carrosse. Il avait fait une brillante toilette, et ses gens étaient en grande livrée. Le nabab Osmany, l'héritier des titres de sir Mac-Grégor, se rendait au *club des Beaux*.

III

Le *club des Beaux*, qui était alors un des plus splendides hôtels de Londres, s'élevait au milieu du Strand. En forme de temple grec, son fronton était supporté par deux rangs de colonnes d'ordre corinthien. Deux grandes statues de marbre blanc, placées à droite et à gauche de l'escalier, représentaient la Beauté et le Plaisir.

Une pelouse ovale, au centre de laquelle jaillissait une gerbe d'eau dans un bassin de porphyre rose, s'étendait comme un tapis devant la façade. Les équipages tournaient autour de cette pelouse pour venir s'arrêter derrière l'hôtel, sous un péristyle vitré, où de belles plantes exotiques s'élançaient de grands vases de porcelaine de Chine.
Le luxe des appartements était réellement féerique. Les tapis et les meubles, faits sur modèles pour le club, étaient uniques dans le monde ; pas un bouton de porte, pas une clef qui ne fussent en argent ciselé. Toutes les tentures, de soie brochée, portaient dans la trame la devise des beaux : *Beauty and elegance!* Les valets, choisis parmi les plus beaux hommes des Trois-Royaumes, portaient une livrée de drap bleu céleste galonnée d'argent ; chaussés de bas de soie rose et de souliers à boucles d'or, ils étaient poudrés deux fois par jour à la poudre ambrée. Un célèbre perruquier français, nommé Alcindor, était attaché au club, ainsi qu'un chimiste-parfumeur, qui avait son laboratoire dans un des corps de bâtiment de l'hôtel. Les tailleurs, les carrossiers, les chapeliers et les bijoutiers de Londres se disputaient l'honneur de faire peindre, au-dessus de leur boutique, le glorieux titre de fournisseur du *club des Beaux;* car ce brevet, qui ne leur était décerné qu'après un examen, faisait leur fortune en quelques années.
Le règlement des *beaux*, que l'on nommait aussi les *radieux*, contenait les articles les plus bizarres. Les membres du cercle ne devaient jamais porter ni relever un défi : un coup d'épée ou une balle de pistolet pouvant éborgner, couturer ou estropier leur radieuse personne. En franchissant le seuil du temple, les beaux devaient sourire de la façon la plus aimable, et rester épanouis dans une inaltérable satisfaction personnelle. Tout visage assombri était sévèrement admonesté par le président beau Nash. Toute grimace de chagrin ou de douleur devenait passible d'une forte amende. Un soir un valet, en trébuchant contre un meuble, renversa une théière bouillante sur les mollets du duc de Sommerset. Sa Grâce poussa un miaulement de chat écrasé, et fit de si horribles contorsions, que les membres présents prononcèrent immédiatement sa radiation pour un mois. Les stoïciens niaient la douleur, les beaux condamnaient la grimace.
Le marquis d'Asburthon avait été élu membre du club des radieux huit jours avant son départ pour l'Amérique. Le jour de sa rentrée triomphale à Londres, les beaux lui envoyèrent une députation pour lui offrir, le soir, le thé d'honneur dans le salon dit de Narcisse. Roger, qui dînait ce soir-là à Saint-James, promit aux délégués de se rendre au club vers dix heures. Mais les beaux s'en retournèrent, inquiets et préoccupés, rendre compte au président de leur mission. Ils avaient trouvé le marquis d'Asburthon dans une irritation voisine de la colère : ses traits, brunis par le soleil et la brise de mer, étaient bouleversés. Bref, il revenait glorieux, mais dans de déplorables conditions physiques et morales.
Le lecteur n'a pas oublié quel orage Lionel avait déchaîné en prenant Roger pour confident de ses amours. Le jeune colonel, qui sentait qu'il ne serait pas maître, cette fois, de sa colère s'il la rencontrait chez lui son lieutenant en revenant du palais, se fit conduire au *club des Beaux*. La jalousie lui brûlait le cœur, et il était forcé de dévorer sa colère. En entrant au club, Roger demanda à saluer son ami le président beau Nash. Mais on lui apprit que cet honorable, atteint de la petite vérole et grêlé comme une passoire, avait été rayé d'office de la liste des beaux.
Le pauvre Nash s'était empoisonné deux jours après ce désastre en avalant un flacon d'essence de roses. On avait gravé sur sa tombe la devise du club ainsi modifiée : *Beauty and fidelity*. Beau Spencer avait hérité de son fauteuil et de sa sonnette.
Après le thé d'honneur, pendant lequel il faillit se faire réprimander par le nouveau président pour un

mouvement d'impatience et un léger froncement de sourcil, Roger entra dans le salon de jeu et s'assit à une table de Pharaon. Un vieux beau nommé Arthur Romsey, qui tenait alors la banque, venait de gagner mille livres sur un *doublet*. Cet Arthur Romsey était une sorte de poupée féminine serrée, tendue, ficelée dans un habit et une culotte de soie couleur Isabelle ; il portait un corset, mettait du rouge et du blanc et se teignait les sourcils et les cheveux couleur blond d'enfant. Son bonheur, au jeu, était si constant, si complet, que les superstitieux disaient qu'il portait un bout de corde de pendu noué autour du bras droit. Certains membres du club, les timides, retiraient leur enjeu quand il prenait les cartes. Arthur Remsey avait été insupportable, à première vue, au marquis d'Asburthon.

« Jouez-vous ce soir, monsieur le marquis, lui demanda sir Arthur avec un sourire qui fit gercer la couche de bismuth étendu sur ses joues.

— Oui, et gros jeu si vous voulez bien faire ma partie, » répliqua Roger en jetant une bank-note de mille livres sur le tapis.

Sir Arthur Romsey s'inclina autant que le lui permettaient les baleines de son corset.

Le marquis avait ponté sur le roi de cœur. Sir Arthur abattit à sa droite un roi de cœur et gagna. Roger doubla son enjeu et perdit de nouveau.

Au bout d'une heure il avait perdu sur parole toute la fortune que lui avait léguée le vieux marquis d'Asburthon, et il jouait le domaine de la tour du Roi.

Lorsque sir Arthur Romsey amena pour la cinquième fois de la soirée le doublet qui lui faisait gagner le château d'Asburthon, les radieux qui faisaient cercle battirent des mains et poussèrent un hourra en l'honneur du beau colonel des dragons du roi. Un charmant sourire s'épanouissait sur le visage du gentilhomme ruiné, il tombait avec la grâce et l'élégance du gladiateur antique.

La misère qui l'attendait à la porte lui faisait oublier la blessure qu'il avait au cœur.

Il s'était grisé avec le jeu, et à cette heure il n'avait plus la conscience de sa situation. Lorsqu'il se leva pour quitter le salon de jeu, l'expression de la plus profonde stupéfaction se peignit sur ses traits, dans la réflexion d'une glace il venait d'apercevoir le nabab Osmany accoudé à l'angle de la cheminée.

Osmany dans une élégante toilette de soirée et jouant avec une badine à pommeau de diamant.

L'Indien s'avança vers lui avec l'allure dégagée d'un parfait gentilhomme, et lui dit en le saluant :

« Voulez-vous me permettre de prendre votre parti, monsieur le marquis.

— Osmany ! dit Roger, lui tendant les deux mains avec un élan plein de cordialité.

— Venez, fit le nabab à mi-voix, il ne faut pas que sir Arthur quitte le club avant de vous avoir donné votre revanche.

— Mais je n'ai plus rien à jouer, dit le marquis. »

En ce moment sir Arthur Romsey venait à eux en marchant sur la pointe de ses escarpins.

« Quand vous plaît-il, monsieur le marquis, fit-il d'une petite voix flûtée que je prenne possession de la tour du Roi.

Osmany se hâta de répondre :

« Si votre très-gracieuse personne veut nous faire l'honneur de nous accompagner dans le salon vert qui doit être désert à cette heure, monsieur le marquis d'Asburthon qui m'a chargé de régler cette affaire signera l'acte que je vais rédiger en dix lignes.

— Je suis tout aux ordres de monsieur le marquis, répliqua le vieux beau en s'effaçant pour laisser passer devant lui le jeune colonel. »

Quand les trois hommes furent entrés dans le salon vert, Osmany offrit des sièges au marquis et à sir Arthur, et plaçant devant eux une petite table de laque de chine :

« Je vais, dit-il, vous apprendre un joli tour pour vingt mille livres, sir Arthur, mais veuillez d'abord me dire ce que vous estimez cette badine, et il lui offrit gracieusement la badine à pommeau de diamant.

— Mais, dit sir Arthur sur un ton sec, je ne suis pas marchand de cravaches.

— Je ne vous parle que du diamant, reprit Osmany, et vous devez bien connaître cette valeur puisque votre père, le juif Éphraïm Würmser fait ce trafic dans la Juden-Grass de Francfort.

— Sir Arthur devint livide sous son masque de rose et de lis.

— Consultez-vous, cher monsieur Würmser, continua Osmany avec un sourire moqueur. »

Sir Arthur se décida alors à examiner le diamant, et un cri d'admiration jaillit presque aussitôt de ses lèvres.

« Eh bien ? fit Osmany.

— Mais cette pierre est d'un prix inestimable, et un souverain seul pourrait la payer....

— Alors vous l'échangeriez sans regret contre les vingt mille livres et le château que vous venez de gagner au marquis d'Asburthon.

— Oui, fit sir Arthur, après avoir examiné de nouveau le diamant.

— Eh bien, je vais vous le jouer contre le château d'Asburthon et vingt mille livres.

— J'accepte la partie, demandez des cartes, monsieur, dit sir Arthur au nabab.

— Bast, fit Osmany en s'asseyant à côté du marquis, ne vous gênez pas avec moi, cher monsieur Würmser, et jouez tout de suite avec le jeu bizauté que vous avez dans la poche droite de votre veste. »

Sir Arthur sauta sur sa chaise comme si quelque chien hargneux l'eût mordu sous la table.

Roger restait stupéfait de tout ce qu'il venait d'entendre.

Sir Arthur avait posé sur la table une charmante boîte d'or, au milieu de laquelle était enchâssé un émail mythologique des plus galants.

Osmany prit lestement la boîte et la mettant sous les yeux de Roger :

« Voyez, monsieur le marquis, quel charmant bijou ; et quel chef-d'œuvre de mécanisme. Après avoir pris une pincée de macouba pour s'ouvrir les idées, on pose la boîte devant soi, en appuyant sur la perle enchâssée dans le couvercle, et à la place de Jupiter et de Léda, vient se présenter comme par enchantement un petit miroir tout à fait commode pour voir le jeu que l'on donne à son adversaire ; et Osmany fit jouer le mécanisme pour joindre la preuve à la démonstration.

— Est-ce un échantillon de la boutique de M. votre père, dit le marquis avec dégoût. »

Sir Arthur semblait médusé sur son siège.

Osmany glissa la tabatière dans sa poche, et, d'un brusque mouvement de poignet fit sortir un paquet de cartes de sa manche droite avec l'habileté d'un escamoteur.

Les cartes battues par sir Arthur, Osmany coupa et tourna le roi de pique.

« Je commence, dit-il. Nous disons vingt mille livres et le château d'Asburthon sur un seul coup.... Regardez bien, sir Arthur, avec quelle grâce je vais faire le doublet....

— Et tâchez de profiter de la leçon, ajouta Roger. »

Osmany abattit sur la table deux dames de trèfle.

« Mais vous me volez effrontément, s'écria sir Arthur d'une voix étranglée, en voyant le nabab prendre le portefeuille qui contenait les bank-notes du marquis d'Asburthon.

— Parbleu ! fit Osmany impassible, et se tournant vers le marquis.

— Colonel d'Asburthon, dit-il, j'ai l'honneur de vous restituer la fortune et le château que le juif Samiel Würmser avait eu.... le bonheur de vous gagner cette nuit au Pharaon. »

Le vieux beau écumait de rage et lacérait son jabot de dentelles dans sa main crispée.

« Maintenant reprit Osmany en se levant et en reprenant sa badine qu'il fit ployer sur la table, vous voyez cette badine de jonc, sir Arthur, eh bien! je vous jure par le dieu d'Israël de vous la briser sur le visage si vous êtes encore au *club des Beaux* dans cinq minutes. Depuis trois ans que vous exercez à Londres, vous avez volé tout près d'un milllion, ce qui est un joli denier. Regagnez dès demain la boutique paternelle, si vous ne voulez pas coucher sur la paille de Newgate la nuit prochaine.

— Rendez-moi au moins ma tabatière.

— Permettez-moi de la garder comme souvenir, répliqua le nabab, mais veuillez accepter en échange ce rubis du Brésil, qui m'a coûté deux cents louis de France. »

Le juif sauta sur la bague que lui offrait le nabab, et quitta le salon vert en dardant sur les deux parteners des prunelles de chacal pris au piège.

Le roi des bohémiens et le marquis se regardèrent quelque temps en silence.

« Mais qui donc êtes-vous, s'écria enfin le jeune colonel en posant sa main droite sur l'épaule du nabab, vous qui faites des prodiges pour écarter de ma route tous les dangers?

— Je suis le plus humble de tous les serviteurs de Votre Grâce, répondit le bohémien en s'inclinant, je suis le chien de garde, l'épée de chevet!

— Vous êtes le cœur le plus dévoué, l'ami le plus fidèle, dit Roger avec une ardente conviction.

— Et vous m'aimez un peu demanda Jean d'une voix émue.

Roger le prit dans ses bras et l'embrassa comme un frère.

« Maintenant que vous ne doutez plus, dit-il, vous parlerez.

— Monsieur le marquis, dit Jean de France avec dignité, c'est parce que je n'ai jamais douté que je suis prêt à vous donner mon sang et ma vie. Mais ne me demandez pas un secret que la torture serait impuissante à m'arracher, dont la mort même ne pourrait me délier.... Ici comme au fort Saint-George, je dois me taire. Ayez confiance! je veille! »

IV.

Après l'étrange disparition de la femme inconnue qui avait montré une si vive émotion à la vue du marquis Roger, mistress Celia s'était penchée en dehors de la voiture pour mieux voir le jeune colonel, mais son cœur n'avait pas battu plus vite et son regard chercha aussitôt son bien-aimé Lionel. Le jeune capitaine, en reconnaissant sa mère, avait fait un mouvement pour s'élancer, mais la discipline militaire l'enchaînait encore à son rang, et il dut se résigner à attendre.

Arrivé à la caserne, il écrivit un billet qu'il fit porter par un de ses dragons à l'hôtel de sir Robert Walden. Ce billet était adressé à sa mère, et contenait ces quelques lignes :

« Ma mère adorée,

« Le service a des rigueurs bien cruelles pour le cœur d'un fils. Je t'ai vue toi et ma chère miss Ellen, et je n'ai pu enfreindre mes devoirs pour aller te sauter au cou et baiser la main de celle que j'aime. Le roi va venir nous passer en revue. Mais dans quelques heures je serai près de toi, chère mère! près de mon vieil ami sir Robert Walden, près de ma fiancée adorée. Je t'embrasse comme je t'aime à plein cœur.

« LIONEL. »

Cette lettre avait trouvé miss Ellen et mistress Celia réunies chez sir Robert Walden.

Les cheveux du gentleman étaient devenus complétement blancs, et l'année qui venait de s'écouler semblait avoir pesé sur lui d'un poids énorme. Triste, préoccupé, sir Robert avait souvent avec mistress Celia des entretiens dont il écartait prudemment sa pupille. Lorsque mistress Celia, ce jour-là, lui eut tendu le billet de son fils, billet qui disait clairement que l'amour de Lionel pour miss Ellen ne s'était point affaibli, sir Robert ne put étouffer un soupir.

« Il faut en finir! » se dit-il tout bas.

Puis, s'adressant à miss Ellen :

« Mon enfant, reprit-il, voulez-vous me suivre dans mon cabinet? »

La solennité que mit le baronnet à faire cette demande parut préoccuper miss Ellen. Cependant elle n'adressa aucune question à son père adoptif qu'elle suivit docilement. Sir Robert s'enferma avec elle dans son cabinet et lui dit :

« Ellen, vous avez vingt et un ans, vous êtes douée d'une haute intelligence, et Dieu m'est témoin que je ne vous aimerais pas davantage si vous étiez réellement ma fille.

Miss Ellen, étonnée de ce début, regarda curieusement le baronnet. Celui-ci poursuivit :

» C'est donc parce que vous êtes à l'âge où une femme est dans la plénitude de sa force et de sa raison, et que j'espère que vous me rendrez un peu de l'affection que j'ai pour vous, que je crois devoir vous initier à des secrets qu'il serait peut-être imprudent de vous laisser ignorer. »

Miss Ellen demeura impassible.

« Croyez, mon oncle, dit-elle, qu'ils seront fidèlement gardés.

— Mon enfant, reprit le baronnet, il y a dix-sept années, la marquise d'Asburthon, lady Cecily, vint me demander un conseil. Séparée toute jeune de son mari qui, par son caractère fantasque, était devenu insociable, la pauvre femme avait été obligée de se cacher pour éviter les fureurs jalouses, les violences indignes de ce malheureux. Deux fois mère, elle avait fait croire à la mort de son second fils que lord Asburthon n'avait jamais voulu voir. Elle craignait, la pauvre femme, que le marquis ne le lui fît enlever quelque jour, car lord Asburthon a rendu le dernier soupir il y a trois ans, convaincu que cet enfant n'était pas de son sang, et, ajouta sir Robert, j'en atteste le ciel, lady Cecily était la plus pure, la plus noble des épouses. »

A ce moment de son récit, sir Robert fut interrompu par miss Ellen, qui, donnant à son visage un masque de surprise naïve, s'écria :

« Comment! le marquis Roger d'Asburthon a un frère?

— Oui, mon enfant.

— Mais il l'ignore?

— Oui.

— Et ce frère, où est-il? »

Sir Robert reprit :

« Lord Asburthon, séparé de sa femme, était alors gouverneur des Indes; son fils Roger vivait auprès de lui. Lady Cecily, demeurée en Écosse, où elle possédait quelques biens, voulut rompre les derniers anneaux de la chaîne qui l'attachait encore à son mari et pour cela elle fit croire à la mort de son second fils, qu'elle fit élever sur les hautes terres, dans l'ignorance absolue de sa naissance. Connaissant le caractère farouche de lord Asburthon, j'approuvai les projets de la marquise, qui prit alors le nom de mistress Celia. »

Miss Ellen jeta un cri de surprise si instantané, si vrai, que sir Robert eût parié sa tête que jamais, auparavant, sa pupille n'avait soupçonné la vérité.

« Comment! dit-elle, mistress Celia....

— Est lady Cecily?

— Et.... Lionel?

— Lionel est le frère du marquis Roger.

— Mais alors, dit miss Ellen, quand lord Asburthon est mort, pourquoi lady Cecily, n'ayant plus rien à craindre, n'a-t-elle pas repris son rang et son nom ; pourquoi n'est-elle point allée trouver son fils aîné; pourquoi.... »

Sir Robert l'interrompit d'un geste.

« Ce fut moi, dit-il, qui apportai à lady Cecily la nouvelle de la mort de son mari. Je croyais qu'elle allait voler auprès de son fils aîné et reprendre son rang dans le monde. Je me trompais. Lady Cecily me dit avec tristesse :

« La loi anglaise qui régit l'aristocratie est impitoyable pour les cadets, qu'elle spolie complétement au profit de l'aîné. Celui-ci a fortune, titres, honneurs, tout enfin. De là ces haines sourdes qui divisent les familles. Vous le savez, mon ami, et l'infâme sir Jack Asburthon est un terrible exemple à nos yeux. »

Je m'inclinai, elle continua :

« Lionel se croit le fils d'un pauvre officier sans fortune; il est heureux ainsi. Savez-vous s'il le sera le jour où je lui révélerai sa naissance? savez-vous s'il ne sera point en proie, dès le lendemain, à quelque sombre jalousie?

— Et cet autre fils qui n'a jamais connu sa mère? m'écriai-je.

— Oh! celui-là, me répondit-elle, je n'ajouterai rien à son bonheur, et mieux vaut que je n'aille point jeter le trouble dans son cœur; et d'ailleurs, qui me dit qu'on ne lui a pas appris à mépriser et à haïr sa mère? »

Lady Cecily avait raison. Elle pouvait faire le malheur de ses deux fils, si parfaitement heureux jusque-là, en leur disant ce simple mot : « Vous êtes frères! » Je laissai donc lady Cecily vivre ignorée sous le nom de mistress Celia, et les années s'écoulèrent. Un jour, Lionel avait alors seize ans, toi dix-neuf, je m'aperçus avec terreur que Lionel t'aimait. »

Miss Ellen fit au mot de « terreur » une petite moue dédaigneuse.

« Mon enfant, reprit sir Robert Walden avec une gravité triste, pardonnez-moi d'avance les dures paroles que mon cœur réprouve, mais que ma loyauté de gentilhomme me dicte. En ce monde, vois-tu, en dépit des philosophes, il est des institutions que rien ne peut ébranler. Un noble est l'égale d'un autre noble, un simple chevalier est autant qu'un duc et pair, et tous les gentilshommes sont solidaires les uns des autres. Je t'avais donné mon cœur, ma fortune, je t'appelais ma nièce, et cependant il s'éleva alors au fond de mon âme une voix réprobatrice qui me dit : « Topsy la bohémienne, peut-elle donc, sans crime, devenir la femme d'un gentilhomme? » Alors encore, je me mis aux genoux de lady Cecily et je lui avouai la vérité. Elle me releva, souriante, et me dit :

« Vous auriez raison, si Lionel devait un jour savoir qu'il est du sang d'Asburthon ; mais, toute sa vie, Lionel sera le fils d'un pauvre officier, et, s'il aime votre pupille, de quel droit, vous ou moi, opposerions-nous un préjugé de race au bonheur de ces deux enfants? »

« Ce raisonnement me ferma la bouche et apaisa mes scrupules. Je m'accoutumai donc insensiblement à la pensée de te voir un jour la femme de Lionel, et cette pensée, je l'avoue, ne fit qu'augmenter l'affection que je te portais. Mais, un jour, je crus surprendre un secret.

Ici miss Ellen, qui écoutait, les yeux baissés, releva brusquement la tête et regarda son oncle avec assurance.

« Le secret de ton cœur, » ajouta sir Robert.

Miss Ellen se sentit pâlir. Sir Robert poursuivit :

« Ce n'était pas Lionel que tu aimais, c'était le marquis Roger. »

Un soupir s'échappa de la poitrine oppressée de la jeune fille. Sir Robert lui prit la main et continua avec bonté.

« Ne te défends pas, dit-il, et écoute-moi encore. »

La prudente jeune fille pensa que, si « la parole est d'argent, » au dire des Arabes, ils ont mille fois raison d'ajouter que « le silence est d'or; » et elle se contenta de baisser de nouveau les yeux. Sir Robert Walden reprit :

« Donc, puisque tu n'aimes pas Lionel, le sacrifice que je vais te demander n'est pas si grand. »

Miss Ellen regarda de nouveau sir Robert.

« Au lieu d'encourager l'amour de Lionel, il faut que tu l'éloignes de toi, et que tu l'aides à se guérir. »

« Mais, mon oncle, puisque vous m'avez habituée à la pensée que je serais sa femme un jour....

— Oui, parce que, alors, je pensais que Lionel ignorerait toute sa vie le secret de sa naissance.

— Il l'a donc appris?

— Il peut l'apprendre, car, ajouta sir Robert d'un air mystérieux, il pourrait se faire, un jour, que le marquis Roger se démît de sa fortune et de ses titres, au profit de Lionel. »

Miss Ellen tressaillit.

« Ce qui, acheva sir Robert Walden, rendrait alors ton mariage possible avec Roger qui, lui aussi, t'aime comme un fou.

— Oh! s'il en est ainsi, dit-elle, je puis vous assurer, mon bon oncle, que je ferai si bien qu'avant un mois Lionel ne m'aimera plus! »

Quelques minutes plus tard, miss Ellen, seule dans sa chambre, écrivait à Lionel le billet suivant :

« Cher bien aimé Lionel, si vous m'aimez réellement, si une année d'absence ne m'a point effacée de votre cœur, vous ferez ce que je viens vous demander. Notre première entrevue, en présence de votre mère et de mon oncle, sera très-froide de ma part; ne vous en alarmez pas : je vous aime!... mais des motifs, que je ne puis vous dire et desquels dépend notre bonheur à tous deux, vont me dicter cette conduite odieuse. Que ce mot, cher bien-aimé, vous rassure : « Je vous aime! » Bientôt vous saurez tout.

« Ellen. »

Le billet cacheté, elle le fit porter à la caserne des dragons, par un valet qui lui était tout dévoué.

« Roger ou Lionel, l'un ou l'autre m'épousera, se dit-elle, mais ce sera celui qui sera pair et marquis.... Pauvre sir Robert! est-il naïf, continua la bohémienne, de s'être mis en tête que j'aimais Roger! »

Et miss Ellen appuya son front dans ses deux mains et se mit à réfléchir. On eût dit un général combinant un plan de bataille.

V.

Pendant qu'Osmany conférait avec Bolton pour se rendre ensuite au club des Beaux et que sir Robert Walden confiait à sa nièce un secret qu'elle avait pénétré depuis longtemps, le roi passait en revue son régiment de dragons.

Depuis deux heures, Lionel était au supplice, et il attendait avec impatience le moment où il serait relevé de service. Pendant la revue, Roger ne lui adressa pas un seul mot, et ce fut un simple cavalier qui lui remit, de la part du colonel, l'invitation du roi. Georges III ne fit pour ainsi dire que paraître au banquet, qui fut présidé alors par le prince de Galles.

A dix heures, les convives quittèrent le palais de Saint-James.

Lionel s'approcha alors de son chef qu'il aborda avec toute la déférence d'un inférieur, et lui dit :

« Mon colonel, daignerez-vous à présent me permettre d'aller embrasser ma mère? »

Roger tressaillit et regarda Lionel. Une jalousie d'amour, si terrible et si subite qu'elle soit, efface difficilement en quelques heures une année d'amitié. Roger eut un moment de repentir; un moment il faillit tendre la main à Lionel et lui dire : « Pardonne-moi. » Mais soudain l'image de miss Ellen passa devant ses yeux; un fer rouge lui traversa le cœur, et il détourna la tête pour cacher les larmes de colère et de douleur qui voilaient son regard. Il répondit au jeune capitaine ce mot seul :

« Allez! »

Lionel salua et fit un pas de retraite. Puis il revint brusquement.

« Que voulez-vous encore ? dit Roger qui s'arrêta et le toisa d'un air hautain.

— Mon colonel, dit Lionel d'une voix que l'émotion rendait tremblante, serez-vous assez bon pour m'accorder une minute d'entretien ? »

Roger tressaillit.

Le visiteur jeta un regard défiant autour de lui. (Page 16, col. 1.)

« A quoi bon ? » dit-il.

Et il tourna sur ses talons, laissant Lionel immobile et muet de stupeur.

« O mon Dieu ! mon Dieu ! murmura le jeune homme en couvrant son visage de ses mains, que lui ai-je donc fait ? »

En ce moment, le dragon qui lui servait d'ordonnance l'aborda.

« Mon lieutenant, lui dit-il, tandis que vous diniez chez le roi, on a apporté ce billet pour vous. »

Lionel s'empara du billet avec un empressement fébrile, car il venait de reconnaître l'écriture de miss Ellen ; et quand il en eut achevé la lecture, son angoisse augmenta.

« Mais, s'écria-t-il, que se passe-t-il donc ? »

Puis, tout à coup, le souvenir lui revint, et il comprit

que Roger, son protecteur, son frère d'armes, son ami, le haïssait à cette heure, et qu'entre le brillant marquis d'Asburthon et l'officier de fortune, le choix de sir Robert Walden ne serait pas douteux. Il s'en alla d'un pas chancelant, la mort au cœur, le visage baigné d'une sueur glacée, jusqu'à la demeure de sir Robert Walden. Il essaya de songer, pendant le trajet, au bonheur de revoir sa mère, et ce bonheur fut empoisonné par la pensée que Roger aimait miss Ellen. Roger, son ami, son bienfaiteur !

Comme la porte de l'hôtel de sir Robert Walden s'ouvrait devant lui, un cri se fit entendre, un cri de joie délirante, et mistress Celia se jeta au cou de son enfant qu'elle tint longtemps étroitement embrassé. Lionel fondait en larmes ; il regarda enfin par-dessus l'épaule de sa mère, croyant apercevoir miss Ellen, mais il ne vit que l'honnête et grave visage de sir Robert Walden. Miss Ellen était déjà fidèle à son programme. Elle attendait tranquillement Lionel au salon. Sir Robert la vit saluer froidement le jeune officier et lui tendre avec hésitation la main ; mais, ce qu'il ne vit pas, le digne gentilhomme ! ce fut le regard furtif qu'elle jeta à Lionel dans le miroir placé en face de lui. Ce regard voulait dire : « Croyez à ce que je vous ai écrit, et ne vous alarmez pas ! » Ce regard calma un peu les angoisses de Lionel qui avait fini par raconter à sa mère, qui l'écoutait avec extase, la belle défense du fort Saint-George, et l'héroïque conduite du marquis Roger. Mais il ne dit pas un mot de cette froideur subite et pleine de dédain que venait de lui témoigner le jeune colonel.

Lorsque la pendule sonna onze heures, Lionel se leva, son devoir le rappelait à la caserne, où il était de service la nuit. Miss Ellen le reconduisit jusque dans l'antichambre et lui glissa lestement une clef dans la main, en même temps qu'elle lui disait à l'oreille :

« Revenez par le jardin, tout de suite, il faut que je vous parle ! »

Lionel s'en alla ivre de joie et d'espérance. Quand il fut parti, sir Robert dit à sa nièce :

« C'est bien, mon enfant, je suis content de vous.
— Pauvre Lionel ! murmura miss Ellen, il a dû bien souffrir. »

Sir Robert soupira.

« C'est vrai, dit-il, mais il sera pair d'Angleterre quelque jour. »

Mistress Celia avait regagné son appartement, et sir Robert se trouvait seul alors avec sa pupille.

« Mon oncle, dit miss Ellen, permettez-moi au moins une question.
— Parle.
— Comment pouvez-vous supposer que le marquis Roger se dépouillera de bonne volonté en faveur de son frère ?
— Je n'ai pas dit de bonne volonté, mon enfant.
— Mais alors, ce serait une spoliation ?
— Une restitution plutôt. »

Miss Ellen prit son air le plus naïf :

« Le fils aîné de lord Asburthon n'a rien à restituer, ce me semble, à son cadet. »

Sir Robert Walden haussa imperceptiblement les épaules :

« D'ici à trois jours, dit-il, je m'expliquerai plus clairement. »

Et il baisa sa pupille au front et l'engagea à remonter dans sa chambre.

Miss Ellen feignit d'obéir et descendit au jardin par un escalier dérobé.

La clef qu'elle avait glissée dans la main de Lionel était celle d'une petite porte de service qui ouvrait sur une ruelle voisine. Lionel, qui connaissait parfaitement les êtres, était déjà dans le jardin lorsque miss Ellen arriva. La nuit était obscure, cependant il vit la jeune fille venir à lui par une allée couverte. Le peignoir dont elle s'était enveloppée était de couleur sombre et elle marchait avec précaution, pour ne point faire crier le sable sous ses pas. Lionel accourut et se jeta à ses genoux.

« Relevez-vous, lui dit-elle en le prenant par la main, et suivez-moi sous ce berceau. »

« Mon Dieu ! lui dit Lionel, comme vous êtes émue, chère Ellen ! »

Il l'était lui même à ce point que la jeune fille entendait les battements de son cœur. Elle le fit asseoir auprès d'elle, sous le berceau, et lui prit les deux mains.

« Mon cher Lionel, lui dit-elle, il faut que vous ayez foi en moi !
— Que voulez-vous dire ?
— D'abord, vous allez me faire un serment.
— Lequel ?
— Que vous cacherez, même à votre mère, le secret que je vais vous révéler.
— Au nom de l'amour que j'ai pour vous, je vous le jure !
— Mon oncle veut me marier !
— Ah ! fit Lionel qui sentit son cœur se briser.
— Il veut me faire faire un brillant mariage, poursuivit miss Ellen, car l'ambition lui tourne la tête ; or, continua-t-elle, pour écarter de nous un péril plus grand que la colère de mon oncle, il faut que j'aie l'air d'approuver ses projets.
— O mon Dieu ! si vous alliez céder !... » murmura Lionel avec effroi

Elle lui serra la main :

« Ingrat ! dit-elle ; ne vous ai-je point dit que je vous aimais ? »

Et comme il se mettait à ses genoux, elle poursuivit :

« Je vous jure, Lionel, que je serai votre femme ! »

Il étouffa un cri de joie.

« Chut ! dit-elle, mon oncle n'est point couché encore ; s'il nous surprenait, tout serait perdu !
— Mais quel est donc ce péril qui nous menace ?
— C'est ce que je ne puis vous dire encore. »

Tout à coup Lionel tressaillit violemment.

« Ah ! dit-il, je sais quel est l'homme à qui l'on vous destine : c'est le marquis Roger d'Asburthon !
— Eh bien ! oui, dit miss Ellen, c'est lui ! Mais comment avez-vous pu le deviner ? »

Lionel raconta en quelques mots le changement subit qui s'était opéré chez Roger. La jeune fille eut alors ce sourire calme des femmes qui sont sûres d'un prochain triomphe.

« Ecoutez-moi bien, dit-elle. Je vous jure que je serai votre femme, et cela avant trois mois, mais à la condition que vous m'obéirez.
— Comme un esclave, dit Lionel.
— Votre mère, poursuivit miss Ellen, a déjà retenu un logement dans une maison voisine de cette habitation, vous demeurerez avec elle, et vous viendrez rarement me voir.
— Oh ! qu'exigez-vous de moi, Ellen !
— Mais, ajouta miss Ellen en souriant, gardez cette clef ; chaque soir, vers minuit, nous nous retrouverons dans ce jardin. Maintenant je vous défends de provoquer Roger.
— Ah ! dit Lionel, je l'aimais comme s'il eût été mon frère !... »

Les deux jeunes gens causèrent une heure encore, échangeant les plus doux serments. Puis miss Ellen congédia Lionel en lui rappelant qu'il était de service. Elle le reconduisit jusqu'à la petite porte du jardin. Lionel appuya ses lèvres sur la main qu'elle lui tendit, et ils se séparèrent en se disant : « A demain. »

« Ah ! murmura miss Ellen en se glissant dans sa chambre, mon bon oncle sir Robert aurait en moi un habile auxiliaire pour démasquer le faux marquis Roger... mais il voudra agir seul !... »

Cependant, comme elle éteignait la lampe qui brûlait à son chevet et essayait de dormir, la figure bronzée et les yeux ardents d'Osmany lui apparurent comme à travers un voile.

« Oh ! cet homme !... dit-elle, lui seul peut renverser tous mes projets. Ce n'est point avec sir Robert, ce n'est pas avec Roger que je dois engager la lutte pour devenir marquise d'Asburthon, c'est avec Jean de France! »

Et la bohémienne eut un frisson de terreur.

Vingt-quatre heures s'étaient écoulées depuis la nuit où Osmany avait si lestement regagné la fortune du marquis d'Asburthon. Depuis cette nuit, Roger était resté enfermé dans son appartement, en proie à toutes les tortures de la jalousie. Il aimait éperdûment miss Ellen, bien qu'il eût à peine osé lui avouer son amour. Sous les nuits étoilées de l'Océan, au feu du bivac, sur les mornes remparts du fort Saint-Georges, partout la radieuse image de la jeune fille était présente à sa pensée. Il revenait le cœur ivre d'amour, la tête enflammée, l'âme pleine d'espoir, et, au seuil de la patrie, un coup de foudre venait de briser le rêve de sa vie : miss Ellen était la fiancée de Lionel ! A cette pensée, Roger avait des accès de fureur comme le lion captif qui use en vain ses griffes aux carreaux de sa cage. Le sang bohémien qui coulait dans ses veines, triomphait parfois de l'éducation anglaise. Alors il s'accusait de lâcheté et se repentait de n'avoir point provoqué Lionel et de ne l'avoir point tué sans pitié. Mais sa généreuse et vaillante nature reprenait le dessus, et alors il songeait que Lionel était son ami, qu'il avait longtemps pressé sa main, qu'il l'avait aimé comme un frère.... et il maudissait son amour, se jurait de l'étouffer et de faire le sacrifice de son cœur au bonheur de Lionel.

Un moment, il avait espéré que le jeune officier viendrait le voir et lui demanderait une explication. Mais Lionel n'était point venu; fidèle, en cela, aux recommandations de miss Ellen. Alors, à demi fou de douleur, Roger avait écrit le billet suivant :

« Le marquis d'Asburthon a l'honneur de demander une entrevue au baronnet sir Robert Walden, en le priant de faire agréer à miss Ellen Walden l'hommage de son respectueux dévouement. »

Le valet envoyé chez sir Robert Walden rapporta cette réponse :

« Sir Robert Walden présente à lord Asburthon ses plus respectueuses salutations, et regrette qu'une indisposition assez grave ne lui permette point de recevoir Sa Grâce. »

Roger, aveuglé par la colère, foula cette lettre aux pieds.

Comme il congédiait le valet, le marteau placé à la porte extérieure de l'hôtel retentit bruyamment. Roger souleva le rideau d'une fenêtre pour reconnaître le visiteur; il espérait que le baronnet lui envoyait un second message. Une femme voilée, venue à pied sans doute, traversait la cour d'honneur. Un valet lui apporta une carte sur un plateau de vermeil. La carte portait une simple initiale : un E. Roger se précipita à la rencontre de la visiteuse. Elle avait sur le visage un voile si épais, qu'il était impossible de distinguer ses traits; et cependant Roger la reconnut aux battements de son cœur, le trouble mystérieux qui s'empara de tout son être. C'était miss Ellen. Elle ne souleva point son voile, mais il acheva de la reconnaître au son de sa voix lorsqu'elle lui dit :

« Monsieur le marquis, pouvez-vous m'accorder un quart d'heure d'entretien. »

Il la prit par la main, et, frémissant de joie, la conduisit jusqu'au fauteuil placé à l'angle de la cheminée. Alors miss Ellen releva son voile et Roger tendit vers elle ses mains suppliantes, et comme il eût eu peur que cette gracieuse apparition ne quittât aussitôt :

« Vous ! vous ! » dit-il d'une voix brisée.

Son visage était pâle et des larmes roulaient dans ses yeux.

« Oui, moi, dit-elle, qui viens à l'insu de tous me mettre à votre merci.

— A ma merci, vous ? s'écria Roger stupéfait.

— Oh ! continua-t-elle, ne me jugez pas légèrement, écoutez-moi avant de condamner la démarche étrange que je tente auprès de vous... »

— Moi vous juger, moi vous condamner ! s'écria Roger. Ah ! miss Ellen, vous êtes cruelle. »

Elle courba la tête, porta la main à ses yeux et reprit d'une voix faible et douce comme une prière :

« Monsieur le marquis, c'est en suppliante que je viens à vous. Ayez indulgence et pitié pour la plus malheureuse des femmes.

— Vous malheureuse, vous suppliante ! Ah ! dites-moi que la douleur a troublé ma raison, que je suis insensé. »

Elle releva sur lui ses beaux yeux qui brillaient comme des diamants noirs, et lui dit d'une voix brisée :

« Sir Robert Walden va disposer de ma main.

— Lionel ! s'écria le marquis.

— Sir Lionel, qui a la promesse de mon oncle, est venu la réclamer hier.

— Ah ! je comprends maintenant pourquoi vous êtes ici, fit Roger d'une voix sourde. Vous venez me supplier de l'épargner... vous craignez pour la vie de celui que vous aimez.

— Que j'aime ! fit-elle en levant les yeux au ciel.

— De celui qui sera votre époux ? continua Roger avec rage.

— Oh ! pas longtemps, fit-elle avec un accent étrange; car Dieu me prendra en pitié et me rappellera à lui. »

Roger jeta un cri.

« Vous n'aimez pas Lionel ?

— Je l'aime comme un frère, voilà tout, » répondit-elle.

Roger vit se refermer l'abîme ouvert devant lui. Il tomba à genoux devant elle, et lui saisit la main avec une exaltation délirante.

« Jurez-moi, dit-il, que vous ne cherchez pas à me tromper.

— Je vous le jure.

— Ainsi, vous n'aimez pas Lionel ?

— Serais-je ici, si je l'aimais ? dit-elle simplement.

— Et, reprit Roger haletant d'émotion, c'est pourquoi je romps cet odieux mariage que vous vous adressez à moi en suppliante ?

— Oui, dit-elle en courbant la tête pour cacher la rougeur de son front.

— Eh bien ! reprit Roger, je vous jure que, moi vivant, il ne s'accomplira pas. Je sais maintenant pourquoi sir Robert a refusé de me recevoir ; mais je saurai bien le forcer à m'entendre.

— Ce serait du temps perdu ! s'écria-t-elle avec un geste d'épouvante ; et posant sa belle main sur l'épaule du jeune homme : Roger, avez-vous foi en moi ?

— Comme j'aurais foi en ma mère, si Dieu me l'avait conservée.

— Eh bien ! à mon tour de vous demander un serment : jurez-moi d'avoir une confiance aveugle dans mon amitié ; jurez-moi d'obéir sans arrière-pensée, sans hésitation, aux ordres.... Elle se reprit et dit : aux prières que je vous adresserai.

— Mon cœur et mon âme vous appartiennent, » dit Roger avec entraînement.

Elle lui tendit la main et lui dit avec un adorable sourire :

« La marquise d'Asburthon vous remerciera un jour de votre dévouement, mon ami. Maintenant, que je sais que vous m'aimez, que je puis compter sur votre bras, comme sur votre cœur, je serai vaillante et forte pour défendre notre bonheur. »

Elle s'était levée et marchait lentement vers la porte, le regard fixé sur Roger, lorsqu'une voix enrouée cria au dehors.

« Pardieu ! je n'ai pas besoin d'être annoncé, l'ami.

— Bolton ! s'écria Roger, qui s'élança et tira rapidement le verrou de la porte.

— Bolton ! fit à son tour miss Ellen effrayée ; je suis perdue s'il me rencontre ici. »

Roger alla soulever une portière de soie, et ouvrit une petite porte qui donnait dans un élégant boudoir.

« Par cette salle vous pourrez gagner l'escalier du

jardin, dit-il à mi-voix. Adieu, chère Ellen, et merci mille fois pour cette heure d'espérance et de joie. »

Et, après avoir posé ses lèvres sur la brune chevelure de la bohémienne, il la fit entrer dans le boudoir, dont il referma la porte à clef.

Bolton, qui n'avait pas cessé de se quereller au dehors, avec le valet de chambre, fit irruption dans le salon, lorsque Roger eut fait glisser les verrous dans leurs rainures.

« Par saint Côme, colonel, dit-il tout en s'éventant avec un foulard effiloqué, j'ai cru que j'allais être forcé de faire un siége en règle. Votre salon est un nouveau fort Saint-George.

— Je m'étais endormi dans ce fauteuil, dit Roger avec embarras. Pardon de vous avoir fait attendre, mon vieil ami ; et il lui tendit ses deux mains que le chirurgien serra avec la plus cordiale effusion.

— Allons ! s'écria ce dernier après s'être reculé de quatre pas pour le toiser avec admiration, on a bien raison de dire que les voyages forment la jeunesse : le dieu Mars en colonel de dragons.

— Oh ! c'est bien à vous d'être venu me voir le lendemain de mon arrivée.

— Pardieu ! la belle prouesse ; il y a beau temps que je serais allé vous rejoindre en Amérique si le diable, qui s'est logé au fond de ma bourse, n'occupait pas toute la place.

— Il fallait vous adresser à mon intendant, » dit Roger sur un ton d'affectueux reproche.

Bolton se gratta la tête et reprit en souriant :

« C'est ce que j'ai fait ; mais ce coquin d'argent était encore plus pressé que moi de se sauver, si bien que, lorsque le navire quittait le pont de Londres, j'avais beau battre dans mes poches le rappel des guinées, toutes étaient restées à la taverne du *Saumon-Galant.* »

Roger ne put retenir un éclat de rire

« Voyons ! procédons avec ordre, reprit Bolton en tirant un petit flacon de sa poche et en le posant sur la cheminée.

— Qu'est-ce que cela ? demanda Roger.

— Cela ? dit Bolton, c'est une drogue merveilleuse.

— Pas pour moi, je suppose, fit le marquis : j'ai une santé impertinente.

— Pour la médecine, oui, c'est parfaitement exact ; mais je n'en ai pas moins préparé cette essence à votre intention.

— Ah ! par exemple ! »

La physionomie de Bolton prit subitement une expression sérieuse et réfléchie.

« Monseigneur, dit-il après un temps, je suis venu ici pour vous entretenir de choses graves.

— Bah ! fit Roger avec un sourire moqueur : en tous cas, si votre histoire est aussi noire que votre drogue, je vais frémir de terreur. »

Il offrit au docteur le fauteuil que venait de quitter miss Ellen, et s'assit ensuite en face de la cheminée.

« Mon histoire, reprit Bolton, remonte à dix années environ.

— C'est de l'histoire ancienne, alors.

— Non, monseigneur, car vous en êtes le principal personnage.

— Mais j'avais trois ou quatre ans, à peine ?

— Justement.

— Contez, contez vite ! car vous commencez à m'intriguer fort.

— La scène se passe dans l'Inde, à Calcutta, poursuivit Bolton, sous le gouvernement du feu lord votre frère. Par une nuit sombre, deux hommes s'introduisirent dans le palais du gouvernement et y volèrent un enfant.

— Ah ! dit Roger, et quels étaient ces hommes ?

— Des bohémiens.

— Et cet enfant ?

— Votre Grâce !

— Il paraît alors qu'ils ne réussirent pas, puisque me voilà.

— Ils réussirent, au contraire, et quand le soleil se leva, vous étiez à dix lieues de Calcutta, au milieu d'un camp de bohémiens.

— Voilà qui est étrange ! murmura Roger.

— Étrange, mais vrai.

— Cependant on ne m'a jamais parlé de cela.

— Trois hommes seuls ont connu ce secret : le nègre chargé de veiller sur vous pendant votre sommeil, lord Asburthon et moi. Lord Asburthon et le nègre sont morts. Je suis donc le dernier dépositaire de ce secret.

— Mais enfin, dit Roger, quel intérêt ces hommes avaient-ils à m'enlever ?

— Un intérêt de vengeance. Votre père avait fait chasser leur tribu de Calcutta.

— Et que voulaient-ils faire de moi ?

— Vous garder comme otage et faire payer à votre père une forte rançon.

— Les misérables !

— Mais, reprit Bolton, la nuit suivante, deux hommes pénétrèrent, l'épée et le pistolet au poing, dans le camp endormi des bohémiens. Ces deux hommes étaient votre père et moi. Les pistolets bavardèrent, les épées jouèrent.... mais nous vous reprîmes sain et sauf. Malheureusement, les bandits vous avaient déjà imprimé un signe indélébile, la marque de leur tribu.

— Ah ! s'écria Roger, c'est donc ce signe bleuâtre que j'ai en haut de l'épaule droite et dont j'ignorais l'origine ?

— C'est ce signe, dit Bolton, signe fatal qui a bien souvent troublé les rêves de votre père, stigmate affreux qui pourrait un jour faire prendre le noble marquis Roger d'Asburthon pour un véritable bohémien. »

Le marquis se redressa avec un geste d'épouvante, et ses yeux se fixèrent sur la porte par laquelle miss Ellen venait de sortir. Ce regard n'échappa pas à Bolton dont les sourcils se contractèrent, mais il était trop avancé pour reculer en ce moment.

« Ah ! poursuivit Bolton, cette pensée était si épouvantable pour votre père, qu'il essaya sur vous, enfant, tous les toxiques de l'Inde, espérant toujours faire paraître la marque rebelle.

— Qui donc oserait douter de mon origine ? reprit Roger dont les yeux jetèrent un éclair de fierté.

— Hé ! mon Dieu ! fit naïvement Bolton, ne pensez-vous pas que, riche, noble et brave, vous n'ayez pas d'envieux ?

— Soit ! mon cher Bolton ; mais que pouvons-nous faire à cela, puisque cette marque est ineffaçable ?

— Il y a vingt ans que je cherche le moyen de la faire disparaître, dit Bolton à mi-voix, et c'est depuis deux jours seulement que je l'ai trouvé le secret.

— Eh bien ! dit Roger avec un mouvement de joie, s'il en est ainsi, mon cher docteur, à l'œuvre ! car le scandale ou le ridicule ne doivent point atteindre le fils de lord Asburthon, un pair d'Angleterre.

— Je vous supplier Votre Grâce de me recevoir ici chaque soir à l'heure de son coucher. Je lui ferai un pansement qui, je l'espère, au bout de huit jours, n'aura laissé aucune trace du stigmate appliqué par les bohémiens.

— Eh bien ! répondit Roger, venez souper avec moi chaque soir, mon cher Bolton. Nous commencerons aujourd'hui. »

Bolton s'inclina.

« Mais, ajouta Roger, je vous demanderai de me laisser quelques minutes seul dans ce salon ayant un ordre pressé à expédier.

— J'allais solliciter de Votre grâce la permission de me retirer, répondit Bolton qui remit la fiole dans sa poche, car j'ai un malade à visiter dans le quartier.

— Allez, mon ami, fit Roger, et soyez de retour dans une heure au plus tard. »

Bolton prit son chapeau et sortit. Lorsqu'il eut gagné la cour de l'hôtel, il tira de sa poche un objet qu'il avait trouvé sur le fauteuil où il s'était assis, et l'examina à la lueur d'une lanterne. C'était un gant de femme.

« Je m'en doutais, mordieu ! dit-il en frappant du

pied avec colère : je sais maintenant de quelle nature est la correspondance que va expédier mon jeune marquis ! »

Et il sortit sans prononcer un mot ; mais à dix pas de l'hôtel, il s'arrêta brusquement et, se jetant dans l'enfoncement d'une porte, il attendit, enveloppé dans son manteau. Une voiture stationnait à dix pas de là. Au bout de cinq minutes, il vit une ombre se glisser le long du mur du jardin de l'hôtel, et une femme voilée monter dans la voiture, qui partit au grand trot.

« Ma foi, se dit-il en enfonçant son chapeau d'un vigoureux coup de poing, mon ami Roger soupera seul ce soir, mais je saurai à qui j'ai conté ce soir mon histoire en partie double et en partie fine. »

Et, courant après la voiture, il se hissa jusqu'aux étrivières et s'y tint accroché comme un valet de bonne maison.

A peine le docteur avait-il quitté le salon, que Roger s'élançait dans le boudoir. Miss Ellen traversait en ce moment le jardin de l'hôtel. Un soupir s'échappa de la poitrine oppressée du marquis.

Lorsque la bohémienne se fut assise sur les coussins de la voiture, elle abaissa une des portières et trempa son visage dans l'air glacé de la nuit. Le masque d'amour et de dévouement qu'elle avait porté ce soir-là, lui brûlait le visage.

« Allons ! se dit-elle avec un sourire de triomphe, on a raison de dire qu'il y a un dieu pour les bohémiens. J'ai beau répudier ma race, l'instinct est plus fort que ma volonté. C'est un habile homme que ce docteur Bolton, et il vient de me rendre un service que je tâcherai de lui bien payer un jour. Je vais offrir à Jean de France la paix ou la guerre : la paix, s'il veut me servir ; la guerre, s'il veut m'entraver dans mes projets. »

Après avoir roulé pendant une demi-heure sur le pavé de Londres, la voiture s'arrêta devant la maison de sir Robert Walden.

Bolton sauta alors à terre et s'enfuit comme un voleur de nuit. Il savait à quelle femme il venait de servir de valet de pied. Sir Robert Walden était sorti avec mistress Celia, qui s'occupait de sa nouvelle installation. Miss Ellen s'enferma dans sa chambre et écrivit le billet suivant :

« Topsy désire voir Jean de France. Elle lui indique le cottage de Deptford pour lieu de rendez-vous, ce soir, à dix heures. »

Elle eut soin de renverser son écriture de droite à gauche, de façon à pouvoir la nier un jour, si besoin était, et elle écrivit sur l'enveloppe :

« *Au très-honorable Osmany, gentleman.*
Piccadilly. »

Puis elle s'accouda sur le dossier de son fauteuil et murmura en souriant :

« Ce serait vraiment plaisant de voir deux bohémiens à la tête de la grande aristocratie anglaise. »

VI

Il était sept heures du soir lorsque le billet de miss Ellen parvint au nabab Osmany. Il était en conférence avec Bolton.

« Ainsi, disait le roi des bohémiens, vous êtes bien certain que cette femme était miss Ellen.

— Aussi certain que j'ai pris un affreux torticolis derrière sa voiture.

— Vous savez, dit Jean de France en fronçant le sourcil, que Roger l'aime comme un fou.

— C'est une fine mouche, la petite, elle veut devenir marquise d'Asburthon.

— Mais moi je ne le veux pas, répondit Jean de France, et cela ne sera pas. Oh ! ajouta-t-il, je sais, mon cher docteur, que Topsy la bohémienne n'est pas un adversaire à dédaigner. Elle a la patience, la souplesse et l'astuce de notre race, elle est forte pour le mal, comme d'autres sont forts pour le bien. Un courage et une volonté indomptables. Rusée et patiente, ses ongles roses sont des griffes acérées, et il faut être de ma taille pour lutter avec elle. Je n'aurais aucune merci à attendre, si jamais je tombais en son pouvoir. Ajoutez à cela qu'elle domine complétement sir Robert Walden, qui n'a d'autre volonté que la sienne.

— Et que ce vieux gentleman, reprit Bolton, a conservé sous ses cheveux gris, toutes les fougues et tous les emportements de la jeunesse.

— Ah ! dit Osmany, j'aimais mieux avoir sir James pour adversaire. Il était franchement misérable, il conspirait à ciel ouvert ; et on pouvait presque le suivre pas à pas. »

Comme Osmany parlait ainsi, un domestique lui apporta le billet de miss Ellen. Il l'ouvrit et laissa échapper une exclamation de surprise :

« Tenez, mon cher docteur, dit-il à Bolton, lisez ! Si je conservais un dernier doute sur l'identité de la femme que vous avez vue sortir de l'hôtel d'Asburthon, ce doute s'évanouirait.

— Mordieu ! je serais curieux de savoir ce qu'elle peut vous vouloir, dit Bolton après avoir lu le contenu du billet. C'est peut-être un piège qu'elle vous tend. »

Osmany eut un sourire de mépris.

« Cette fois-ci, dit-il, je me garerai du poignard.

— Ainsi vous irez à ce rendez-vous ?

— J'y vais à l'instant ! dit Jean de France qui appela Samson.

Le géant qui se tenait dans la pièce voisine passa sa large tête couronnée de cheveux gris et crépus dans l'entrebâillement de la porte.

« Tu vas prévenir Elspy et Dinah de se tenir prêtes à partir dans une heure. Elles seront plus en sûreté à bord du *Fowler* qu'au Wapping.

— Oui, maître, répondit Samson.

— Tu les conduiras au bord de la Tamise et tu y prendras mon canot. Là, vous m'attendrez.

— Qu'est-ce que cette Elspy ? demanda Bolton, lorsque Samson eut disparu. »

Jean de France rougit légèrement.

« Elspy, dit-il, c'est une Topsy bonne et dévouée, c'est une femme qui mérite d'être aimée.

— Et je vois qu'elle l'est, murmura le vieux chirurgien, si j'en crois l'émotion de votre voix.

— Oui, fit le bohémien avec un doux sourire. »

Bolton regardait Jean de France. Il examinait ce front intelligent, ce nez fin et droit, signe d'une volonté inflexible, ce regard clair et brillant comme celui d'un aigle.

« Vous avez une tête de roi, dit-il.

— Vous vous trompez, répondit Jean de France, j'ai la tête d'un homme qui peut faire des rois. Moi je ne veux régner que par mes créatures, la grandeur de ceux que j'élève me suffit. »

Il regarda la pendule et dit ensuite :

« N'oubliez pas que Roger vous attend à huit heures, mon cher docteur. »

Bolton se leva en disant :

« Je vous reverrai demain soir et je vous dirai quelle est mon opinion sur la drogue de Josué. »

Bolton parti, Jean de France endossa un costume de matelot et sortit de son hôtel par une petite porte afin de n'être point remarqué de son entrée ; il se dirigea à pied vers la Tamise, à l'endroit qu'il avait indiqué à Samson comme lieu de rendez-vous. Samson, Elspy et Dinah étaient déjà dans la barque.

« Où allons-nous ? demanda Samson.

— A bord du *Fowler*, répondit Jean, et ensuite au cottage de Deptford.

A ce nom, le bohémien vit luire deux prunelles ardentes sous le capuchon qui enveloppait la jolie tête d'Elspy.

« Jean, dit-elle, laisse-moi t'accompagner, je resterai dans la barque avec ma sœur et Samson.

— Pourquoi me demandes-tu cela ? fit Jean en prenant la main ; n'as-tu plus confiance en moi ?

— J'ai peur, répondit-elle en se serrant contre lui; j'ai fait cette nuit un rêve affreux, et ce matin Cynthia a vu du sang en tirant les cartes.
— Et tu crois aux rêves et aux cartes?
— J'y crois! dit-elle d'une voix grave.
— Alors tant pis pour miss Ellen, reprit le bohémien; si la tigresse cherche à mordre ce soir, les cartes auront raison. Viens avec nous, chère enfant, et ne tremble plus. »
La barque glissa silencieuse à travers les navires qui couvraient la Tamise.

. . . .

Miss Ellen était arrivée à son cottage bien avant l'heure du rendez-vous. Elle s'y était rendue en voiture, dès neuf heures, seule, armée d'un petit poignard à manche de nacre et d'une paire de ces longs pistolets à crosse d'argent ciselé que les armuriers d'Édimbourg fabriquent encore aujourd'hui pour les chefs de clans. Miss Ellen comptait trop sur elle-même pour avoir besoin d'autres défenseurs. Elle pénétra seule dans le cottage et ne procura de la lumière que lorsqu'elle fut arrivée dans ce petit salon où, déjà, elle avait reçu le roi des bohémiens. Alors laissant les persiennes fermées, elle s'appuya sur le balcon de fer et regarda le fleuve en amont de la ville. La nuit était claire et les vagues reflétaient les rayons de la lune. Après une heure d'attente, miss Ellen vit une barque descendre le fleuve dans la direction du cottage, et amener sa voile lorsqu'elle n'en fut éloignée que d'une trentaine de brasses. Un homme de taille herculéenne était à l'avant. Miss Ellen reconnut Samson et distingua à l'arrière un groupe de trois personnes, un homme et deux femmes.

Miss Ellen accueillit Jean de France comme elle aurait reçu un visiteur dans le salon de sir Robert Walden.

« Comment arrivez-vous, Jean? lui dit-elle. Avez-vous descendu le fleuve en bateau?
— Oui, miss Ellen.
— Vous êtes un parfait gentleman de vous rendre ainsi à mon invitation. »

Le bohémien s'inclina humblement.

Miss Ellen s'assit et, d'un geste, elle indiqua un siège au visiteur.

« Cher ennemi, lui dit-elle d'une voix légèrement railleuse, vous pensez bien, j'imagine, que si j'ai voulu vous voir, c'est que les hostilités étaient suspendues entre nous. Ainsi ne craignez ni trahison ni embuscades, ni trappes cédant sous le pied, ni fer, ni poison. Tout le danger est pour moi en ce moment, ajouta-t-elle avec un sourire moqueur.
— Miss Ellen, dit Jean de France avec calme, oserai-je vous demander ce qui me vaut l'honneur de ce tête-à-tête?
— Oui certes : je viens vous proposer la paix.
— Ah!
— Quand deux adversaires se sont mesurés et ont reconnu leur force respective, je crois, reprit miss Ellen, qu'ils peuvent se tendre la main.
— Je suis prêt à baiser la vôtre, » répondit ironiquement Jean de France.

Miss Ellen continua :

« L'histoire de l'écrin et de Nathaniel m'a prouvé ce que j'avais à craindre de vous; mais le dénoûment de cette aventure a dû vous montrer que je ne me tenais point pour battue.
— En effet....
— Non plus que ce coup de poignard qui vous a été donné par certaine Indienne.
— Appostée par vous, continua le roi des bohémiens.
— C'est vrai! dit-elle froidement. Mais, à ce propos, vous me devez des explications.
— Vous croyez?
— Assurément, puisque le ciel a fait très-heureusement un miracle en votre faveur.
— En effet, dit Jean, vous pensiez que l'arme était empoisonnée. Eh bien, chère miss Ellen, on vous avait trompée. Sachant que Daï-Natha est un peu folle, le brahmane qui l'accompagne a eu l'ingénieuse idée de substituer au poignard empoisonné qu'elle porte à sa ceinture, un simple poignard de fer émoussé, tout à fait inoffensif : j'en ai été quitte pour une égratignure.

— Je viens vous offrir la paix, dit la bohémienne en l'enveloppant de son sourire le plus séducteur.
— Voyons les conditions?
— Une seule : la neutralité.
— C'est peu et c'est beaucoup.
— Il y a un an, repit miss Ellen, je me suis posé cette question : Quel intérêt Jean de France, qui est un bohémien comme moi, a-t-il à protéger le marquis d'Asburthon, fils de ce lord Asburthon qui persécuta notre race?
— Vous vous êtes demandé cela?
— Je me suis demandé cela, et sans un événement tout à fait inespéré, je n'aurais certes pas deviné.
— Ah! vous avez deviné? »

Miss Ellen le regarda avec assurance.

« J'ai la certitude, dit-elle, que le marquis est un fils naturel de lord Asburthon et d'une bohémienne appelée Cynthia. »

Jean de France resta impassible.

« Je sais bien, poursuivit miss Ellen, que Bolton et vous avez arrangé une jolie histoire à l'usage du marquis, et que, d'ici à huit jours, la marque des zingari aura disparu de son épaule comme elle a disparu jadis de la mienne.
— Oh! mais vous savez bien des choses alors, » dit Jean sur un ton de moquerie qui déconcerta un instant la Bohémienne.

Elle reprit : « J'ai comme vous ma police secrète. L'histoire du chirurgien Bolton a racontée au marquis peut abuser des esprits naïfs comme celui de mon honorable tuteur sir Robert Walden, mais ne saurait me tromper, moi!
— Vraiment?
— Donc le marquis Roger est un bohémien comme nous.
— Soit. Après?
— J'aime le marquis Roger, reprit-elle d'une voix vibrante.

— C'est-à-dire, interrompit Jean, que tu aimes le titre qu'il porte et la fortune qu'il possède.
— Je suis aimée du marquis d'Asburthon, continua-t-elle avec calme, pourquoi vous opposez-vous à ce qu'il me donne son nom?

Mais parce que nous ne l'avons pas fait marquis et pair d'Angleterre pour qu'il épouse une zingara.
— Et de quel droit jouez-vous cette indigne comédie? Oh! dit le bohémien, ne parlons pas de droit, chère miss Ellen. Nous sommes des bohémiens, nous autres, et nous ne saurions être plus scrupuleux que le très-honorable sir Robert Walden qui a présenté à la cour une fille de notre sang.
— Écoute, Jean, reprit la zingara d'une voix douce, je te supplie à deux genoux de me pardonner le mal que j'ai voulu te faire, d'oublier mes injures et mes violences.
— Et de te laisser épouser Roger d'Asburthon? continua Jean.
— Eh bien oui, je suis une ambitieuse; oui, j'ai la fièvre, la folie d'orgueil; et c'est justement parce que Roger est de notre race, que je voudrais partager avec lui le manteau d'hermine que vous avez jeté sur ses épaules. Si tu savais, Jean, ce que je souffre à certaines heures, lorsque cette idée vient brûler mon cerveau comme une flamme! ah! tu aurais pitié. Épouse de lord Asburthon, pair d'Angleterre! moi une zingara! porter sur mon front une couronne de marquise! C'est par orgueil que vous avez fait un grand seigneur du fils de Cynthia. Eh bien, je te jure que si tu me laisses grandir en puissance, vous serez fier un jour de votre sœur. Je serai aimante et bonne pour vous tous, et vous n'aurez pas de cœur plus dévoué que la marquise d'Asburthon.

— C'est impossible! dit Jean vec un este d'impatience; sois une grande dame si tu peux, mais je ne veux pas, je le répète, que le fils de ma sœur, que notre roi te serve de marche-pied. »

La bohémienne se redressa, pâle comme un linceul, les lèvres frémissantes de colère.

« Je t'ai supplié, Jean, dit-elle, et tu as été sans pitié. Maintenant, c'est la guerre. Tu veux que je reste bohémienne? Eh bien je lutterai avec les griffes et les dents comme une fille du désert. Garde-toi, Jean, garde-toi! »

— Comme tu voudras, répondit froidement Jean de France. Cependant je te donne vingt-quatre heures de réflexion.

— Pas une minute, dit-elle.

Jean de France haussa les épaules, et reprit son chapeau et son manteau.

Comme il allait franchir le balcon, la zingara le retint.

« Attends encore, dit-elle. Cette fois il y avait un léger tremblement dans sa voix.

— J'écoute, dit le bohémien.

— Veille plus que jamais sur le fils de ta sœur, Jean! sur ton roi! Son ennemi rampe dans l'ombre à cette heure. Souviens-toi du capitaine Maxwell et du fort Saint-George.

— J'étais déjà prévenu, dit Jean, mais je ne t'en remercie pas moins de l'avis.

— Un dernier mot : quelles sont les femmes qui t'attendent dans la barque?

— Espy et sa sœur.

— Ah! la belle Égyptienne.

— En serais-tu jalouse?

— Risquerais-tu ta vie pour elle? continua la zingara.

— Oui! dit Jean avec élan.

— Alors je suis plus forte que toi, car tu ne peux me frapper que dans mon ambition, et moi je puis te briser le cœur.

— Essaye donc? »

Une flamme sinistre passa dans le regard de la bohémienne, qui étendit le bras vers la fenêtre. « Pars! dit-elle, et souviens-toi que je me suis humiliée devant toi! »

Quelques minutes après, debout sur la berge, Jean de France, qui avait fait entendre un coup de sifflet, suivait du regard l'embarcation qui remontait le courant. Chaudement enveloppées dans un grand manteau, les deux sœurs étaient assises à l'arrière : Elspy tenait la barre, Samson filait l'écoute de la voile. La barque toucha le bord, Jean de France y entra et serra Elspy dans ses bras.

« Ah dit-elle d'une voix brisée. Cette femme nous sera fatale, mon ami; pendant que tu étais auprès d'elle, une étoile est tombée derrière la maison.

— Bast! dit Jean, c'est qu'elle était mal accrochée.

— Ne riez pas, Jean. C'est un signe de mort! » reprit à son tour Dinah.

Comme la barque remontait le courant en frôlant les roseaux de la rive, un éclair brilla dans la nuit et une balle siffla dans l'air. Elspy jeta un cri de douleur et roula inanimée dans les bras de Jean de France.

VII

Dans Lower Thames street on trouvait une petite boutique qui avait pour enseigne cette devise singulière : *Au Temple de la Fortune.*

La devanture était peinte en rouge. Derrière les carreaux appendaient des objets bizarres, tels que des chapelets à grains noirs odorants, comme en portent les prêtres de Mahomet, des bourses en peau de musc, des amulettes en corail et des sachets renfermant quelque mystérieux parfum des contrées tropicales. Cette boutique était tenue par l'Indienne Daï-Natha. La bayadère avait changé de profession, elle ne dansait plus, elle disait la bonne aventure. Daï-Natha, qui vendait aussi des parfums et des cosmétiques, elle avait pour client tous les membres du *club des Beaux.* Pour un schelling, elle prédisait l'avenir et vous mettait au courant d'un danger qui vous menaçait. Cependant comme la rumeur publique s'empare de toutes choses, Daï-Natha passait, dans son quartier, non-seulement pour une sorcière, mais encore pour *l'amie de la mort.* On racontait, parmi le populaire, d'étranges histoires. Ceux qui venaient la consulter, disait-on, ne tardaient point à hériter. Ainsi, depuis trois mois, un fils avait perdu son père et ses deux frères, un mari sa femme, un neveu ses deux oncles, etc. Daï-Natha vendait à ses héritiers trop pressés le moyen d'avancer l'heure de l'héritage. Par deux fois, la police, émue de semblables bruits, avait fait une descente chez la bayadère, mais la police n'avait rien trouvé.

Or, environ deux heures après que miss Ellen eut tiré sur Elspy, la maîtresse de Jean de France, la zingara enveloppée dans un grand manteau et le visage couvert d'un voile épais, se glissa dans la boutique de l'Indienne. Daï-Natha était seule. Il était près de minuit et les rues étaient désertes.

« Ferme ta porte, dit miss Ellen d'un ton impérieux. Il faut que je te parle. »

Daï-Natha obéit, puis elle vint prendre les deux mains de la jeune fille et les porta respectueusement à ses lèvres. Alors miss Ellen se débarrassa de son voile et de son manteau, regarda fixement l'Indienne et lui dit :

« Il n'est pas mort.

— Qui donc? fit Daï-Natha qui se dressa comme une vipère.

— Le voleur du dieu Sivah. »

Daï-Natha haussa les épaules et répondit :

« C'est impossible.

— Je te dis qu'il n'est pas mort, » répéta miss Ellen. Daï-Natha la regarda d'un œil stupide.

« Je l'ai vu, poursuivit miss Ellen.

— Vous.... l'avez.... vu?

— Je lui ai parlé!

— Quand?

— Il y a une heure. »

Daï-Natha regardait toujours miss Ellen et semblait se demander si miss Ellen n'était pas folle. Mais elle s'exprimait froidement, avec l'accent de la conviction, et Daï-Natha finit par s'écrier :

« Alors cet homme est protégé par une puissance surnaturelle.

— Non, dit miss Ellen, rien de tout cela. Le brahmane a changé ton poignard empoisonné contre une arme inoffensive. »

Mais Daï-Natha secoua la tête d'un air découragé :

« J'aime mieux croire qu'il a un talisman, dit-elle.

— Contre le fer, c'est possible, dit miss Ellen qui savait qu'il était inutile de lutter contre la superstition de l'Indienne, mais tu as dans ta boutique des venins mortels contre lesquels il sera sans défense. »

La haine de Daï-Natha se réveillait lentement; son œil s'alluma, ses lèvres blanchirent; tout son visage prit une expression hideuse.

« Où le trouverai-je? dit-elle.

— Il habite un somptueux hôtel dans Piccadilly.

— C'est bien, dit l'Indienne. Avant trois jours vous aurez entendu parler de moi.

Il passe pour un nabab de ton pays et se fait appeler Osmany, » ajouta miss Ellen.

Chacune de ses paroles se gravait en traits de flamme dans la mémoire de l'Indienne.

« Te voilà prévenue, dit-elle. Bonsoir! »

Elle remit son manteau, abaissa de nouveau son voile sur son visage, et allait sortir, lorsqu'un pas d'homme retentit dans la rue et s'arrêta au seuil extérieur de la boutique dont les volets étaient fermés. Miss Ellen s'arrêta immobile. On frappa deux coups discrets.

Daï-Natha interrogea la jeune fille d'un regard. Miss Ellen hésita un instant; puis elle se réfugia dans l'arrière-boutique, séparée de la première pièce par une cloison vitrée garnie de rideaux à l'intérieur.

« Ouvre, dit-elle. »

Un vague pressentiment avertissait miss Ellen que le visiteur attardé allait l'intéresser d'une façon quelconque. Daï-Natha entre-bâilla sa porte :

« Qui est là? demanda-t-elle.

— Un homme qui paye généreusement. »

Miss Ellen, cachée dans l'arrière-boutique, tressaillit au son de cette voix.

L'Indienne ouvrit sa porte toute grande et miss Ellen qui pouvait tout voir sans être vue, examina le visiteur. C'était un homme de taille moyenne, aux cheveux roux et grisonnants, au visage long et anguleux comme le museau d'une fouine.

Il était coiffé d'un bonnet fourré qui lui descendait sur les yeux, et le col relevé de son manteau lui enfouissait le menton.

Tu as beau te cacher, pensa miss Ellen, je t'ai reconnu.

Le visiteur jeta un regard défiant autour de lui.

« Sommes-nous seuls! demanda-t-il.

— Oui, répondit Daï-Natha, à qui l'amour du gain fit oublier momentanément Osmany et miss Ellen.

« Que désire acheter Votre Honneur? veut-il des chapelets, des pipes, des parfums?...

— Non.

— Souhaite-t-il que je lui dise la bonne aventure?

— Peut-être ! fit l'inconnu, dont cette proposition semblait servir les projets.

— Alors, que Votre Honneur veuille bien me confier sa main, dit gravement l'ex-bayadère.

— La voilà. »

Daï-Natha prit la main qu'il lui tendait, l'examina avec attention et dit à son nouveau client :

« Il y a de par le monde un homme que vous haïssez.

— Jusqu'à la mort ! répondit le visiteur.

— Vous avez attenté trois fois déjà à sa vie.

— C'est vrai.

— Et vous avez toujours échoué. »

L'inconnu fit un signe de tête affirmatif.

« Cependant, il y a un moyen de vous en débarrasser.

— Ah ! fit l'inconnu, qui plongea son regard dans les yeux de Daï-Natha. Lequel?

— Le poison.

— Je l'ai pensé comme vous, dit froidement l'inconnu, et je viens ici pour en acheter.

— Je n'en vends pas, répondit l'Indienne. On a mal renseigné Votre Honneur. »

Cette réponse inattendue fit faire un pas en arrière au visiteur. La prudente Daï-Natha poursuivit :

« Je sais qu'on m'accuse de vendre du poison ; mais cela est faux, mon bon seigneur. Je dis la bonne aventure, voilà tout. »

En ce moment, il se fit un léger bruit dans l'arrière-boutique, bruit qui échappa à l'inconnu, mais qui parvint à l'oreille exercée de Daï-Natha. L'Indienne se dirigea sans affectation vers une des vitrines de sa boutique tout en continuant à entretenir son visiteur.

« J'ai de fort beaux bracelets en corail, mon cher seigneur. Ne voulez-vous pas en acheter un ? Je pourrais vous vendre également un narghilé à tuyau de cerisier et à bouquin d'ambre.

— Non, je ne veux rien de tout cela, murmura l'inconnu visiblement désappointé.

— Tenez, continua Daï-Natha, je vais vous les montrer. »

Elle passa dans l'arrière-boutique, et soudain miss Ellen colla ses lèvres à son oreille :

« Cet homme va se charger de la vengeance, lui dit-elle ; donne-lui le poison qu'il te demande, et glisse dans la boîte qui le contiendra ce papier. »

Et elle lui rendit son carnet sur lequel elle avait crayonné ces mots : « Le nabab Osmany d'abord, si vous voulez réussir ! » Elle reprit après deux secondes de réflexion :

« Ne lui remets aujourd'hui que la dose nécessaire pour tuer une seule personne. Tu as bien compris? »

Daï-Natha revint avec un petit coffret qu'elle plaça devant son visiteur nocturne.

« Tenez, dit-elle, j'ai là un chapelet en noix strychnos de Bornéo, qui ferait bien votre affaire. »

L'inconnu tressaillit :

« Que voulez-vous dire par ce mot ?

— Les baies de strychnos sont un poison mortel. »

L'œil de l'inconnu pétilla de joie. Daï-Natha ouvrit le coffret et en retira un chapelet à gros grains noirs qui exhalaient un parfum étrange.

« On peut le porter à son cou, dit-elle, et jouer avec ; mais il ne faudrait pas en faire dissoudre un grain dans de l'esprit-de-vin, et l'avaler ensuite, mon bon seigneur!

— Ah !

— On serait mort au bout de cinq minutes. »

L'inconnu examinait le chapelet et constatait qu'il y manquait plusieurs grains.

« Mais, continua Daï-Natha, cela coûte fort cher, mon bon seigneur.

— Combien? demanda l'inconnu en tirant sa bourse.

— Vingt-cinq guinées le grain.

— C'est cher, en effet, dit-il.

— Non, quand cela rapporte. Ne faut-il pas semer pour récolter ?

— C'est juste.

— Tenez, il y a un beau seigneur qui n'avait pas un sou vaillant il y a un mois. Je lui ai fait crédit, parce qu'il avait l'air honnête. Il est devenu riche en quinze jours.

— Et vous a-t-il payé? demanda l'inconnu en souriant.

— Oh ! le lendemain. C'est un bien honnête homme. »

L'inconnu tira vingt-cinq guinées de sa bourse et les empila sur le comptoir de Daï-Natha.

« Je prends un grain, » dit-il.

L'Indienne dénoua le fil de soie du chapelet, fit glisser un grain dans sa main, et l'enferma, avec le billet de miss Ellen, dans un joli sachet parfumé. L'inconnu mit le sachet dans sa poche, ramena son bonnet sur ses yeux, le col de son manteau sur son visage, et sortit en disant : « Au revoir ! »

« Voilà un homme que je croyais mort et que tout le monde croit mort ! » pensa miss Ellen en sortant de sa cachette.

Daï-Natha avait prudemment refermé son coffret.

« Écoute bien ce que je vais te dire, fit miss Ellen en posant une main sur l'épaule de l'Indienne, si tu ne veux pas être brûlée comme sorcière et empoisonneuse, devant la porte de Newgate : ne vends plus maintenant un seul grain de ce chapelet.

— Même à l'homme aux guinées? demanda Daï-Natha.

— Surtout à cet homme !

— Mais s'il insiste, s'il me menace de me dénoncer ? »

La bohémienne regarda la bayadère dans les yeux :

« Je t'avais promis de te livrer le voleur du dieu Sivah ; j'ai tenu ma promesse : l'homme qui sort d'ici aura tué Jean de France avant huit jours. »

Daï-Natha poussa un cri sauvage, en agitant ses bras comme une furie.

« En êtes-vous bien sûre, au moins ? dit-elle tout à coup en serrant le bras de la jeune fille.

— Oui, car cet homme est un lâche, et avant de frapper son ennemi, il voudra le désarmer : Osmany est l'épée qu'il doit briser.

— Ah ! s'il fait cela, s'écria l'Indienne, je serai son esclave, son chien !

— Pauvre folle ! dit miss Ellen avec un sourire de pitié, tu oublies donc qu'il n'est que l'instrument de ma volonté?

— Alors, commandez, j'obéirai.

— Osmany mort, l'homme que tu as vu ce soir reviendra frapper à la porte : tu refuseras de lui vendre du poison, si considérable que soit la somme qu'il t'offre. Après lui avoir montré les merveilles de ta boutique, tu le laisseras pénétrer avec toi dans ton laboratoire.

— Mais pourquoi? demanda l'Indienne.
— Parce que, reprit la bohémienne en accentuant toutes ses paroles, si le hasard voulait qu'il vînt à respirer une de ces essences qui engourdissent pour jamais la pensée, ou à se piquer avec la pointe d'une aiguille trempée dans les venins foudroyants dont tu m'as parlé un jour, l'Indienne Daï-Natha aurait gagné en dix secondes plus d'or qu'elle n'en amassera péniblement en dix années.
— J'aiderai le hasard! »dit l'Indienne d'une voix sourde.

« A miss Ellen, maintenant, dit-il, le compte sera plus long à régler. » (Page 29, col. 2.)

VIII

« Te tairas-tu, Bull! » s'écria le piqueur Wills, en allongeant un vigoureux coup de pied à un vieux terrier-boule qui grognait sous la table.
Wills était assis dans la cuisine du manoir d'Asburthon-le-Vieux, un soir que la pluie tombait comme un torrent. Le vent déchaîné faisait battre les volets, grincer les girouettes, et tourbillonner la flamme de la chandelle que le piqueur avait placée sur la table de cuisine, entre un morceau de lard et un pot d'ale. Wills soupait en mangeant, et battait de temps en temps le terrier

qui trouvait mauvais que son maître l'oubliât. Wills était devenu le véritable seigneur d'Asburthon-le-Vieux depuis qu'il avait appris la mort de sir James. La seigneurie était de trop mince importance pour qu'on la lui vînt contester ; et, malgré l'attachement qu'il portait à son maître, le vieux piqueur s'était aisément consolé de sa mort en héritant de ses biens. Il faisait même, deux jours auparavant, des réflexions assez philosophiques et se disait :

« Pour un homme du nom d'Asburthon, un manoir comme celui-ci n'est vraiment qu'une bicoque, et je conçois que feu mon maître ne s'en soit pas contenté. Mais moi, qui suis un pauvre diable de piqueur, je me trouve parfaitement satisfait, et désormais je vais vivre comme un digne laird. »

Wills avait d'abord tenue secrète la mort de sir James; puis il l'avait annoncée, en disant que sir James l'instituait son héritier.

Pendant un mois environ, les trois tenanciers du manoir et les deux serviteurs laissés par sir James avaient paru croire à la parole de Wills ; mais les parvenus sont durs pour les inférieurs, et Wills s'étant montré trop exigeant dans son nouveau rôle de propriétaire et seigneur, la servante et le valet, qui composaient tout le domestique du manoir, demandèrent leurs gages et s'en allèrent. Wills se serait parfaitement consolé de cette désertion, comme il s'était consolé déjà de la mort de son maître ; mais le départ de ses gens amena de sourdes rumeurs dans le pays, et le shériff du comté se présenta un matin, le matin de ce jour où nous trouvons Wills soupant de si méchante humeur et battant son chien. Le shériff lui avait dit :

« Votre maître est mort. Si, comme vous le prétendez, vous êtes son héritier, vous aurez à produire sous huit jours le testament qu'il a fait en votre faveur, sinon les biens de sir James Asburthon seront mis sous le séquestre. »

Cette menace du shériff avait si fort troublé la joie de maître Wills qu'il en avait perdu l'appétit et oublié de boire. Bull grognait de temps à autre.

Ah ça, te tairas-tu ? » s'écria Wills qui se leva avec colère et prit un fouet suspendu sous le manteau de la cheminée.

Le chien montra ses dents aiguës et alla se coucher à la porte, grognant toujours.

« Cette maudite bête ! murmura Wills, qui vous saute à la gorge des passants, n'a rien dit ce matin au shériff. Où diable le respect de la justice va-t-elle se nicher ? »

Wills se remit à table, parlant tout haut et maudissant le shériff et les lois anglaises qui conspiraient à l'unisson pour dépouiller un pauvre honnête homme de piqueur. Tout à coup, Bull dressa les oreilles, aspira l'air à pleins poumons et fit entendre un long hurlement. Avec la finesse d'ouïe particulière aux animaux de sa race, Bull avait distingué parmi les bruits de l'ouragan déchaîné sur le vieux manoir, le pas d'un cheval gravissant la pente ardue qui conduisait à Asburthon-le-Vieux. Wills tourna la tête, et vit son chien pointant les oreilles et dressé contre la porte. A ces signes, le piqueur comprit que quelque voyageur attardé venait sans doute lui demander l'hospitalité. Et, comme le chien, il prêta l'oreille. Le pas du cheval devenait plus distinct.

« Au diable les passants, murmura Wills, je ne loge personne ; l'auberge est en bas, dans le village ! »

Et il se versa un plein gobelet d'ale qu'il vida d'un trait. Le chien s'était mis à hurler. Tout à coup, le pas du cheval s'arrêta à la porte.

« Hé ! Wills ! » cria une voix.

Le chien se tut subitement, et Wills devint pâle et se trémoussa sur sa chaise comme un homme ivre.

« Wills ! maudit ivrogne ! répéta la voix, me laisseras-tu longtemps me morfondre à la porte par le temps qu'il fait ? »

Wills ne bougea, mais il fit un signe de croix et murmura :

« Je n'avais pourtant jamais voulu croire que les morts revenaient. »

Ses dents claquaient de terreur, et il avait laissé tomber son gobelet sur le parquet. Le chien ne hurlait plus, mais il remuait la queue en signe de satisfaction. Il avait reconnu la voix du visiteur.

« Wills ! Wills ! cria-t-on encore, m'ouvriras-tu enfin ? »

Cette fois Wills se leva, et, en bon Écossais superstitieux, il murmura :

« C'est sir James qui revient de l'autre monde tout exprès pour faire son testament en ma faveur et vexer le shériff. Je vais lui ouvrir. »

Il se dirigea vers la porte en chancelant et plus pâle sans doute que ce mort à qui il allait ouvrir. La porte s'ouvrit ; le cavalier sauta à bas de son cheval et entra comme une bouffée de l'ouragan dans la cuisine du manoir, sans prendre garde au nouveau signe de croix que Wills venait de faire. Il se débarrassa de son manteau ruisselant de pluie, repoussa le chien qui lui sautait aux jambes en hurlant de joie, et alla se placer sous le vaste manteau de la cheminée en grommelant :

« Quel temps. »

Wills ne songeait pas à refermer la porte. Immobile et pâle au milieu de la cuisine, il attachait sur le nouveau venu un regard hébété. C'était sir James ! sir James qui revenait de l'autre monde pour visiter son manoir.

« Ah çà ! qu'as-tu donc à me regarder ainsi, imbécile ? s'écria le revenant d'une voix rude, ne me reconnais-tu plus ? »

Wills fit un nouveau signe de croix. Le chien, moins farouche, léchait les mains de son maître.

« Mais va donc mettre mon cheval à l'écurie, butor, et donne moi d'autres vêtements. »

Wills ouvrit démesurément les yeux, en homme qui s'étonne qu'un cheval qui vient de l'autre monde ait besoin de paille et de litière, et qu'un mort qui sort de sa tombe craigne la pluie. Cependant il sortit de sa torpeur et gagna la porte sans mot dire. Le cheval piaffait tristement au dehors. Sir James riait, le chien hurlait toujours joyeusement.

Wills qui flageolait de plus en plus sur ses jambes, prit le cheval par la bride et le conduisit à l'écurie. Puis il revint et trouva son maître installé au coin du feu, dans lequel il avait jeté une brassée de bois mort.

« Je suis gelé juqu'aux os, mon pauvre Wills, lui dit sir James tout en s'enveloppant dans le plaid qu'il venait de décrocher de la muraille.

— Il est certain, dit Wills qui se décida enfin à parler d'une voix sépulcrale, il est certain qu'il doit faire bien froid là-bas. »

Ce mot éclaira sir James sur la croyance de Wills.

« En effet, dit-il, riant toujours, on y meurt de froid et de faim. »

Et il prit la chaise abandonnée par Wills, s'assit devant la table et se coupa un morceau de lard.

« Jésus Dieu ! murmura Wills scandalisé du sans-gêne de ce trépassé, défunt mon père m'avait toujours dit que les morts revenaient, mais il ne m'avait pas dit qu'ils mangeaient.

— Et qu'ils buvaient, dit sir James qui se versa une rasade d'ale, ajoutant :

— A ta santé, mon garçon. »

Wills frissonna de tous ses membres, le toast d'un mort devant nécessairement porter malheur. Cependant, il avait fini par se délier la langue.

« Je savais bien, dit-il, que Votre Honneur qui avait été si bon pour moi durant sa vie ne me laisserait pas dans l'embarras après sa mort.

— Ah ! tu es dans l'embarras, mon garçon ? »

Wills regarda son maître avec un redoublement de stupéfaction.

« Je croyais qu'on savait tout dans l'autre monde, dit-il.

— En effet, mais j'ai toujours eu mauvaise mémoire. Conte-moi tes peines, mon bon Wills, reprit sir James qui caressait le museau de son chien et se versait un quatrième gobelet d'ale.

— Votre Honneur n'est pas sans savoir, dit Wills qui se familiarisait peu à peu avec ce messager d'outre-tombes, Votre Honneur n'est pas sans savoir que son unique héritier sur terre est ce damné marquis....

— Tais-toi! ne prononce pas son nom devant moi, dit sir James avec colère.

— Or donc, poursuivit Wills, j'ai pensé que si Votre Honneur avait eu le temps de tester avant de mourir, il m'aurait sûrement fait son héritier.

— Très-sûrement, répliqua sir James.

— Malheureusement Votre Honneur est mort sans avoir le temps de....

— Comme tu dis, mon bon Wills.

— Alors, partant de ce principe que l'intention peut être réputée pour le fait, j'ai annoncé que Votre Honneur m'avait légué son château.

— Tu as très-bien fait. »

Wills eut un soupir de soulagement.

« Mais, reprit-il, voilà que le shériff est venu fort brutalement ce matin me demander le testament de Votre Honneur.

— Que lui as-tu répondu?

— Qu'il était chez un homme de loi et que je le lui montrerais dans trois jours.

— En sorte, dit sir James, que ce testament n'existant pas....

Wills se gratta l'oreille, et poussa la bravoure jusqu'à venir s'asseoir en face du revenant.

« Puisque Votre Honneur a quitté sa tombe par un temps pareil, c'est qu'il me veut du bien.

— Assurément, mon cher Wills.

— Et Votre Honneur ne refusera pas, j'en suis sûr, de m'écrire de sa main ce testament qui confondrait cet impudent shériff, en ayant soin bien entendu, de le dater du jour de son départ d'Asburthon-le-Vieux.

— Naturellement, » dit sir James.

Wills poussa un cri de joie.

« Ah! dit-il, je n'oublierai jamais les bontés de Votre Honneur et je lui ferai dire des messes.

— C'est inutile, répondit sir James, en mourant, je suis allé tout droit en paradis. »

Wills regarda le mort d'un air passablement sceptique et poussa un *vraiment?* très incréduleux. Mais le mort était bon diable et ne se fâcha point.

« Donne-moi du papier et une plume, dit-il, je vais te faire mon héritier. »

Wills retrouva l'usage de ses jambes. Il monta quatre à quatre l'escalier du vivant manoir, se rendit au premier étage et en redescendit avec les objets que sir James lui demandait. Il était léger comme un chevreuil. Sir James prit la plume, mais avant d'écrire, il dit au piqueur :

« Va donc chercher une vieille bouteille de vin à la cave. Cette bière m'empâte le gosier. »

Wills descendit à la cave avec autant de légèreté qu'il en avait mis à aller chercher la plume et le papier. Quand il revint, il trouva sir James écrivant. Tout à fait familiarisé avec le revenant, Wills lut par-dessus son épaule. Sir James écrivait :

« Aujourd'hui 21 août 1775, jouissant de la plénitude de mes facultés, mais sur le point d'entreprendre un long voyage, j'ai écrit le présent testament.

Article unique. J'institue William, mon piqueur, en récompense de ses bons et loyaux services, mon légataire universel. »

Lorsque sir James signa, Wills sentit la joie l'étouffer, et il tomba aux genoux de son maître.

« Maintenant, dit sir James en lui tendant le testament, te voilà en règle avec ce coquin de shériff. »

Wills serra le testament sur sa poitrine.

« Donne-moi à boire, » continua sir James.

Wills déboucha la bouteille que recouvrait une vénérable couche de poussière. Sir James vida son verre d'un trait.

« Je crois maintenant, dit-il, que je dormirai de bon cœur.

— Il est certain, murmura Wills qui espérait que le revenant allait enfin le débarrasser de sa présence, il est certain que Votre Honneur doit avoir pris l'habitude de dormir. »

Cette allusion délicate au repos éternel amusa sir James.

« Faut-il aller chercher le cheval de Votre Honneur? demanda le joyeux héritier.

— Pourquoi faire? dit sir James se versant un second verre de vin.

— Hé! mais.... Votre Honneur.... n'a-t-il pas dit.... qu'il désirerait.... dormir?

— Oui, certes.

— Alors.... Comment s'en retournera Votre Honneur.... »

Cette fois, sir James partit d'un éclat de rire.

« Ah çà! dit-il, t'imagines-tu, par hasard, que je vais m'en retourner dans l'autre monde?

— Votre Honneur oublie que nous sommes en été et que le jour vient de bonne heure.

— Eh bien?

— J'ai toujours ouï dire à mon défunt père, continua Wills naïvement, que les morts étaient obligés de rentrer dans leur tombe avant le jour.

— C'est vrai; mais moi j'ai des dispenses, moi. »

Wills ne put se défendre d'un certain effroi.

« Votre Honneur compte-t-il donc dormir ici?

— Oui, dans ce fauteuil. »

Et sir James roula le fauteuil sous le manteau de l'âtre et s'y installa commodément. La peur de Wills augmentait. Sir James ferma les yeux et bientôt le piqueur entendit un ronflement sonore.

« Ah! par exemple, murmura Wills, voilà un mort qui a une singulière conduite. Voyons si son cheval tire sa paille. Ceci serait plus singulier encore. »

Il alluma une lanterne et se rendit à l'écurie. Le cheval de sir James avait tiré sa paille comme un véritable cheval terrestre. Wills avisa *la* selle, et sur la selle les deux porte-manteaux et ses fontes. Cette fois la curiosité domina la peur; il mit la main dans ses fontes et en retira les pistolets. Les pistolets étaient chargés et amorcés.

« Défunt mon père m'ayant toujours dit que les morts, n'ayant pas peur des vivants, murmura-t-il enfin éclairé par la vérité, j'en conclus que sir James prend trop de précautions pour être réellement mort.»

Et Wills poussa un lamentable soupir, ajoutant :

« Son Honneur s'est moqué de moi; Son Honneur est bien vivant et son testament est sans valeur, puisqu'il est encore de ce monde! »

Cette révélation de la vérité, qui lui apparaissait enfin, produisit sur lui l'effet d'un coup de foudre. Il avait pleuré son maître; il s'était habitué à le croire mort; il avait pris ses petites précautions d'héritier; il s'était accoutumé à dire mon château, mes fermiers, mes prés, mes champs. Et voilà que sir James venait gâter tout cela. Ce retour inattendu renversait tous ses plans, contrariait ses projets, et lui était beaucoup plus désagréable encore que la visite du shériff le matin précédent. Mais Wills était un garçon de ressources, du moment où il n'était plus aux prises avec une terreur superstitieuse.

« Tout le monde croit sir James mort, se dit-il; moi-même je le croyais il y a trois minutes. Personne ne l'a vu arriver; personne ne saura qu'il est revenu. »

Au lieu de remettre les pistolets dans les fontes, il les garda à la main et rentra dans la cuisine sur la pointe du pied. Sir James dormait toujours.

« Avec la pluie et le vent, murmura Wills, un coup de pistolet ne fait pas grand tapage. Je jetterai le corps dans les oubliettes; elles n'ont pas servi depuis longtemps, ce sera un moyen de les utiliser. »

Et Wills s'approcha de sir James, arma l'un des pistolets sans bruit, et ajusta son maître à la tempe. Mais, comme il appuyait le doigt sur la détente, le chien terrier poussa un hurlement, bondit et saisit Wills à la gorge. Le coup partit, mais la balle passa au-dessus de la tête de sir James qui, réveillé en sursaut, se dressa tout debout, vit le pistolet fumant que Wills avait laissé tomber sur le parquet et comprit tout. Wills avait voulu l'assassiner. Le piqueur se débattait sous les dents cruelles du chien.

« Lâche-le! lâche! Paix, Bull! cria sir James.

Le chien docile obéit. Wills, tout sanglant, aurait voulu être à cent pieds sous terre. Sir James riait.

« Ah! ah! dit-il, tu as donc enfin deviné que je n'étais pas mort, mon bon Wills, et tu as voulu m'assassiner? C'est très-bien; tu étais dans ton droit, après tout puisque tu es mon héritier. »

Et sir James riait à se tordre. Wills balbutiait des mots sans suite. Sir James lui enleva prestement le second pistolet, dont il ne songeait pas à se servir tant il était troublé et le passa tranquillement à sa ceinture.

« A présent, dit-il, causons, mon bon Wills, comme de vieux amis.

Tant de magnanimité épouvanta le piqueur. Il tomba à genoux, demandant grâce. Sir James rit de plus belle.

« Fi! dit-il, crois-tu pas que je vais te blâmer d'avoir tenu une conduite qui est tout à fait dans mes principes? Allons donc! sir James a toujours été et sera toujours conséquent dans ses idées. Je n'ai pas deux manières de voir : il faut toujours se débarrasser des gens dont on hérite. Mais vois-tu, mon bon Wills, cette fois-ci la chose est parfaitement inutile, attendu que, si je ne suis pas mort pour toi, je veux l'être pour le monde entier, et que tes fonctions d'héritier commencent dès aujourd'hui.

— Comment! s'écria Wills saisi de remords, Votre Honneur me pardonne?

— Mais sans doute.

Et Votre Honneur ne me reprend pas.... le testament?

— Mais non, puisque je suis mort.

— Ainsi, le château....

— Est à toi. »

Wills se remit à genoux.

« Ah! dit-il, Votre Honneur est le plus honnête des hommes.

— Heu! heu! » fit modestement sir James qui se laissa baiser la main de bonne grâce.

Puis il reprit :

« Ce n'est pas le tout d'être mort, il faut pouvoir ressusciter, et ressusciter sous un autre nom. »

Wills ouvrit de grands yeux.

« Voyons, dit sir James, relève-toi, niais, et cesse de me demander pardon pour une peccadille. Nous avons à causer de choses autrement sérieuses. »

Wills se mit au port d'armes comme un soldat qui attend des ordres. Sir James reprit :

« Te souviens-tu qu'un soir, il y a trois ans, nous eûmes le malheur de nous tromper et de faire maladroitement le coup de fusil? »

Wills cligna de l'œil.

« Je me souviens parfaitement. Nous guettions votre damné cousin, le marquis, à son retour de la chasse au coq de bruyères. La nuit était noire, nous étions embusqués derrière une broussaille, dans la vallée rocheuse, et j'avais collé, tant la nuit était noire, un peu de papier blanc sur le guidon de mon fusil.

Tout cela est parfaitement exact. Continue.

— Un homme passa; il était de haute taille, et à ses vêtements sombres, nous crûmes, vous et moi, que c'était le marquis. Deux balles sifflèrent : l'homme tomba mort, laissant échapper quelque chose que nous prîmes pour un fusil. Or, acheva Wills, ce n'était pas le marquis, mais un pauvre diable de touriste espagnol qui voyageait et parcourait l'Écosse pour son plaisir. C'était son bâton ferré que nous avions pris pour un fusil. Mais pourquoi diable, s'interrompit Wills, Votre Honneur me fait-il raconter cette histoire qu'il connaît mieux que moi?

— Tu vas voir. N'apportâmes-nous pas le cadavre ici?

— Parbleu! c'est moi qui le chargeai sur mes épaules. C'était un bel homme, fièrement lourd.

— Quel âge pouvait-il avoir?

— Environ trente-sept ou trente-huit ans, et brun comme une châtaigne, avec des cheveux noirs et crépus.

— Qu'avait-il donc dans ses poches?

— Hé! Votre Honneur le sait, pardieu! un portefeuille qui renfermait les divers papiers au nom de don Pedro Sarazonna, officier au service du Brésil, alors en congé. Il avait en outre deux cents guinées en or et Bancknotes dont Votre Honneur eut la générosité de me gratifier.

— Allons, je vois que ta mémoire est fidèle. Crois-tu qu'il était beaucoup plus grand que moi?

— Un peu, mais bah!... qu'est-ce que ça ferait, si vous aviez sa couleur et ses cheveux.

— Patience! dit sir James, tu verras! Retourne à l'écurie et va me chercher une petite boîte que tu trouveras dans la sacoche droite de ma selle. »

Wills sortit et revint peu après.

» Nous sommes seuls ici?

— Oui, Votre Honneur.

— Rappelle-toi que pour le monde entier je suis mort. Je vais passer ici les huit jours qui sont nécessaires à ma métamorphose, et je ne mettrai pas le nez à la fenêtre.

— Soyez tranquille, Votre Honneur, ce n'est pas moi qui vous trahirai. »

Sir James ouvrit la boîte que lui avait apportée Wills et qui renfermait le sachet de l'indienne et le grain de strychnos.

« Qu'est-ce que cela peut être? murmura Wills à mi-voix.

— Tu vas voir. »

Le chien boule qui venait de sauver la vie à sir James avait posé son museau sur la cuisse du gentleman et le regardait de cet œil doux et confiant que le chien tourne vers son maître.

« Donne-moi de l'esprit-de-vin, dit sir James. »

Wills apporta une bouteille recouverte d'osier.

Sir James prit un couteau et racla dans son gobelet quelques parcelles de baie qui était aussi friable qu'une pastille de chocolat. Après quoi, il versa deux cuillerées d'esprit de vin dans le gobelet, et les détritus de la noix qui avaient produit une poudre brune, se fondirent sans altérer la couleur du liquide qui resta limpide comme de l'eau. Wills regardait curieusement. Le chien frottait son museau d'un air câlin sur la cuisse de sir James. Sir James examinait la liqueur avec une scrupuleuse attention en plaçant le verre entre la chandelle et ses yeux.

« Allons! dit-il, cela ne doit pas laisser de trace. Voyons si ça tue.... »

Il prit un morceau de pain et le trempa dans le verre; puis il le frotta, tout imbibé, dans son assiette qui était grasse du contact du lard, et il le tendit au pauvre Bull. L'animal engloutit le morceau de pain sans l'avoir mâché. Sir James attacha sur son libérateur un œil calme et froid. Le chien laissa échapper une minute après un hurlement plaintif, il fit quelques pas en arrière, tourna quatre ou cinq fois sur lui-même et fixa sur son maître deux gros yeux qui devinrent sanglants; puis il fit encore deux tours et tomba, comme si la balle d'un chasseur habile l'eût traversé de part en part. Couché sur le sol, il se débattit un moment en hurlant, puis sa gorge se crispa, ses dents se resserrèrent avec le bruit d'un étau qui se referme, ses pattes se roidirent comme celles d'un lièvre forcé, il fit deux ou trois soubresauts encore, et enfin sa tête s'allongeant sur la dalle vint se poser aux pieds de sir James. Le pauvre Bull était mort.

« L'Indienne ne m'a point volé mon argent, dit froidement sir James. Seulement je commencerai par mon très-cher cousin le marquis d'Asburthon, je m'occuperai ensuite d'Osmany et de ses amis.

— Ma foi! Votre Honneur, s'écria Wills, s'il est vrai que le monde est au diable, nous serons rois quelque jour.

— Ah! tu crois?

— Dame! fit le piqueur avec une naïve admiration, nous sommes de jolis scélérats en vérité! j'ai voulu vous assassiner, il y a une heure, et vous venez de tuer le chien qui vous a sauvé la vie! »

IX

Le lendemain du jour où miss Ellen avait reçu le nabab Osmany dans son cottage, nous eussions retrouvé ce dernier et le chirurgien Bolton, au fond d'une petite maison située dans la rue la plus déserte de Wapping. Ces deux hommes, graves et tristes, étaient debout auprès d'un lit dans lequel était couchée Elspy. Dinah, sa sœur, aussi blonde que la pauvre Elspy était brune, aussi belle qu'elle, soutenait dans ses mains la tête pâle de la blessée.

Cinthia, l'ex-reine des bohémiens, préparait une potion dans un coin de la chambre. Deux larmes silencieuses coulaient le long des joues de Jean de France.

« La blessure est grave.... très-grave! disait Bolton; et je ne puis me prononcer encore. Il fait si chaud!...

— O fou que j'ai été! murmurait Osmany. Ne devais-je point prévoir ce dont Topsy est capable. Ah! dit-il en frappant du pied avec rage, elle a fait fouetter son père, le vieux Nathaniel, eh bien! elle sera fouettée comme lui, de la main du bourreau, et quand le bourreau aura fait son office, le mien commencera. En ce moment, Elspy ouvrit languissamment les yeux et les fixa sur Osmany.

— Jean, dit-elle, je ne veux pas que tu la tues.... je veux revenir à la vie, moi.... et c'est moi qui me vengerai!...

— Ne parlez pas, mon enfant, dit Bolton.

— Oui, murmura Jean de France, tu feras ce que tu voudras, ma bonne Elspy.

— Je me battrai avec elle, en duel, à armes égales, dit la jeune bohémienne. N'est-elle pas de notre race?

— Ce qui m'étonne, dit le chirurgien Bolton qui imposa silence d'un geste, à la jeune fille blessée, c'est que vous n'ayez point tué sur place cette misérable.

— Ah! dit Osmany, j'ai perdu la tête. Quand j'ai vu cette pauvre enfant me couvrir de son sang, lorsque je l'ai entendue s'écrier : Jean! je suis morte! Alors, mon ami, j'ai compris que si fort que soit un homme, il est des heures dans la vie où il devient plus faible qu'une femme. »

Elspy rouvrit les yeux et enveloppa Jean de France d'un regard d'amour et d'un sourire.

« Oh! tu es le meilleur des hommes, » dit-elle.

Cinthia lui apporta la potion prescrite par Bolton.

« Buvez! lui dit ce dernier, et tâchez de dormir. »

Puis il tira lui-même les rideaux du lit et fit signe à Osmany de le suivre. Cinthia et Dinah demeurèrent assises au chevet d'Elspy. Bolton et Osmany passèrent dans la pièce voisine.

« Ah! docteur, dit Jean de France dont la voix était entrecoupée de sanglots, promettez-moi donc que vous la sauverez.

— Écoutez-moi bien, répondit Bolton. Si la nuit se passe sans fièvre, je réponds non-seulement de sa vie, mais encore d'une guérison rapide, car j'ai extrait la balle et la blessure ne tardera point à se fermer.

— Et si la fièvre survient? »

Bolton leva les yeux au ciel et ne répondit pas. Jean de France couvrit son visage de ses deux mains et de nouvelles larmes jaillirent au travers de ses doigts.

« Allons! du courage, dit Bolton. Je compte beaucoup sur une potion calmante que je vais préparer en rentrant chez moi. Il faudra que votre chère blessée et fasse usage de quart d'heure en quart d'heure. »

Bolton tira sa montre.

« Je vais aller chez le marquis Roger, dit-il. Je reviendrai vers minuit. Mais comme il faut faire usage de la potion auparavant, je vais emmener Cinthia avec moi, et elle la rapportera dans une heure.

— Soit, dit Osmany, allez! mon bon docteur. »

Bolton partit, emmenant Cinthia.

« Reviens au plus vite! lui dit Jean de France et fais le plus de détours possible pour rentrer dans le Wapping. Je crains toujours qu'on ne te fasse suivre. »

Cinthia partit en promettant de se conformer aux volontés de Jean de France. Le chirurgien habitait le quartier le plus populeux et le plus misérable de Londres, après le Wapping. C'était là qu'était sa modeste clientèle, car ses habitudes débraillées et le sans gêne de ses manières et de sa toilette ne lui permettaient guère de soigner la gentry. Il occupait, en compagnie d'une vieille servante, le rez-de-chaussée d'une petite maison dans laquelle il avait installé un laboratoire de chimie. Ce fut dans cette pièce qu'il fit entrer Cinthia. La pauvre mère s'assit, et, tandis que Bolton préparait sa potion, elle lui dit :

« Vous êtes bien heureux, vous, vous allez le voir.

— Pauvre mère! dit Bolton.

— Ah! reprit-elle, je n'ose même pas parler de lui devant Jean de France. Si vous saviez comme il me rudoie!... Les hommes, voyez-vous, ça a le cœur dur.... ça ne comprend pas ce que souffre une autre femme qui n'a qu'un fils et qui est condamnée à ne jamais le voir. »

Et Cinthia pleurait en parlant ainsi.

« Eh bien! dit Bolton attendri, si vous me promettez d'être bien raisonnable, de ne pas vous trahir.... »

Il s'arrêta et regarda la bohémienne.

« Oh! achevez! fit-elle en joignant les mains et suspendant son âme aux lèvres du docteur.

— Je vous ferai voir votre fils d'ici à quelques jours. »

Cinthia poussa un cri de joie.

« Il est très-curieux de visiter un laboratoire de chimie, poursuivit Bolton. Je lui ai promis de lui montrer celui-ci. Je vous cacherai là, dans ce cabinet. Vous pourrez le voir tout à votre aise. »

Cinthia prit la main du docteur et la porta à ses lèvres. Bolton acheva de préparer la potion, puis il la remit à la bohémienne en lui disant :

« N'oubliez pas les recommandations de Jean de France : prenez bien garde d'être suivie! »

Cinthia, en sortant de chez le docteur, prit une petite ruelle étroite, puis une seconde, revint sur ses pas, tourna à gauche et s'arrêta plusieurs fois. Les rues étaient désertes. Il tombait, ce soir-là, sur Londres, un petit brouillard pénétrant qui glaçait jusqu'aux os. Cinthia gagna ainsi le pont de Londres, et elle allait atteindre les premières maisons du Wapping, lorsqu'elle fut interpellée par une femme qui passa auprès d'elle.

« La charité, s'il vous plaît! » dit-elle.

Cinthia s'arrêta un moment et fouilla dans sa poche pour y prendre une pièce de monnaie. Mais, au même instant, la mendiante fit entendre un léger cri, et deux hommes s'élancèrent de l'enfoncement d'une porte dans laquelle ils étaient blottis. L'un jeta ses bras autour de la taille de Cinthia; l'autre lui posa un mouchoir sur la bouche pour l'empêcher de crier. Cette attaque fut si brusque, si inattendue, que la bohémienne n'eut pas le temps de se débattre. La mendiante lui mit un capuchon de laine sur la tête; les deux hommes lui librerent les mains. Cinthia, garrottée, enlevée, dans l'impossibilité de jeter un cri, aveuglée par le capuchon, se sentit emportée sur les épaules de l'un de ses ravisseurs qui se mit à courir l'espace d'une centaine de pas. Une voiture attendait à l'entrée d'une petite ruelle noire. Les deux hommes en ouvrirent la portière, y jetèrent la bohémienne, placèrent la mendiante auprès d'elle, et le cocher fouetta ses chevaux.

X

Un matin, sir Robert Walden sortit à pied de son hôtel, vers huit heures, enveloppé dans son manteau. Sa physionomie soucieuse attestait de graves préoccupations.

« Il faut en finir, se disait-il : il faut que j'aie une explication avec Roger. S'il me prouve qu'il est bien le fils de lord Asburthon et de lady Cecily, je lui ferai des excuses si besoin est; mais s'il ne peut me le prouver, je ferai appel à sa loyauté. Roger est brave, Roger est bon, il a un noble cœur, il ne voudra point conserver dans le monde une place qui ne lui appartient pas. »

Certes, le baronnet sir Robert Walden passait à bon droit pour un homme intrépide : il avait eu vingt duels, et avait chassé le tigre dans l'Inde et le lion dans le Sahara; et cependant, à mesure qu'il approchait de l'hôtel d'Asburthon, il éprouvait un violent battement de cœur; car de quel droit allait-il aborder Roger et lui dire : « Je viens vous demander si, oui ou non, vous êtes un imposteur? » Sir Robert Walden n'allait-il pas être obligé d'apprendre à Roger que sa mère et son frère, qu'il croyait morts depuis longtemps, vivaient encore?

L'honorable baronnet frappa, tout ému, à la grille de l'hôtel. On lui dit que le marquis n'était pas visible. Mais il insista, disant qu'il avait à l'entretenir de choses de la plus haute importance. Le jeune marquis était au lit quand on annonça le baronnet. Le chirurgien Bolton était auprès de lui, occupé à lui appliquer un bandage sur l'épaule. Sir Robert s'arrêta sur le seuil, les sourcils froncés, un peu pâle, et pris d'une certaine hésitation à la vue du chirurgien.

« Entrez, mon ami, lui dit Roger en souriant. Voilà longtemps que j'attendais votre visite. »

Sir Robert balbutia quelques excuses : il avait été souffrant et sa nièce aussi.

— N'importe! dit Roger, vous êtes inexcusable, car vous m'avez laissé partir pour l'Amérique sans me faire vos adieux.

— Pardonnez-moi, » dit sir Robert que la présence de Bolton gênait singulièrement.

Puis, avisant le bandage, il tressaillit :

« Est-ce que vous êtes blessé? » demanda-t-il.

Ce fut Bolton qui prit la parole :

« Monsieur le marquis, dit-il, je sais pourquoi sir Robert Walden n'a pas mis le pied dans cet hôtel depuis le jour de votre rencontre avec le capitaine Maxwel.

— Ah! vous le savez? dit Roger. Eh bien! apprenez-le-moi, mon cher Bolton, car la conduite de sir Robert m'a paru fort étrange.

— Étrange, en effet, dit sir Robert, qui demeurait debout, les bras croisés, cherchant vainement un exorde convenable, se trouvant à bout d'éloquence avant d'avoir parlé.

Bolton était calme et souriant.

« Figurez-vous, dit-il, que le baronnet sir Robert Walden, un ami de trente années, un homme avec qui j'ai chassé le tigre dans les jungles, a voulu me tuer, là, au chevet de votre lit.

— Mais c'est impossible, cela! dit Roger.

— Le vrai est souvent impossible; demandez à sir Robert. »

Celui-ci fit un signe de tête affirmatif.

« Et savez-vous pourquoi? continua Bolton : parce que je ne voulais pas trahir les secrets de feu lord Asburthon, votre noble père.

— Mais je crois rêver, dit Roger; disculpez-vous donc, sir Robert!

— Bolton dit vrai, murmura le baronnet.

— Vous avez voulu le tuer?

— Oui, parce que je ne lui apprenais point l'origine de ce signe que vous portiez sur l'épaule.

— Ah! mon Dieu! dit Roger en riant, je gage que sir Robert m'a pris pour un bohémien!

— Justement! » dit Bolton.

Le calme de Bolton et le sourire de Roger déconcertèrent sir Robert Walden.

« Rassurez-vous, mon ami, reprit le marquis dont le grand œil limpide et loyal s'arrêta sur sir Robert : je suis bien le fils de lord Asburthon. »

Et Roger, qui croyait dire vrai, eut un tel accent de franchise, que sir Robert perdit contenance.

« Mon vieil ami, reprit Bolton, j'avais juré à lord Asburthon de ne révéler ce secret que si je trouvais un moyen de faire disparaître ce signe honteux qui flétrissait l'épaule de son fils. Ce moyen je l'ai trouvé; me voici donc dégagé de mon serment, et je puis parler »

Sir Robert sentait sa poitrine se soulever, comme si on l'eût débarrassé d'un grand poids. Alors Bolton fit à sir Robert un récit identique à celui qu'il avait fait, deux jours auparavant, à Roger. Et sir Robert l'écouta avidement.

« Mon Dieu! dit-il quand Bolton eut fini, me pardonnerez-vous jamais mes injustes et abominables soupçons, marquis? »

Pour toute réponse, Roger tendit la main au vieux gentilhomme.

Assise devant une glace-psyché de son boudoir, miss Ellen se souriait complaisamment.

« Mon honorable oncle sir Robert Walden, se disait-elle, est allé ce matin, en grand mystère, chez le marquis Roger. Je serai curieuse de savoir ce qu'il lui a dit. Ces hommes habiles sont amusants au possible. Je vois d'ici mon excellent oncle. Il sera allé voir Roger, lui aura solennellement fait passer son nom, et lui aura dit :

« Mon cher marquis, j'ai été l'ami de votre père, et, à ce titre, je viens vous demander franchement si vous ne seriez pas un bohémien, un enfant du marquis d'Asburthon et d'une maîtresse de hasard, un fils substitué enfin! Auquel cas je vous prierais de vouloir bien songer que le marquis a laissé un fils légitime, et qu'il est convenable de lui restituer son titre et sa fortune. » A quoi le marquis aura répondu fort naïvement par la naïve histoire inventée par Jean de France et le chirurgien Bolton. »

Miss Ellen semblait avoir le flair des événements, car tandis qu'elle se débitait ce joli monologue on frappa à sa porte, et sir Robert Walden entra. Le digne baronnet avait le visage décomposé, l'œil terne, la lèvre pendante. Miss Ellen le regarda du coin de d'œil et se dit tout bas :

« J'ai deviné juste. »

Puis, tout haut :

« Bonjour, mon cher oncle, d'où venez-vous si matin?

— De chez le marquis Roger d'Asburthon.

— Le bohémien? » dit miss Ellen qui crut devoir rougir, afin de justifier l'opinion qu'avait sir Robert qu'elle aimait Roger.

Sir Robert regarda sa nièce avec une sorte d'étonnement douloureux :

« Hélas! dit-il avec effort, Lionel ne sera jamais marquis d'Asburthon. »

Miss Ellen jeta un cri d'étonnement, sir Robert lui prit la main, la regarda avec émotion et lui dit :

« Nous nous sommes trompés, mon enfant, le marquis Roger est bien le fils légitime de lord Asburthon.

— Vous croyez, mon oncle?

— J'en suis sûr.

— Mais.... cette marque?

— Ah! c'est justement cette marque, dit sir Robert, qui m'a si fort troublé durant quelques jours. J'ai cru que Roger était un bohémien.

— Et.... maintenant?

— Maintenant, je ne le crois plus. »

Miss Ellen laissa glisser sur ses lèvres un sourire railleur.

« Vous ne le croyez plus, dit-elle, jusqu'au moment

où on vous prouvera que vous êtes dupe d'une comédie. »

Ces mots articulés froidement, avec l'accent de la conviction, fierent faire à sir Robert un pas en arrière. »

« Es-tu folle, dit-il.
— Comment vous a-t-on expliqué l'origine de cette marque?
— Ah! tu vas voir. »

Miss Ellen l'arrêta d'un geste comme il allait répondre.

« C'est inutile. Je connais l'histoire aussi bien que vous. C'est un certain Jean de France, qui l'a inventée.
— Jean de France! fit sir Robert chez qui ce nom évoqua un souvenir.
— Oui, mon oncle, le roi des bohémiens, le frère de Cynthia, l'ancienne maîtresse de lord Asburthon et la véritable mère du marquis Roger. »

Sir Robert Walden sentit une sueur froide perler à son front. Miss Ellen continua :

« On vous a raconté que le marquis, enfant, avait été enlevé par les bohémiens, dans le palais de Calcutta.
— Comment sais-tu cela? »

Il vint alors aux lèvres de miss Ellen un de ces soupirs qui révèlent tout à coup la femme supérieure.

« Écoutez, mon bon, mon excellent oncle, dit-elle. Nous poursuivons tous deux le même but, bien que guidés par des motifs différents. Vous voudriez voir Lionel, le seul fils légitime, devenir pair d'Angleterre et marquis d'Asburthon.
— Mais enfin, s'écria sir Robert étreint par le doute, si cette histoire est vraie....
— Elle est fausse. Et je me charge de vous le prouver.
— Toi?
— Mais à une condition, mon cher oncle.
— Laquelle?
— C'est que vous me laisserez toute liberté d'action.
— Comment cela?
— Je vous demande trois jours au plus, vingt-quatre heures au moins, pour vous prouver que Roger s'appelle Amri, qu'il est le fils de Cynthia la bohémienne, et je forcerai celle-ci à en convenir.
— Tu ferais cela?
— Oui, si vous voulez provisoirement intervertir les rôles entre nous.
— De quelle manière?
— Je serai la tête, vous le bras. Vous m'obéirez aveuglement sans me demander aucune explication.
— Soit, j'y consens.
— Et d'abord, dit miss Ellen, vous allez me trouver deux hommes sûrs qui puissent, ce soir, commettre un enlèvement. »

Sir Robert ne put s'empêcher de regarder miss Ellen avec un profond étonnement.

« Vous oubliez donc mon origine, dit-elle. Vous ne vous souvenez donc pas que je suis bohémienne? Eh bien! voyez-vous, mon bon oncle, les gens de ma race sont nés pour l'intrigue, pour les expéditions aventureuses et les coups de main hardis. »

Un nuage de tristesse passa sur le visage du baronnet.

« Avec votre brutale franchise de galant homme, continua Ellen, vous n'êtes pas de force à lutter avec Jean de France.
— Jean de France! murmura sir Robert Walden, mais où donc ai-je entendu parler de cet homme?
— Rappelez vos souvenirs. Ne m'avez-vous point raconté qu'un jour, à la chasse au tigre, lord Asburthon dut la vie à un bohémien?
— C'est vrai.
— Ce bohémien, c'était Jean de France.
— Ah! dit sir Robert.
— Vous souvenez-vous encore que le marquis Roger faillit être dévoré par un ours échappé d'une ménagerie?

— Si je m'en souviens!
— L'homme qui le sauva était Jean de France.
— Comment! le nabab Osmany....
— Et Jean de France ne font qu'un.
— Après! fit avidement sir Robert.
— Enfin, vous n'avez pas oublié le duel de Roger avec le capitaine Maxwell?
— Non.
— Le marquis devait être tué. L'épée qu'il avait achetée à la *Dragonne-d'Or* devait se briser comme verre. Un homme se présenta chez le marquis, tandis que vous et Lionel diniez chez lui. Cet homme apportait une autre épée à Roger et lui démontra le coup terrible dont le capitaine est mort. Cet homme, c'était toujours Jean de France.
— Mais cet homme est un démon?
— A peu près, mais il est le bon ange de Roger, car il l'a encore sauvé en Amérique, et il viendra à son aide partout et toujours.
— Et Roger est son complice? car il sait quelle est sa véritable origine.
— Non. Roger est de bonne foi quand il se croit le fils légitime de lord Asburthon.
— Alors, on peut le détromper?
— Oui. Mais pas vous.
— Comment! fit sir Robert, douterait-il de ma parole?
— Ceux qui sont sous l'empire de Jean de France, dit gravement miss Ellen, ne croient qu'en lui.... »

Puis elle ajouta :
« Ou en moi.
— Toi? fit encore sir Robert.
— Roger m'aime comme un fou, dit-elle, et je suis assez forte pour lutter contre Jean de France. »

Et comme sir Robert la regardait et se demandait s'il n'était point le jouet d'un rêve, miss Ellen ajouta :

« Mon oncle, si vous me laissez agir, j'atteindrai le but que vous proposez, faire descendre Roger de son fauteuil de pair. Lionel lui succédera sans bruit, sans esclandre, dans son titre et sa fortune.
— Mais, dit sir Robert, Roger que deviendra-t-il?
— Il disparaîtra.... avec moi. »

Et elle ajouta, avec une coquetterie infernale :
« Il sera toujours assez riche de mon amour. »

Le baronnet sir Robert Walden regardait sa nièce avec stupéfaction.

« Mais, dit-il encore, quel intérêt ce Jean de France a-t-il à se faire le protecteur de Roger?
— Ah! dit miss Ellen, vous ne savez pas quel est l'orgueil de cet homme. Roger est sa créature, et lui, le bohémien, le paria, le fils d'une race déshéritée et maudite, traitée à l'égal des juifs, il a su faire asseoir un homme de sa tribu sur le fauteuil d'un pair d'Angleterre.
— C'est juste. Je comprends maintenant. Et tu crois pouvoir lutter contre cet homme?
— Oui, dit résolûment miss Ellen; oui, si vous me laissez faire, si vous m'obéissez, si je puis sortir librement à toute heure, sans rendre compte de mes actions.
— Eh bien! dit sir Robert Walden en faisant un pénible effort pour étouffer la voix de sa conscience qui criait en lui, je t'accorde cette liberté d'action dont tu as besoin pour mener à bonne fin cette entreprise. »

Miss Ellen était redevenue souriante, et son visage mutin prit une expression moqueuse.

« Vous connaissez ce vieux beau qu'on nomme sir Arthur Rood et qui se meurt d'amour pour moi?
— Oui, certes.
— Jusqu'ici votre maison lui a été impitoyablement fermée.
— Parce que je savais qu'il te déplaisait.
— Il ne me déplaît plus, mon oncle; vous l'inviterez à dîner pour demain.
— Soit! dit sir Robert.
— Et avec lui le vicomte Albéric Berny et le petit baronnet sir Edward Johnson; tous deux m'aiment

également, et ils se déhanchent sur leur selle quand ils me rencontrent à cheval, dans mes promenades du matin.

— Et puis? dit sir Robert du ton d'un subalterne qui prend des ordres.

— Il me faut deux hommes pour l'enlèvement dont je vous ai parlé.

— Qui veux-tu faire enlever?

— Cynthia, la mère de Roger. Ces deux hommes, on peut les prendre parmi vos gens; vous avez deux laquais, Joë et Black, qui sont d'une force herculéenne; vous leur enjoindrez de m'obéir. Je me charge du reste. »

Elle sonna et demanda sa voiture.

Quelques heures après Cynthia était enlevée à l'entrée du Wapping. Nous avons vu la bohémienne liée, garrottée et réduite à l'impuissance, grâce au capuchon qui fut jeté sur sa tête pour l'empêcher de crier. Vainement elle essaya de se débattre, vainement elle poussa des cris étouffés; la voiture roulait rapidement, et la mendiante avait des bras si robustes que Cynthia ne put se débarrasser du capuchon. Où la conduisait-on? que voulait-on faire d'elle? Cynthia se posa ces deux questions avec terreur. Puis elle se souvint que Jean de France lui avait dit que son fils avait des ennemis, et que ces ennemis, par tous les moyens possibles, la contraindraient à se trahir. La mendiante vint la confirmer dans cette opinion, car elle lui dit à l'oreille :

« Prenez garde! il s'agit de la vie de votre fils, que vous compromettriez en essayant de nous échapper. »

Mais Cynthia était une femme forte; elle ne laissa échapper aucune exclamation de terreur. Seulement elle murmura sous le capuchon :

« Assurément, cette femme se trompe, car je n'ai pas de fils ! »

La mendiante lui dit encore :

« Si vous voulez vous laisser bander les yeux, on vous ôtera votre capuchon, et vous pourrez respirer plus librement. »

Cynthia fit un signe de tête affirmatif. La mendiante passa ses mains sous le capuchon et, avec une adresse d'escamoteur, elle noua un foulard sur les yeux de Cynthia; puis, avant d'enlever le capuchon, elle lui fit sentir la pointe d'un poignard, en lui disant :

« Gardez-vous de crier, je vous tuerais!

— Je ne crierai pas, » répondit Cynthia avec résignation.

La mendiante enleva le capuchon.

« A présent, dit-elle, nous pouvons causer.

— Que me voulez-vous?

— Je veux vous parler de votre fils.

— Je n'ai pas de fils, répondit Cynthia.

— Vous mentez!

— Je vous assure qu'il y a erreur. Je suis une pauvre femme, conduisant la bohémienne, et n'ai ni enfant ni mari : vous vous trompez....

— Nous sommes parfaitement renseignés. Vous avez un fils, un fils qui vous aime et dont on vous a séparée. »

Cynthia secoua la tête.

« Ah! dit encore la mendiante d'une voix caressante et émue, ce pauvre enfant, privé si longtemps des caresses de sa mère, comme il vous serrerait dans ses bras, comme il vous presserait sur son cœur....

— Madame, dit Cynthia, je n'ai pas de fils, et on me prend pour une autre personne. Mais dites-moi où vous me conduisez....

— Chez votre fils. »

Ce mot frappa Cynthia au cœur et la bouleversa. Cependant elle se souvint des recommandations de Jean de France; elle eut la force de refouler ses plus violentes émotions au plus profond de son âme.

« Si vous me conduisez chez un homme que vous croyez être mon fils, dit-elle, vous verrez bien que vous vous êtes trompée : un fils doit reconnaître sa mère. »

La mendiante haussa les épaules et se tut. La voiture roulait rapidement. Cynthia se prit à écouter le bruit des roues. D'abord le pavé avait rendu un son sec et sonore, et la voiture avait éprouvé plusieurs cahots. Cynthia avait compris qu'elle roulait sur le pavé raboteux et inégal de Tooley-street. Puis le mouvement devint plus doux, et au bruit du pavé succéda le bruit sourd de la terre foulée. Cynthia pensa qu'elle était hors de Londres et se trouvait sur une grande route. Un air humide et froid qui entrait par les portières entr'ouvertes, lui donna lieu de croire que cette route longeait la Tamise. Enfin, au bout d'une heure de course rapide, la voiture s'arrêta.

« C'est ici! » dit une voix d'homme.

Les deux ravisseurs de Cynthia s'étaient placés, durant le trajet, l'un derrière la voiture, pendu aux étrivières, l'autre sur le siége, à côté du cocher. Tous deux mirent pied à terre; Cynthia fut tirée hors de la voiture, et la mendiante lui dit :

« Nous voici arrivés!... Prenez ma main et laissez-vous conduire; surtout ne cherchez pas à résister, car vous vous perdriez et perdriez votre fils. »

Cynthia demeura impassible et répondit :

« J'ai hâte que vous reconnaissiez l'erreur dont je suis victime, et me laissiez aller. Voyons la personne que vous croyez être mon fils.

— Il n'est point encore ici, mais il viendra. »

Cynthia se laissa entraîner et fit quelques pas. Elle entendit les deux hommes qui chuchotaient, et l'un d'eux qui mettait une clef dans une serrure; en même temps la mendiante murmura quelques mots à voix basse, et parmi ces mots un nom qui frappa l'oreille de la bohémienne : le nom de miss Ellen.

Elle ne s'était donc pas trompée : c'était bien au pouvoir des ennemis de son fils qu'elle était tombée. Alors elle voulut voir où elle était, et comme la mendiante la poussait devant elle en lui faisant monter une marche, elle souleva son bandeau rapidement et jeta un regard furtif autour d'elle; puis le bandeau retomba, mais Cynthia avait vu! Elle avait reconnu le bord de la Tamise et le cottage de miss Ellen, dont Jean de France lui avait fait la description. Alors un immense espoir s'empara de la captive.

« Jean de France me délivrera! » se dit-elle.

Et puis elle songea à son fils, et puisa dans son amour maternel la force nécessaire pour subir les épreuves auxquelles, sans doute, on la réservait.

« Venez! lui dit la mendiante; vous avez trois marches à monter. »

Cynthia gravit les trois marches, et son pied foula un sol dallé; en même temps une porte se ferma derrière elle. Alors la mendiante lui dit :

« Vous pouvez ôter votre bandeau. »

Cynthia reconnut le lieu où elle se trouvait. C'était le petit salon où miss Ellen avait reçu Jean de France. Un large meuble garnissait en entier un des murs; c'était la bibliothèque en bois de chêne surchargé de sculptures délicates, et garnie de livres. Cynthia regarda la mendiante, tandis que l'un de ses ravisseurs posait un flambeau sur la cheminée. La mendiante était une femme jeune encore, au teint bronzé par le soleil, et qui avait dû être d'une merveilleuse beauté. Cynthia devina en elle Daï-Natha l'Indienne. Quant aux deux hommes, ils lui étaient inconnus. Le flambeau allumé, les deux hommes sortirent.

La mendiante mit alors la main sur la clef qui fermait les deux ventaux vitrés de la bibliothèque. Ils s'ouvrirent, et Cynthia vit avec étonnement sa gardienne ôter un des nombreux volumes, qui garnissaient les rayons, puis passer sa main dans le vide que laissait ce volume. Alors les rayons tournèrent sur des gonds muets, comme avaient tourné les ventaux, et Cynthia, étonnée, aperçut une cavité noire et profonde pratiquée derrière les panneaux du fond de la bibliothèque. La mendiante lui prit la main et lui dit encore :

« Venez!

— Mais où me conduisez-vous? demanda la pauvre mère.

— Voir votre fils répondit la mendiante; venez! »

Et Daï-Natha serra le poignet délicat de Cynthia qui, vaincue par la douleur, la suivit sans résistance. La mendiante la fit entrer dans cette cavité dissimulée par la bibliothèque et qui était creusée dans un mur épais; puis elle pressa un ressort, et l'obscurité se fit; la bibliothèque s'était refermée sur elles.

On eût fouillé la maison de fond en comble qu'on eût jamais soupçonné que deux personnes vivantes étaient cachées dans ce réduit. La mendiante posa alors son poignard sur la poitrine de Cynthia et lui dit :

« Tu vas voir ton fils tout à l'heure, mais garde-toi de faire un mouvement et de pousser un cri! »

Elle pressa un nouveau ressort et un rayon lumineux vint frapper le visage de Cynthia. Deux volumes s'étaient écartés, au delà du panneau qui était percé d'un trou, et, à travers cette fente, Cynthia revit le petit salon éclairé par un candélabre placé sur la cheminée.

« Vraiment! murmura la bohémienne avec un accent d'effroi; je ne sais ce que vous voulez faire de moi; je vous répète que je n'ai pas de fils.

— Nous verrons bien, » ricana la mendiante.

Cynthia entendit un léger bruit : c'était la porte du petit salon qui s'ouvrait. Une femme apparut, rayonnante de jeunesse et de beauté. Cynthia reconnut cette splendide jeune fille, dans la calèche de laquelle elle était montée le jour de l'arrivée des dragons du roi. Miss Ellen entra rêveuse et le front incliné. Elle marcha vers une glace et rajusta coquettement, avec sa main blanche, les boucles ondées de sa noire chevelure.

« Ah! dit-elle à mi-voix avec un accent mélancolique, il va donc venir! »

Elle alla s'asseoir sur un divan, en face de la bibliothèque, de façon à être vue tout entière par Cynthia.

« Il va donc venir! répéta-t-elle. Ah! comme je l'aime.... »

Et puis son front se couvrit d'un nuage.

« Pourvu qu'il ait reçu mon billet à temps, murmura-t-elle. Mon Dieu! s'il n'allait pas venir! »

Elle se leva, ouvrit la croisée et plongea sa tête dans l'air frais de la nuit.

« Rien! rien! dit-elle avec découragement; et l'heure du rendez-vous est passée. La Tamise est silencieuse; nul bruit de voiture sur la route. Oh! l'incertitude me glace d'effroi. »

Cynthia écoutait miss Ellen avec stupeur.

« Comment! pensait-elle, Jean de France prétend qu'elle est l'ennemie mortelle de Roger et elle l'aime! »

Tout à coup miss Ellen poussa un cri de joie.

« Le voilà! dit-elle. J'entends le bruit des avirons qui frappent l'eau. La barque a un fanal à sa poupe. Il est debout; c'est lui; je le reconnais! »

Et miss Ellen prit si bien l'attitude anxieuse et ravie de la femme qui attend son amant, que Cynthia fut convaincue.

« Jean de France s'est trompé, dit-elle; miss Ellen aime mon fils. »

La mendiante, qui tenait sa main, sentit cette main trembler.

« Tu vois bien que tu es émue; tu vois bien que c'est ton fils! » murmura la mendiante à son oreille.

La bohémienne se roidit contre l'émotion poignante qui la brisait.

« Non! non! dit-elle, c'est faux, je n'ai pas de fils! »

En ce moment, un homme s'appuya sur le rebord extérieur de la croisée.

C'était Roger; Roger souriant, ému, palpitant d'amour sous l'humide regard de miss Ellen; Roger mille fois plus beau que le jour où il était entré dans Londres, l'épée au poing, à cheval, à la tête de son régiment. La mendiante sentit Cynthia s'incliner sur son bras, à demi-morte de joie et d'émotion.

« Ne bouge pas, ne crie pas, si tu veux vivre, » lui répéta-t-elle.

Cynthia ne répondit pas. Elle attachait, à travers la fente habilement ménagée dans la bibliothèque, un regard ardent sur son fils. Roger s'était incliné devant miss Ellen et lui baisait respectueusement la main.

« Mon bien-aimé Roger, lui dit miss Ellen de sa plus douce voix, me pardonnerez-vous d'avoir oublié jusqu'à ce point les convenances, de vous assigner un rendez-vous dans ce cottage? Mais le danger était pressant; j'ai perdu la tête.... »

Miss Ellen parlait d'une voix émue.

« Un danger! s'écria Roger; vous courez un danger?

— Un danger qui nous menace tous deux.

— Mon Dieu!

— Savez-vous que j'ai failli être séparée de vous?

— Ciel! murmura Roger.

— Ah! reprit miss Ellen, j'ai cru que j'allais mourir ce matin.

— Mais que vous est-il donc arrivé, mon Dieu?

— Mon oncle a voulu nous séparer brusquement; car il a deviné que nous nous aimions.

— Mais il est venu chez moi il y a quelques heures, s'écria Roger.

— Je ne sais pas, dit miss Ellen avec une adorable naïveté; mais ce que je sais, mon ami, c'est qu'il avait arrangé un petit complot avec mistress Célia, la mère de Lionel. »

Roger pâlit; un flot de sang afflua à son cœur.

« Oh! ce Lionel, dit-il, cet homme que j'aimais comme un frère, je le hais maintenant. »

Miss Ellen leva les yeux au ciel.

« Il m'aime, dit-elle, et il se croit aimé.... Pardonnez-lui.

— Mais.... ce complot?

— Consistait à m'emmener en Écosse, dans le château de mon oncle. Là, Lionel serait venu nous rejoindre et on nous aurait mariés. Depuis, j'ai conjuré le danger, reprit miss Ellen. Ainsi, rassurez-vous, je ne partirai pas. Mais j'étais si bouleversée; je vous avais donné rendez-vous ici, ne sachant où vous voir, et n'osant me risquer à retourner chez vous, et alors.... Oh! pardonnez-moi, mon ami, car l'affection est égoïste; je n'ai pas osé vous écrire pour contremander notre rendez-vous.

— Ainsi, vous ne partirez pas?

— Non.

— Vous n'épouserez pas Lionel?

— Oh! je vous le jure! »

L'accent de miss Ellen était si naïf, si éloquent, qu'il pénétra jusqu'au fond de l'âme de Cynthia.

« Jean de France m'a trompé, s'il ne s'est trompé lui-même, pensait la pauvre mère. Comme il l'aime! »

Miss Ellen reprit :

« Maintenant que je vous ai vu, mon ami; maintenant que je vous ai serré la main, ne compromettons point notre bonheur à venir par une nouvelle imprudence.

— Que voulez-vous dire?

— Il est tard, il faut que je rentre à Londres. Que penserait mon oncle, quand il reviendra de son club, s'il ne me trouvait pas à l'hôtel.

— Comment! murmura Roger du ton d'un enfant boudeur, à qui on refuse un jouet, vous voulez que je parte à l'instant.

— Il le faut; mais, dit-elle, je vais partir avec vous. »

Il étouffa un cri de joie.

« Chut! dit-elle, nous ne sommes pas seuls ici. J'ai une vieille gouvernante qui a été ma nourrice, et qui est devenue la gardienne de cette maison. Je viens la voir quelquefois et je garde ma barque ou ma voiture; mais cette fois, ajouta-t-elle avec un charmant sourire, j'ai renvoyé mes gens et vous allez me reconduire dans votre embarcation. Vous savez que je vous ai dit, il y a deux jours, reprit-elle en posant un doigt sur ses lèvres, fiez-vous à moi.

— Oh! ce Lionel, murmura Roger, dont l'œil eut un éclair de haine.

— Je ne l'aime pas, répéta miss Ellen; que craignez-vous?

— Je crains que sir Robert ne vous force à lui obéir.

— Croyez-moi, dit miss Ellen, qui appuya sur ce mot, comme si j'étais votre mère.

— Ma mère! s'écria Roger, ma mère; hélas! je ne l'ai jamais connue!

— Vous l'eussiez bien aimée, n'est-ce pas? demanda-t-elle d'une voix câline.

Oh! murmura le jeune homme en levant les yeux au ciel, comment pourrait-on ne pas aimer sa mère? »

La mendiante entendit un soupir étouffé, et sentit un corps lourd qui s'affaissait sur elle. C'était Cynthia qui venait de s'évanouir.

XII.

Lorsque la reine des bohémiens rouvrit les yeux, elle n'était plus dans la cachette mystérieuse pratiquée au fond de la bibliothèque. L'Indienne l'avait transportée dans le petit salon et lui faisait respirer des sels pour lui faire reprendre connaissance.

« Eh bien! lui dit-elle lorsque Cynthia se fut, d'un regard, rendu compte du lieu où elle se trouvait, diras-tu encore que ce n'est pas ton fils? »

Mais Cynthia redevint prudente et forte.

« Je n'ai pas de fils, répondit-elle d'une voix sourde.

— Alors pourquoi t'es-tu évanouie quand il a parlé de sa mère.

— Parce que j'ai songé à mon enfant qui est mort! »

Daï-Natha haussa les épaules.

« Et puis, ajouta Cynthia, je manquais d'air, j'étouffais.... »

Et comme la mendiante se taisait, Cynthia dit encore :

« Allez-vous, maintenant, me rendre la liberté?

— Non, certes!

— Pourquoi?

— Parce qu'il faut que tu voies miss Ellen.

— Qu'est-ce que miss Ellen?

— C'est cette belle jeune fille qui aime ton fils. »

Cynthia tressaillit, car elle songea que miss Ellen, avertie de sa présence, avait fort bien pu jouer une comédie à son intention.

« Ah! dit-elle, cette jeune fille veut me voir?

— Oui, car elle veut mettre la main de ton fils dans la tienne. »

Cynthia ne sourcilla point.

« Je vous dis, répéta-t-elle, que ce n'est pas mon fils.... Comment voulez-vous qu'une pauvre femme comme moi ait pour fils ce brillant seigneur? »

L'indienne secoua la tête et grommela entre ses dents :

« Elle est forte! on n'en tirera rien aujourd'hui.

— Ainsi, demanda Cynthia, vous allez me garder ici?

— Tant qu'il plaira à miss Ellen.

— Mais, dit Cynthia qui retrouvait peu à peu l'astuce de sa race, puisqu'elle veut me voir, pourquoi n'est-elle point restée?

— Elle reviendra demain, » dit l'Indienne.

Cynthia, tout en parlant, examinait sa gardienne. Daï-Natha était vigoureusement taillée, mais Cynthia, elle aussi, était forte et elle avait de plus cette audace que donne la soif de la liberté.

« Si ces deux hommes qui m'ont enlevée n'étaient pas là, pensa-t-elle, j'engagerais une lutte corps à corps avec cette femme, et je finirais bien, malgré son poignard, par la terrasser; mais elle appellera à son secours, et ces hommes viendront.

— Ma bonne dame, reprit l'Indienne après un moment de silence, je vous engage à vous étendre sur ce divan ; la nuit s'avance, il est onze heures du soir, et vous devez avoir besoin de repos. »

Cynthia obéit; elle était décidée à dissimuler. Daï-Natha lui jeta une couverture sur le corps, et s'arrangea commodément dans un fauteuil, comme si elle eût voulu dormir aussi.

« Si elle s'endort, se disait Cynthia qui ferma les yeux, je lui sauterai à la gorge, je l'étranglerai avant qu'elle ait pu crier, et je me sauverai par cette croisée qui, je l'ai remarqué, s'ouvre sans bruit. »

Mais un événement imprévu vint déranger les projets de Cynthia. La porte s'ouvrit brusquement, et l'un des hommes qui avaient enlevé la bohémienne entra avec précipitation, courut au flambeau et l'éteignit.

— On est sur nos traces! dit-il ; Joë vient de faire entendre le coup de sifflet convenu; une barque descend la Tamise.... Vite!

— Ah! c'est Jean qui vient me délivrer!... s'écria Cynthia qui recouvra soudain toute son énergie. A moi! à moi! »

Mais le valet lui posa un mouchoir sur la bouche et enleva dans ses bras.

« Ils ne te trouveront pas! dit l'Indienne.

La bibliothèque s'ouvrit de nouveau, et la bohémienne fut emportée au fond de la cachette qui se referma soudain.

« Tiens-la bien! Black, dit alors l'Indienne à mi-voix; je vais lui faire une opération qui l'empêchera de crier. »

Cynthia eut un frisson de terreur en entendant ces sinistres paroles.

Le ravisseur avait posé sa large main sur la bouche de Cynthia; mais Cynthia n'en poussait pas moins des cris étouffés. Un bruit du dehors était arrivé jusqu'à elle. Elle entendait retentir des pas et des voix, et l'une de ces voix, grave et puissante, lui parut être celle de Samson.

« Tiens-la bien! tiens-la bien! » répétait la mendiante.

Cynthia se débattait; elle mordit la main qui l'étouffait, dégagea un moment sa bouche du bâillon, et cria :

« A moi! Jean, à moi! »

Mais Black la serra alors à la gorge; en même temps la mendiante lui posa ses deux mains sur les tempes, Cynthia sentit que ces mains étaient humides.

« Je m'appelle Daï-Natha, dit-elle, et puisque tu es la sœur de Jean de France, de ce bandit qui a volé l'or du dieu Sivah, tu dois savoir qu'un jour dans la caverne où je gardais le trésor, je lui fis boire une liqueur qui le paralysa. Je ne te ferai point boire, toi, car je veux que tu puisses entendre la voix de ceux qui te cherchent; mais cette liqueur, en mouillant tes tempes, va t'empêcher de bouger et de crier. »

Et, en effet, Cynthia éprouva sur-le-champ une sensation bizarre, indéfinissable, surnaturelle; il lui sembla que son cerveau se fondait dans sa tête, tandis qu'une vive lumière l'environnait; elle sentit sa langue s'épaissir, sa gorge se crisper, tous ses membres se roidir. Une paralysie subite, effrayante, s'empara d'elle, et l'Indienne l'appuya droite et rigide comme une statue, contre le mur.

« Ils peuvent venir maintenant! » se dit-elle.

Cynthia était aussi immobile que si elle eût été morte; elle n'avait conservé que l'ouïe et la vue, tout le reste de son corps était comme pétrifié.

Cependant les voix et les pas approchaient. Cynthia ne s'était pas trompée : c'était Jean de France et Samson qui venaient à sa recherche.

Un concours de circonstances fortuites avait mis Jean de France sur les traces de sa sœur. Après le départ de Bolton et de la bohémienne, Jean de France était rentré dans la chambre d'Elspy. La jeune fille blessée avait fini par s'endormir. Sa sœur Dinah, qui veillait au chevet, se pencha vers Jean de France et lui dit tout bas :

« Le docteur a recommandé qu'on n'éveillât point Sarah.

— Mais il faut lui faire prendre cette potion que Cynthia va rapporter.

— Oui, mais il ne faut pas l'éveiller avant. »

Jean de France demeura plus d'une heure, le front baigné de sueur, le cœur plein d'angoisses, les yeux fixés sur la jeune fille endormie. Le sommeil d'Elspy était tranquille et régulier. Le temps s'écoulait cependant, et Cynthia ne revenait pas. Un vague pressentiment commençait à inquiéter Jean de France. Tout à coup Samson entra, comme un ouragan, les yeux flamboyants, les vêtements en désordre, et s'écria :

« Où est Cynthia? »

Ce mot fut un coup de foudre pour Jean.

« Elle est allée chez le chirurgien Bolton chercher un remède.

— Depuis quand est-elle partie?

— Depuis plus d'une heure.

— On l'a enlevée! s'écria Samson d'une voix qui éveilla Elspy en sursaut.

— Enlevée! que veux-tu dire?

— Je traversais le pont de Londres; une femme marchait devant moi; une autre femme l'a abordée à l'entrée du Wapping et deux hommes sont accourus. J'ai entendu des cris étouffés et le bruit d'une lutte; puis j'ai vu les deux hommes qui s'enfuyaient. J'ai couru après eux, mais ils avaient trop d'avance sur moi, et ils ont pu atteindre une voiture dans laquelle ils ont jeté cette femme. La voiture est partie comme un éclair; j'ai couru, couru longtemps, mais les chevaux ont pris le galop, et j'ai perdu leurs traces. »

Jean poussa un cri de fureur, et le nom exécré de miss Ellen vint à ses lèvres. Comme il se levait, éperdu, la porte s'ouvrit de nouveau et Bolton entra.

« On a enlevé Cynthia! lui dit Jean de France à qui la vue d'Elspy, pâle et défaite, faisait perdre la tête. Cynthia n'est point revenue! »

Et son œil suppliant allait d'Elspy au docteur, et cet œil semblait dire :

« Mais si je m'en vais, si je cours à la recherche de Cynthia, Elspy va peut-être mourir! »

Bolton le comprit; il attacha sur la jeune fille ce regard calme et profond du savant praticien qui sonde les secrets de la nature, il prit le bras de la malade, et constata que la fièvre était légère.

« Mon ami, dit-il à Jean de France, quelquefois une heure suffit pour décider de la vie ou de la mort. Je crois pouvoir répondre maintenant de cette chère enfant. »

Jean de France poussa un cri de joie.

« Allez à la recherche de Cynthia et bénissez le hasard, continua Bolton, car le hasard a voulu que le marquis Roger fût absent de chez lui. Il m'a laissé un mot pour me prier de remettre son pansement à demain. Une affaire de service le forçait à sortir et à dîner hors de chez lui. »

Bolton s'installa au chevet d'Elspy. Jean et Samson s'élancèrent au dehors.

« Où as-tu perdu la voiture de vue? demanda Jean de France haletant.

— Au bout de la rue de l'Étoile, répondit Samson. Elle a tourné l'angle brusquement. »

Jean de France connaissait admirablement la topographie de Londres.

« Au bout de la rue de l'Étoile, dit-il, doit se trouver une ruelle dépavée et fangeuse qui conduit au quai. Dans cette ruelle, où ne passent pas trois voitures par an, nous retrouverons leurs traces. »

Ils se mirent à courir et arrivèrent à l'endroit désigné qui s'appelait la rue de l'Ancre. Sur le sol boueux et détrempé, à la lueur d'une lanterne, Jean de France aperçut les traces des roues. Il se mit à les suivre et ne tarda point à remarquer qu'elles se dirigeaient vers le quai. Ce fut un trait de lumière pour Jean de France.

« C'est miss Ellen, dit-il, miss Ellen est seule capable de ce coup hardi qu'elle seule avait intérêt à tenter C'est à son cottage qu'ils ont dû conduire Cynthia. »

Et il dit à Samson :

« Cours détacher mon canot; nous irons plus vite encore qu'avec une voiture. »

Dix minutes après Jean de France et Samson montaient dans leur canot. Il soufflait du sud-ouest un vent violent qui rendait l'usage de la voile impossible pour descendre le fleuve, tandis qu'il poussait vigoureusement les embarcations qui remontaient le courant. Jean et Samson furent contraints de prendre les avirons, et quelque énergie qu'ils déployèrent, ils mirent plus d'une heure avant d'apercevoir le cottage. Une grande yole gréée comme les tartanes de la Méditerranée passa près de leur embarcation, filant vent arrière.

Cette yole était montée par trois personnes et avait le cap sur Londres. Un matelot se tenait à la barre, un homme et une femme étaient assis à l'avant. L'homme et la femme causaient à voix basse. Jean et Samson croisèrent cette embarcation sans la remarquer. Ils avaient hâte d'arriver. D'ailleurs la nuit était noire et la brise faisait tourbillonner les deux fanaux qui se trouvèrent bord à bord l'espace d'une seconde. Si Jean avait regardé l'homme et la femme qui retournaient à Londres, il eût reconnu miss Ellen et le marquis Roger. Mais Jean ne les vit pas, il avait l'œil fixé sur l'horizon et appuyait avec rage sur ses avirons. Il n'entendit pas davantage un coup de sifflet lointain qui retentit sur la rive gauche de la Tamise. Enfin les murailles blanches de l'habitation d'été de miss Ellen se détachèrent sur le ciel sombre.

Aucune lumière ne filtrait à travers les persiennes closes. Un silence de mort régnait à l'intérieur.

« Il n'y a personne, murmura Jean de France avec désespoir, lorsqu'il sauta sur la berge.

— Attendez, dit Samson qui venait d'amarrer la yole, il me semble que j'ai entendu des cris étouffés. »

Tous deux marchèrent vers le cottage et frappèrent rudement à la porte. Mais la porte resta close et nul ne répondit.

« Enfonçons la porte, dit Jean de France. Si miss Ellen s'y trouve, il faudra bien qu'elle me dise où est Cynthia. » Le géant appliqua son épaule contre la porte et lui imprima une secousse si vigoureuse qu'elle se détacha de ses gonds et tomba en dedans.

Jean qui avait armé ses pistolets s'assura que le long poignard placé dans sa ceinture jouait aisément dans sa gaîne.

Samson tira un briquet et une mèche et alluma une petite lanterne sourde, tous deux pénétrèrent alors dans le cottage. La maison était déserte. Il y régnait le plus grand ordre, et Jean et Samson eurent beau la parcourir en tous sens, ils n'y trouvèrent personne.

« Il m'a pourtant bien semblé, répéta Samson, que j'avais entendu... »

Jean haussa les épaules :

« C'était le bruit du vent dans les arbres, » dit-il.

Après avoir visité chaque pièce inutilement, ils revinrent dans le salon bleu. Cynthia, immobile et paralysée au fond de sa cachette, les entendit causer. Daï-Natha et le serviteur de miss Ellen blottis auprès d'elle retenaient leur haleine.

« Il faut pourtant que je retrouve Cynthia! murmurait Jean de France qui frappait le parquet du pied avec une sourde colère.

— Mais, disait Samson, si réellement c'est miss Ellen qui l'a fait enlever, il est certain qu'elle ne l'a pas amenée ici.

— Et cependant, murmura Jean, les traces de la voiture semblent l'indiquer. Il faut que je voie en dehors. »

Cynthia, derrière le panneau de la bibliothèque, faisait des efforts inouïs pour briser les liens mystérieux qui retenaient sa langue captive et serraient sa gorge. Jean de France alla vers la cheminée et examina avec soin les bougies des candélabres, puis il toucha les cendres du foyer. La cire était encore tiède et il trouva des charbons allumés sous les cendres.

« Ils sont venus ici ! s'écria-t-il, et ils y étaient encore il y a quelques minutes ! »

Et il prit un flambeau, l'alluma et sortit du cottage, abritant la flamme avec ses doigts. Puis il se mit à explorer la terre humide et jeta un nouveau cri. Une empreinte de roues et le pied de deux chevaux étaient profondément imprimés sur le sol. Il rentra dans le salon où Samson frappait les murs de son poing. Partout les murs rendaient un son mat et plein.

Cynthia espérait toujours que la bibliothèque attirerait ses regards et qu'il devinerait le secret de la cachette. Mais cet espoir se changea en terreur, lorsqu'elle entendit le valet qui disait tout bas à Daï-Natha :

« Tu sais que j'ai l'ordre, s'ils nous découvrent, de tuer Jean de France.

— Oui, » répondit l'Indienne.

Alors Cynthia fit des vœux pour que ni Samson, ni Jean de France ne découvrissent leur retraite. Ceux-ci étaient sortis de nouveau, puis ils avaient recommencé leurs infructueuses recherches. Enfin Samson qui avait, à son tour, examiné les traces de la voiture, exprima cette opinion :

« Il est possible qu'ils soient venus ici ; c'est même à peu près certain, mais ils n'y sont pas restés, car la voiture a tourné sur elle-même et est repartie.

— C'est juste, dit Jean de France.

— Si nous mettions le feu au cottage, » dit encore Samson en approchant la flamme de la bougie des rideaux de la fenêtre.

Jean de France se consulta un instant :

« Non, dit-il, il ne faut pas mettre la police dans nos affaires.

— C'est juste, murmura le docile Samson.

— Il faut pourtant que je retrouve Cynthia ! s'écria Jean de nouveau, dussé-je aller la chercher chez sir Robert Walden. »

Ce mot frappa Samson.

« Mais c'est là qu'elle est sans doute. dit-il.

— Tu crois ?

— Hé ! fit le colosse ; ces gentilshommes sont si convaincus de l'inviolabilité de leurs demeures.

— Tu as raison, dit Jean de France, retournons à Londres et allons chez sir Robert Walden. »

Ils sortirent du salon et Cynthia commença à respirer. Elle les entendit refermer les portes ; puis leurs voix se perdirent dans l'éloignement.

« Allons ! murmura Black à l'oreille de Daï-Natha, ils n'auront pas notre prisonnière cette nuit.... Mais le grand m'a fait tout de même une fière peur quand il a proposé à son camarade d'incendier la maison. »

XIII

Le vent avait tourné et la yole de Jean de France, poussée par une belle brise, remontait rapidement le courant. Jean, morne et silencieux, se tenait à l'avant, roulant dans sa tête de terribles projets de vengeance.

« Je ferai mourir miss Ellen sous le fouet, murmurait-il. Son corps ne sera plus qu'une plaie. Malheur à qui s'attaque à moi, malheur à qui trahit la cause des bohémiens !

— Maître, dit Samson, j'ai pourtant apposté par vos ordres, un des nôtres aux environs de l'hôtel de sir Robert Walden. Il doit avoir vu sortir miss Ellen.

— Quel est celui que tu as mis en sentinelle ?

— C'est Gotlieb, l'armurier.

— Gotlieb est un garçon vigilant, murmura Jean, et il devine tout de suite une chose importante au moindre indice.

— Gotlieb a dû passer la nuit dernière dans la petite ruelle sur laquelle donnent les jardins de l'hôtel, il a dû voir sortir miss Ellen.

— Pourquoi n'as-tu pas vu Gotlieb aujourd'hui.

— Je lui avais annoncé que j'irais le relever de sa faction vers huit heures. Mais vous savez ce qui est arrivé.

— C'est juste, » dit Jean de France.

La yole filait comme une mouette sur les vagues terreuses de la Tamise. Bientôt les lanternes des quais troublèrent le brouillard de lueurs rougeâtres ; et les deux bohémiens accostèrent le *Fowler* qui était amarré devant les bassins de la Compagnie des Indes, après avoir chargé un matelot de ramener la yole ils sautèrent sur le quai. Une voiture de louage qui passait à vide les conduisit dans Fore-street. Une demi-heure après, ils entraient dans cette petite ruelle sur laquelle les jardins de l'hôtel Walden avaient une porte. Alors Samson, posant deux doigts sur sa bouche, fit entendre le cri de la chouette. A ce cri, un homme caché dans l'enfoncement d'une porte vint au-devant des deux bohémiens. Cet homme s'approcha sans bruit. Il portait des bottines de feutre comme les voleurs de la bande de Georges Price, et s'appuyait sur une longue canne de jonc.

« Est-ce toi, Gotlieb ? demanda Samson.

— C'est moi, répondit le bohémien.

— Parle notre langue, dit Jean de France qui était demeuré derrière Samson.

« Le maître, dit-il.

— Parle, que sais-tu ?

— La jeune fille est sortie hier ; elle est montée dans une voiture, mais je n'avais pas ordre de la suivre.

— A quelle heure est-elle rentrée ?

— A minuit.

— Et elle n'est pas ressortie ?

— Non, mais elle a reçu une visite.

— A cette heure-là ?

— Oui, un jeune homme dont je n'ai pu voir la figure, car il s'était couvert de son manteau, est venu, a tiré une clef de sa poche et est entré dans le jardin.

— C'est Lionel ! pensa Jean de France. Est-il demeuré longtemps ?

— Environ une heure. J'étais caché tout près de la porte quand il est sorti, et j'ai entendu la demoiselle qui lui disait : « A demain. »

— Et aujourd'hui, est-elle sortie ?

— Elle est sortie à midi, en voiture, par la grande porte de l'hôtel.

— A quelle heure est-elle rentrée ?

— Il y a une heure.

— Seule ?

— Seule.

— Et elle était en voiture ?

— Oui. »

Jean de France demeura rêveur un instant, puis il dit à Gotlieb en lui prenant la canne qu'il avait jetée sous son bras gauche :

« C'est une canne-épée, semblable à celle que tu as montée pour moi ?

— Oui, maître.

Jean de France tira la poignée de la canne et fit siffler dans l'air une lame triangulaire en acier bruni.

« Tu en réponds ? dit-il, en la glissant dans la canne.

— Comme de la lame qui tua le capitaine Maxwell.

— C'est bien, reprit Jean, je te la rendrai demain. Tu peux t'en aller maintenant. »

Et s'adressant à Samson, tandis que Gotlieb s'éloignait :

« Toi, dit-il, tu vas faire le tour, et tu demeureras sur le square, les yeux fixés sur la porte.

— Bien, maître. »

Jean de France avait tiré sa montre.

« Sir Robert Walden, se disait-il, ne rentre jamais de son club avant deux heures du matin : j'ai donc le temps. »

Puis il dit encore à Samson :

« Si tu voyais rentrer sir Robert, tu accourrais ici à toutes jambes, et, si je n'étais plus dans la ruelle, tu ferais entendre le cri de la chouette.

— Oui, maître, » dit Samson.

Puis, avant de s'éloigner :

« Est-ce que vous allez pénétrer dans le jardin ?

— Peut-être.

— Alors, voulez-vous que j'enfonce la porte d'un coup d'épaule ? dit Samson qui prenait goût à cet exercice.

— Non, répondit Jean de France en souriant : je vais avoir un autre moyen. »

Et il se glissa sous le porche ténébreux, où, tout à l'heure, Gotlieb était embusqué. Samson disparut à l'angle de la ruelle. Alors le bohémien attendit, en se disant :

« Il reviendra ! »

Et il se prit à songer :

« Miss Ellen veut devenir la femme de Roger, cependant l'homme qu'elle attend ne peut être que le lieutenant Lionel ! Quel est donc son but, et pourquoi ménage-t-elle l'amour de ce jeune homme ? »

Jean de France, qui possédait bien des secrets et avait sondé bien des mystères déjà, n'avait point encore pénétré celui de la naissance de Lionel. Tout à coup un pas sec, mesuré, quoique assourdi, un pas militaire se fit entendre à l'extrémité de la ruelle. Jean demeura immobile, mais son œil perçant, qui défiait l'épaisseur des ténèbres, reconnut tout de suite la silhouette de Lionel. Il s'avançait avec précaution, regardant à droite et à gauche, en tournant parfois la tête pour voir s'il n'était point suivi. Au moment où il allait atteindre la petite porte du jardin de l'hôtel Walden, Jean de France, immobile jusque-là comme une statue, fit trois pas en avant et se plaça entre la porte et lui. Surpris par cette brusque apparition, Lionel recula et porta la main à la garde de son épée.

« Un mot, s'il vous plaît, mon gentilhomme, » dit Jean de France qui s'était posé un masque sur le visage.

La vie aventureuse du roi des bohémiens l'obligeant souvent à cacher sa figure, il avait toujours dans sa poche un loup de velours. Mais à travers les trous de ce loup, Lionel vit luire deux prunelles ardentes. Lionel était brave : il l'avait suffisamment prouvé.

« Au large, dit-il.

— Pardon, dit Jean de France qui ne bougea pas, j'ai à vous parler, mon gentilhomme.

— A moi ?

— A vous, le lieutenant Lionel.

— Si c'est à ma bourse que vous en voulez, l'ami, je vous préviens que vous n'aurez pas la main heureuse ce soir ; car, moi, comme je suis pressé, je ne vous donnerai pas la peine de défendre ce trésor. »

Et il jeta sa bourse aux pieds du bohémien.

« Bah ! fit Jean d'une voix railleuse, miss Ellen vous attendra bien un quart d'heure ! »

Cette réponse fit bondir Lionel :

« Qui donc êtes-vous ? fit-il avec colère, vous qui vous permettez de me parler ainsi ?

— Je suis un homme qui veux vous donner un bon conseil.

— Bon ou mauvais, je n'ai pas l'habitude d'en recevoir de gens qui cachent leur visage.

— Vous avez tort, gentleman : un bon conseil n'est jamais à dédaigner.

— Eh bien ! voyons le vôtre ? murmura Lionel qui commençait à perdre patience.

— Vous avez dans votre poche une clef qui ouvre cette porte : prêtez-la-moi, et allez vous coucher bien chaudement ; je vous promets de vous la renvoyer demain matin, par mon domestique.

— Monsieur, répondit Lionel en dégainant, il me répugne beaucoup de vous passer cette épée au travers du corps, parce que vous êtes désarmé, mais....

— Mais, acheva Jean en tirant le carrelet d'acier de sa canne, si vous aviez une épée, je vous ferais l'honneur de me couper la gorge avec vous sous la lanterne de cette taverne.... Est-ce cela que vous vouliez dire ?

— Monsieur, dit Lionel qui avait repris tout son sang-froid, vous avez beaucoup d'esprit, et je commence à croire que je vais tuer quelque chose. »

Jean se fit une dragonne de son mouchoir qu'il entortilla autour de la poignée de son épée pour l'empêcher de glisser.

Ils gagnèrent le bout de la ruelle, et tombèrent en garde sous la lanterne.

« Monsieur, dit Lionel, veuillez, je vous prie, ôter ce masque qui vous fait ressembler à l'arlequin du théâtre Adelphi.

— Je suis vraiment désolé de vous refuser cette satisfaction, mais j'ai la peau fort délicate, et le brouillard de nuit pourrait me gercer le visage.

— Alors, fit Lionel en attaquant son adversaire, je vais tâcher de vous tuer sans gâter les roses de votre teint.

— Moi, monsieur, répondit Jean de France, je suis plus modeste dans mes goûts.

— Vraiment ? »

Les deux lames grincèrent dans l'ombre pendant une minute. Lionel attaquait avec fureur, mais son épée rencontrait toujours le carrelet qui se liait autour d'elle comme une couleuvre. Les deux adversaires ferraillèrent encore pendant quelques secondes. Lionel haletait de colère et de fatigue.

Jean de France reprit avec une froide ironie :

« Je n'ai pour vous aucun sentiment de haine, et Dieu m'est témoin que, si je n'avais un besoin impérieux de cette clef que vous avez dans votre poche, je ne croiserais point le fer avec vous ; mais je ne veux pas vous tuer. Je vais me contenter de vous donner un petit coup d'épée dont j'ai le secret, qui, sans danger aucun, ne vous laissera évanoui qu'une demi-heure, juste le temps dont j'ai besoin.

— Ah ! c'est trop d'insolence ! » s'écria Lionel exaspéré par cette dernière bravade de son adversaire, et, oubliant toute prudence, il précipita ses attaques, marchant toujours sur le bohémien qui rompait prudemment. Trois secondes après, Lionel jeta un léger cri, son épée lui échappa des mains, et il tomba à la renverse sur le sol.

« Pauvre garçon ! » murmura Jean de France en essuyant son carrelet sur son mouchoir et en le glissant ensuite dans la canne. Il se pencha sur le jeune capitaine, le fouilla et trouva la clef de la porte du jardin.

« A miss Ellen, maintenant ! dit-il. Le compte sera plus long à régler. »

XIV

Miss Ellen était revenue avec le marquis Roger. Pendant le trajet, elle avait échangé avec lui les plus doux serments ; mais la perfide jeune fille, tout en apaisant sa colère, n'avait point manqué de lui laisser entendre qu'il avait un ennemi dans sir Robert Walden. En arrivant à Londres, le marquis l'avait fait monter dans une voiture et s'était séparé d'elle, après avoir obtenu la promesse d'un rendez-vous prochain. Miss Ellen était arrivée à l'hôtel Walden un peu avant minuit. Elle s'était déshabillée et avait revêtu un joli peignoir de couleur sombre, enveloppé sa tête dans un capuchon de cachemire et chaussé ses pieds délicats de petites babouches turques. Après quoi, elle passa à sa ceinture un mignon petit poignard à manche de nacre et à lame triangulaire, présent de l'Indienne Daï-Natha, et dont elle ne se séparait plus depuis qu'elle avait engagé la lutte avec Jean de France. Miss Ellen était prudente. Elle savait bien qu'elle jouait sa vie à chaque instant, avec un adversaire tel qu'Osmany ; mais elle avait le courage que donne une ambition sans frein.

Miss Ellen abhorrait Jean de France et s'était juré qu'il périrait de sa main tôt ou tard. La pupille de sir Robert descendit au jardin. L'heure du rendez-vous approchait. Les jardins de l'hôtel Walden étaient vastes, plantés d'arbres centenaires, et ornés, vers le milieu d'une grotte artificielle et d'une petite cascade. L grotte était assez profonde et servait d'antichambre à un souterrain sur la destination duquel les différents propriétaires de l'hôtel n'avaient jamais été d'accord.

L'hôtel tait une vieille construction qui remontait au temps de Cromwell et de la révolution anglaise. Selon la tradition, cette demeure avait abrité un des plus fidèles et des plus fougueux partisans de la royauté. Proscrit, cet homme avait pris la fuite, puis il était revenu déguisé en mendiant et était rentré dans son hôtel. C'était lui qui avait fait creuser ce souterrain dont l'entrée était dissimulée par un bloc de granit, lequel tournait sur des gonds invisibles, comme une véritable porte lorsqu'on exerçait une forte pression sur un des galets qui pavaient le sol. Quand le bloc était déplacé, on apercevait un trou noir, d'où montait un air humide et malsain. C'était le souterrain, creusé en forme de puits et dans lequel on descendait au moyen d'une échelle. Lord Shaftesbury, c'était le nom du royaliste, avait caché là des armes, des munitions de guerre, des papiers compromettants, et il s'y était souvent réfugié lui-même. Après sa mort, quand les Stuarts rentrèrent, l'hôtel fut acheté par un des ancêtres de sir Robert Walden, et depuis il avait toujours appartenu à la famille. Il y avait près de soixante ans que l'existence du souterrain était oubliée. Sir Robert ne l'avait découvert que par hasard, un jour qu'il faisait réparer la grotte pour en faire un salon de verdure destiné à servir de retraite à sa chère miss Ellen durant les chaudes journées d'été.

Ils avaient eu la fantaisie de se faire descendre dans le puits. En remontant miss Ellen dit à son oncle :

« Il faut réparer les charnières du bloc de granit.

— A quoi bon? fit le baronnet.

— Bah! dit l'excentrique jeune fille, sait-on si nous n'aurons pas quelque révolution nouvelle. »

Les désirs de miss Ellen étaient toujours des ordres pour sir Robert. Le gentleman avait fait restaurer l'oubliette, ni plus ni moins que s'il se fût agi d'un *dessous* de théâtre devant servir à la représentation de quelque féerie.

Or, ce soir-là, en descendant au jardin pour y recevoir Lionel, miss Ellen passa près de la grotte.

La cascade faisait entendre son clapotement monotone. La nuit était calme et silencieuse. Tout dormait dans l'hôtel, à l'exception du valet de chambre de sir Robert Walden, qui attendait, en bâillant, que son maître revînt du club. Miss Ellen se souvint de l'oubliette, et se dit :

« C'est là qu'il faudrait mettre Cynthia. »

Puis elle continua son chemin par l'allée ombreuse qui conduisait à la petite porte. Elle entendit alors un léger bruit, et s'arrêta. C'était la porte qui s'ouvrait et qu'on refermait avec précaution.

« Il est d'une exactitude merveilleuse, le futur marquis d'Asburthon, » pensa miss Ellen dont les lèvres eurent un sourire moqueur.

Un homme s'avançait, enveloppé dans son manteau. Miss Ellen crut devoir s'arrêter et attendre son nocturne visiteur. Cependant celui-ci avançait lentement, tournant la tête à droite et à gauche et cherchant à s'orienter. Cette manœuvre parut singulière à mis Ellen. Lionel connaissait si bien les *êtres* de l'hôtel et du jardin.

« Est-ce vous, Lionel ! » dit-elle à mi-voix.

L'homme au manteau marcha alors résolûment vers elle. A trois pas de distance il s'arrêta.

« C'est moi ! » dit-il.

Miss Ellen jeta un cri d'épouvante ; elle avait reconnu la voix de Jean de France. D'abord elle voulut fuir et appeler à son secours ; mais cette pensée fut plus rapide qu'un éclair. Elle demeura immobile et attendit son ennemi.

« Approchez donc ! dit-elle, je vous attendais. »

Et sa voix passa soudain de l'émotion à une inflexion railleuse. Jean de France fit les trois pas qui le séparaient de la jeune fille, et lui posa la main sur l'épaule. Miss Ellen ne sourcilla point, elle ne fit point un mouvement de retraite ; seulement sa main droite caressa le manche du poignard qu'elle avait caché sous les plis flottants de sa robe. Jean dardait sur elle l'ardent rayon de ses yeux.

« Si vous venez pour m'assassiner, lui dit froidement miss Ellen, l'occasion est belle, Jean. Mon oncle est absent et les domestiques sont couchés. »

Le roi des bohémiens s'était attendu à de la terreur ; ce sang-froid le déconcerta.

« C'est selon, dit-il.

— Ah! vous n'êtes pas encore décidé? Eh bien! causons. Venez-vous m'apporter des nouvelles de la belle Elspy? »

Un éclair de haine jaillit des yeux de Jean de France ; mais les paroles de miss Ellen, ces paroles moqueuses qui étaient une provocation, eurent pour résultat de lui rappeler le vœu d'Elspy : « Ne la tue pas, Jean, avait dit la jeune bohémienne. C'est moi qui m'en chargerai ! »

Et Jean se souvenait que Bolton répondait maintenant de la vie de son amie.

« Miss Ellen, dit-il gravement, j'ai fait le serment de ne pas vous tuer ; il dépend de vous que je ne viole pas ce serment. »

Miss Ellen se disait :

« Lionel va venir, il tuera Jean de France et je serai délivrée ! gagnons du temps. »

Et elle répondit :

« Je vous ai offert la paix, vous avez voulu la guerre. »

Elle jetait, en parlant ainsi, un regard furtif sur la petite porte du jardin. Jean de France comprit ce regard.

« Si vous attendez Lionel, dit-il, vous l'attendrez en vain, miss Ellen. Lionel ne viendra pas, car c'est avec sa clef que j'ai pu pénétrer ici. »

Une goutte de sueur perla au front de miss Ellen.

« Est-ce que vous l'auriez tué? s'écria-t-elle, perdant un peu de son calme.

— Non, dit Jean de France, mais par le sang de notre race, je vous jure qu'il ne viendra pas! Ainsi ne comptez pas sur lui. »

Miss Ellen retrouva toute sa présence d'esprit.

« Eh bien! dit-elle, que me voulez-vous?

— Je veux que vous me rendiez Cynthia, dit Jean dont l'œil flamboyait.

— Cynthia! dit miss Ellen. Qu'est-ce que Cynthia?

— Oh! ne raillons pas et hâtons-nous! je suis pressé.

— Alors, veuillez vous expliquer.

— Vous avez fait enlever ma sœur Cynthia ce soir.

— Moi? »

Et dans ce seul mot, la pupille de sir Robert Walden sut mettre un tel accent d'étonnement, que la conviction de Jean en fut ébranlée. Cependant il continua :

« Vous avez fait enlever Cynthia. La voiture dans laquelle on l'a placée est allée à votre cottage. J'ai fouillé le cottage.

— Et vous n'avez trouvé personne?

— Personne. Cynthia est ici.

— Je ne sais ce que vous voulez dire. »

Mais Jean était tenace, il jeta ses deux mains autour du cou de miss Ellen :

« Eh bien! dit-il, tant pis si je me trompe, tant pis si je fais la besogne d'Elspy. »

Et il étreignit le cou blanc et souple de miss Ellen.

« Vois-tu, dit-il avec colère, pour se débarrasser d'une vipère telle que toi, Topsy, il n'est nul besoin de poignard, il suffit de l'étouffer. »

Miss Ellen tenait déjà son stylet dans sa main et cherchait la place où elle frapperait Jean, et cependant, elle remit le stylet à sa ceinture sans que Jean de France eût remarqué ce mouvement, et elle balbutia d'une voix éteinte le mot de *grâce!*

Le roi des bohémiens eut un frisson de dégoût ; il repoussa la bohémienne et lui dit d'une voix sourde :

« Parle, alors!

— Jean, dit-elle avec un accent suppliant, je suis en votre pouvoir, je ne puis vous échapper et ma vie est entre vos mains. Je vous obéirai, je parlerai, je vous dirai où est Cynthia. »

Le visage de la jeune fille exprimait si bien la terreur, que Jean de France s'y trompa.

« Tu conviens donc d'avoir fait enlever Cynthia?
— Ce n'est pas moi, c'est sir Robert Walden.
— Mais tu es sa complice?
— Oui.
— Alors, tu sais où elle est?
— Oui.
— Eh bien! dis-le-moi.
— Je vous le dirai, Jean, continua miss Ellen d'une voix de plus en plus suppliante, mais vous aurez pitié de moi, vous me sauverez de la colère de sir Robert Walden. »

Ces derniers mots étonnèrent Jean de France.

« Écoutez, continua-t-elle, j'ai voulu lutter contre vous tous, mais je vois bien que la lutte est au-dessus de mes forces. Je m'avoue vaincue. Seulement, en voulant vous faire du mal, je m'en suis fait à moi-même, car j'ai tout appris à sir Robert. Je lui ai dit que vous étiez un bohémien comme moi, que Roger était un bohémien, et sir Robert a fait de moi un instrument. Si je vous livre Cynthia, sir Robert que j'aurai trahi me chassera! »

Des larmes coulaient de ses beaux yeux, tandis qu'elle parlait ainsi. Malgré son astuce et sa clairvoyance, Jean de France fut dupe de cette douleur. Il crut voir, en effet, cette jeune fille, élevée dans le grand monde, chassée tout à coup de la maison où elle avait passé sa jeunesse, flétrie du nom de bohémienne et réduite à une position humiliante et misérable.

« Eh bien! dit-il, cédant à sa nature généreuse, si tu es chassée par sir Robert, nous t'accueillerons, nous que tu as reniés. »

Miss Ellen secoua la tête.

« Ah! vous ne savez pas, dit-elle, ce que c'est, Jean, que d'avoir vécu jusqu'ici comme une héritière. J'ai lutté contre vous, je me repens; j'ai voulu devenir la femme de Roger, je me repens; mais ne me perdez pas, ayez pitié de moi! Je n'entreprendrai plus rien contre vous.

— Il me faut pourtant Cynthia, où donc est-elle?
— Elle est ici, dit miss Ellen. Eh bien! vous avez une armée mystérieuse à votre service. Ralliez-la, escaladez ces murs, faites le siège de l'hôtel : vous la retrouverez et sir Robert ne m'accusera point de l'avoir livrée.
— Où est Cynthia? reprit le bohémien d'une voix impérieuse. Il me la faut! Parle, ou sinon malheur à toi, Topsy. »

La bohémienne sut amener sur son visage les teintes livides de l'épouvante.

« Ah! dit-elle, mieux vaut encore vivre misérable et vagabonde que mourir à vingt-deux ans. Venez, je vais vous montrer l'endroit où elle est enfermée.

— Marche devant moi, ordonna Jean de France ; et si tu as le malheur de pousser un cri, songe que ce sera le dernier, car je t'aurai poignardée avant que tu n'aies poussé le second. »

Miss Ellen leva sur lui ses yeux noyés de larmes.

« Hélas! dit-elle, je suis trop punie; je ne songe plus à résister. »

Et elle se dirigea vers la grotte qui se trouvait située à l'autre extrémité du jardin. Jean de France la suivit à un pas de distance. Lorsqu'elle fut sur le seuil, elle se retourna :

« Jean, dit-elle, au moins me ferez-vous une grâce?
— Parle.
— Quand je vous aurai rendu Cynthia, vous me garrotterez les pieds et les mains et vous me mettrez un bâillon dans la bouche. Au moins sir Robert croira-t-il que je n'ai cédé qu'à la violence.
— Soit, dit Jean de France je te le promets. »

L'entrée de la grotte était assez sombre.

« Où donc me conduis-tu? demanda Jean qui eut un mouvement de défiance.

— Écoutez, dit miss Ellen, il y a au fond de cette grotte une chambre spacieuse, qui n'est connue que de sir Robert et de moi. C'est là que nous avons enfermé Cynthia. Un seul domestique est dans la confidence. Prenez ma main et suivez-moi. Quand nous serons entrés, nous nous procurerons de la lumière. Avez-vous un briquet?
— Oui, » dit Jean de France.

La jeune fille le prit par la main et il se laissa entraîner. Mais il tenait toujours son poignard prêt à la frapper à la moindre surprise. Lorsqu'ils furent dans la grotte, miss Ellen s'arrêta :

« C'est ici, » dit-elle.

Jean de France lui tendit sa mèche soufrée et son briquet.

La mèche allumée, le roi des bohémiens jeta un regard rapide autour de lui. La grotte était vide et on ne voyait aucune porte.

« T'es-tu donc moquée de moi? dit-il en regardant miss Ellen.

— Vous allez voir le contraire, lui dit-elle. Regardez ce bloc de granit qui se trouve au fond de la grotte. Eh bien! ce bloc cache l'entrée de la salle souterraine où Cynthia est enfermée. Mais je ne suis pas assez forte pour faire tourner ce rocher sur le pivot sur lequel il repose. Il nous faudrait l'épaule de Samson.

— Bah! dit Jean de France, je suis robuste, moi aussi. »

Et il s'arc-bouta contre le bloc.

« Poussez fort! » dit miss Ellen qui l'éclairait avec la mèche.

Jean de France avait pris son poignard aux dents, et il avait les yeux fixés sur miss Ellen, les épaules appuyées contre le roc.

« Allons, courage! » répéta miss Ellen.

Jean, qui s'attendait à une résistance énorme, donna un vigoureux coup d'épaule ; mais soudain le bloc de granit tourna brusquement, comme s'il eût couru sur des rainures soigneusement graissées, et Jean de France, perdant son équilibre, tomba la tête la première dans le gouffre qui venait de s'entr'ouvrir.

Miss Ellen entendit un cri terrible, une imprécation de mort qui montait du fond de l'abîme ; puis le bloc, obéissant à l'ingénieux mécanisme inventé par lord Shaftesbury, reprit sa place accoutumée. Alors la bohémienne éteignit la mèche, et sortit tranquillement de la grotte en se disant : « Si Jean de France ne s'est pas tué en tombant, il mourra certainement de faim d'ici à trois jours. »

XV

Cependant, Samson demeurait en observation sur le square, caché derrière un arbre et ne perdant point de vue la porte principale de l'hôtel Walden. Une heure s'écoula. Le bruit d'une voiture se fit entendre et bientôt le colosse reconnut la livrée du baronnet. Le cocher demanda la porte et la voiture disparut de l'autre côté de la grille. Alors Samson courut à la ruelle et fit entendre son cri de chouette. Puis il attendit. Jean de France ne répondit pas.

« Il est sans doute dans l'intérieur de l'hôtel, » pensa Samson, dont l'intelligence ne se rendait pas bien compte du moyen employé par Jean de France pour pénétrer dans le jardin, du moment où il avait refusé l'assistance de son épaule pour enfoncer la porte.

Samson se mit à se promener de long en large. Le géant, on le sait, était doué d'une patience à toute épreuve, et il se promena pendant plus d'une heure, attendant toujours Jean de France qui ne revenait pas. Tout à coup, son pied heurta un objet noirâtre qui gisait sur le sol. Samson s'arrêta et reconnut qu'il avait affaire à un homme ivre ou à un cadavre. Il se pencha frémissant, craignant que ce ne fût Jean de France; mais il eut bientôt reconnu Lionel. Lionel perdait son sang goutte à goutte; et il était toujours sans mouvement. Samson lui posa la main sur la poitrine. Il vivait encore. Le colosse avait un cœur d'or, il ne se demanda point tout d'abord pourquoi Lionel était là sanglant et inanimé; il ne se dit point que peut-être c'était l'œuvre de Jean de France, et qu'il devait respecter les volontés du maître. Il chargea Lionel sur ses épaules et se mit à courir dans la direction de Saint-Gilles où il y avait un poste de soldats et de watchmen. Le poids d'un homme sur ses épaules, n'empêchait point Samson de courir; il atteignit le poste en quelques minutes, y fit une entrée bruyante et déposa le corps de Lionel sur un lit de camp.

« Voilà un homme que je viens de trouver dans la rue; il vit encore, soignez-le, dit-il; c'est votre devoir. »

Et il se sauva avant qu'on eût songé à le retenir pour lui demander des explications. Quand on voulut courir après lui, il était déjà loin et regagnait son poste. Mais il eut beau répéter son cri de chouette, aucun cri semblable ne lui répondit, et la petite porte du jardin resta close. Alors Samson s'imagina que Jean de France était sorti pendant qu'il emportait Lionel au poste des gardiens de nuit, et il prit le parti de retourner au Wapping, espérant le retrouver au chevet d'Elspy. Bolton et Dinah s'y trouvaient seuls, en proie à une vive anxiété.

« Où est le maître? demanda Samson en entrant.
— Nous ne l'avons pas vu, » répondit Bolton.

Samson raconta alors leur expédition dans tous ses détails. Bolton l'écoutait avec un étonnement mêlé d'inquiétude. Quand Samson eut fini, Bolton s'écria :

« Si demain, au point du jour, Jean n'a point reparu, j'irai chez sir Robert Walden, et il faudra bien qu'il me dise ce que Jean est devenu. »

Mais Samson avait une foi robuste dans la force, l'adresse et les ressources infinies du roi des bohémiens.

« Oh! ne craignez rien, dit-il, Jean reviendra! »

Le lendemain, en effet, au point du jour, comme Elspy s'éveillait après avoir passé une nuit fort calme qui mettait ses jours hors de danger, Bolton, après avoir donné à Dinah des instructions pour la journée, prit son manteau et se disposa à se rendre chez sir Robert Walden. Le brave chirurgien était disposé à se porter aux plus violentes extrémités pour savoir ce qu'était devenu Jean de France; mais au moment où il allait sortir, on frappa à la porte.

« Qui est là? » demanda Samson qui se mit à la croisée.

Il vit un inconnu qui déposait un papier sous la porte et lui criait en bohémien :

« Voilà pour toi! »

Puis il prit la fuite, avant que Samson eût pu voir son visage et reconnaître en lui un de ses frères de la tribu. Samson descendit, prit le papier qui était plié d'une certaine façon usitée parmi les bohémiens, et y jeta les yeux. Le papier contenait ces deux lignes en zingari :

« Ne me cherchez pas et attendez-moi patiemment cinq ou six jours. Tout va bien. »

Le papier sur lequel ces mots étaient tracés, Samson le remarqua, avait été arraché au carnet que Jean de France portait ordinairement sur lui; en outre, le colosse reconnut parfaitement l'écriture du roi des bohémiens. Il remonta tout joyeux auprès de Bolton et lui traduisit le billet. Bolton respira, puis il se perdit en conjectures sur cette absence inattendue que faisait Jean de France; mais ni Samson, ni lui ne soupçonnèrent un seul instant que ce n'était pas la main du roi des bohémiens qui avait tracé ces trois lignes.

....

Voyons maintenant comment miss Ellen avait achevé cette nuit féconde en émotions tragiques. Lorsqu'elle fut hors de la grotte qui allait servir de tombeau à Jean de France, la belle gitane songea à Lionel. Pourquoi n'était-il point venu? Comment Jean de France s'était-il procuré la clef qu'elle avait remise à Lionel? Ces deux questions paraissaient insolubles en admettant la véracité des paroles de Jean de France : « Rassurez-vous, je n'ai pas tué Lionel. » Mais s'il ne l'avait pas tué, comment Lionel avait-il pu lui remettre cette clef?... La première pensée de miss Ellen fut de courir à la ruelle et de l'explorer; mais la prudence l'en empêcha. Évidemment, Jean de France, dans l'éventualité de quelque coup de main à tenter, avait dû placer ses gens dans les environs de l'hôtel, et principalement dans la ruelle. La crainte de tomber en leur pouvoir lui fit rebrousser chemin. Mais comme elle revenait sur ses pas, son pied heurta un petit objet qui gisait sur le sol. Miss Ellen se baissa et reconnut un carnet. C'était Jean de France qui l'avait laissé tomber de sa poche, tandis qu'il saisissait miss Ellen à la gorge et la sommait de lui dire où était Cinthia. Miss Ellen s'empara du carnet, retourna vers l'hôtel sans lumière, et remonta dans sa chambre sans faire aucun bruit. Là, elle ralluma une bougie et se prit à examiner le carnet du roi des bohémiens. Il contenait quelques mots au crayon, en zingari, la langue maternelle de Topsy, et qu'elle n'avait jamais oubliée; elle put donc déchiffrer les caractères bizarres tracés sur ces feuilles; mais ces mots se rapportaient à des affaires étrangères au marquis Roger, et lui parurent n'avoir aucun intérêt pour elle. Seulement elle étudia patiemment l'écriture allongée et ferme de Jean de France; et, s'emparant du crayon, elle prit une feuille de papier et se mit à imiter cette écriture, avec la patience et la ténacité d'un faussaire. Au bout d'une heure, elle arracha une feuille blanche du carnet et y écrivit d'une main sûre le billet que nous avons vu parvenir à Samson. Après quoi elle se mit au lit, un peu inquiète sur le sort de Lionel, mais la joie au cœur en pensant que Jean de France était désormais en son pouvoir. Le lendemain, un peu avant le jour, miss Ellen se leva sans bruit et alla réveiller un des deux domestiques que sir Robert Walden avait mis à sa disposition. Cet homme était rentré fort tard dans la nuit, après avoir laissé l'Indienne Daï-Natha et le valet Black au cottage, où ils devaient garder Cynthia pour elle.

« Joë, lui dit miss Ellen, as-tu une bonne mémoire?
— Excellente.
— Retiendras-tu bien les trois mots que je vais te dire?
— Je l'espère, miss.
— Écoute, alors. »

Et miss Ellen prononça ces trois mots :
« Maïde evoy banty.
— Maïde evoy banty! répéta Joë.
— Écris-les, si tu crains de ne point t'en souvenir.
— Oh! c'est inutile, miss.
— Cela veut dire, reprit miss Ellen, dans la langue des bohémiens : Voilà pour vous.
— Ah! dit Joë, c'est une langue singulière celle-là.
— Tu connais la maison du Wapping?
— Là où était Cynthia? oui.
— Tu vas y aller, tu frapperas, puis tu placeras ce papier sous la porte, en disant les trois mots que je viens de t'apprendre; après quoi tu te sauveras à toutes jambes, et tu auras bien soin qu'on ne voie pas ton visage. »

Joë s'inclina et partit. Tandis qu'il s'acquittait de son message, assez habilement pour faire croire à Samson qu'il avait eu affaire à un vrai bohémien, sir Robert Walden fit prier sa nièce de vouloir bien le recevoir.

« Ah! se dit miss Ellen, s'il a suivi mes instructions de point en point, avant trois jours tout Londres saura que Roger est le fils d'une bohémienne. »

Sir Robert entra chez sa pupille d'un air souriant.
« Eh bien! dit-il, tout est allé pour le mieux, cette nuit?
— De mon côté, du moins, dit miss Ellen. Nous tenons Cynthia.
— Ah! dit sir Robert d'un air indifférent.
— Et vous, mon oncle, qu'avez-vous fait?
— J'ai invité à dîner les trois personnages que tu m'as désignés, c'est-à-dire sir Arthur Rood, sir Albéric Berny et sir Edward Johnson.
— Avez-vous vu le marquis?
— Il est venu au club vers une heure du matin.
— Bien.
— J'avais amené la conversation sur le fameux club

de l'*Hermine*, cette association mystérieuse qui ressemble un peu au tribunal secret de la fashion
— Qu'a dit le marquis?
— Il a prétendu que ce club n'existait pas. On s'est regardé, quelques personnes ont souri; alors le marquis s'est écrié : « Eh bien! messieurs, si le club de l'*Hermine* existe, j'en veux faire partie! »
— Victoire! s'écria miss Ellen.
— Maintenant, dit sir Robert Walden, que j'ai fait ce que tu as voulu, vas-tu m'expliquer ce qui arrivera?

Un personnage enveloppé d'un manteau se montre sur le seuil. (Page 35, col. 1).

— Non, mon oncle.
— Ah! vraiment? fit sir Robert; tu gardes tes secrets?
— Oui; seulement, je vous ai promis de vous prouver, à vous et à lady Cecily, que Roger était le fils de Cynthia, et je vous le prouverai!
— Quand?

— Demain soir probablement; et vous ne serez pas les seuls à le savoir.
— Ah! dit sir Robert, qui donc encore?
— Toute la fashion anglaise. »
Sir Robert fronça le sourcil.
« Mais, dit-il, ne vaudrait-il pas mieux éviter un scandale?

— Ce scandale est nécessaire.
— Pourquoi?
— Mais parce que Roger ne consentira jamais à se dépouiller.
— Il est loyal, cependant. »
Miss Ellen eut un sourire ironique.

« On ne descend pas ainsi, dit-elle, d'un fauteuil de pair d'Angleterre; et puis, ajouta miss Ellen, vous savez bien que lady Cecily se refuse à croire que Roger n'est pas son fils.
— C'est juste! » dit sir Robert, résigné à se confier au génie machiavélique de miss Ellen.

XVI

Vers dix heures, le chirurgien Bolton se présenta chez le marquis d'Asburthon. Il était déjà venu le matin, mais on lui avait dit que le marquis dormait et ne pouvait le recevoir. Cette fois, Bolton trouva Roger assis dans son fauteuil, le visage souriant, une expression de mystérieux bonheur se lisait dans ses yeux. Bolton venait s'assurer des progrès opérés par le remède de Josué. Roger mit son bras à nu. La compresse avait produit une enflure légère, mais elle avait fait disparaître complétement le signe des bohémiens. Tandis que Bolton enlevait l'appareil, Roger lui dit :
« Avez-vous entendu parler du club de l'*Hermine?*
— Jamais, répondit le chirurgien. Qu'est-ce que cela?
— C'est une association mystérieuse qui s'est imposée une singulière mission.
— Laquelle?
— Celle de punir les fautes de lèse-élégance et de poursuivre à outrance les nobles qui manquent aux devoirs de leur rang.
— Je ne comprends pas très-bien, dit Bolton.
— Je n'avais pas compris non plus d'abord, mais on m'a expliqué la chose dans tous ses détails.
— Alors je prierai Votre Honneur de me rendre le même service.
— Écoutez, dit Roger. Il paraît qu'il s'est formé à Londres, il y a un an, une sorte de tribunal secret de la noblesse et de la mode, dont les jugements sont sans appel.
— Mais qui condamne-t-il?
— Tout gentleman qui forfait aux lois de la gentry. Ainsi, par exemple, un gentilhomme fait courir et use d'un stratagème quelconque pour gagner le prix, soit qu'il achète le jockey de son adversaire, soit qu'il triche sur le poids que doit porter son cheval.
— Bien, dit Bolton.
— Un matin, en entrant dans l'écurie, les palefreniers trouvent le cheval vainqueur étranglé sur sa litière. C'est le club de l'*Hermine* qui a ordonné et fait exécuter la sentence.
— Voilà qui est original, » dit Bolton.
Roger continua :
« Un homme de grande maison, duc ou pair, songe pour redorer son blason à épouser une fille de marchand, ornée d'un million, ou bien il confie ses dernières guinées à un commerçant dont il devient secrètement l'associé.
— Que fait le club?
— Dans le premier cas, le noble spéculateur voit arriver à son hôtel un camion chargé de barriques de mélasse et de caisses de savon, sur lesquelles le club a fait peindre les armes du coupable.
— Et dans le second cas?
— Le commerçant fait faillite en quelques mois.
— Ah çà! dit Bolton en riant, voilà une association fort excentrique.
— Oui, si elle existe, dit Roger.
— Ah! on n'est pas certain de son existence?
— Tout le monde en parle depuis quelque temps, mais personne ne s'est vanté d'en faire partie; personne encore n'a pu dire où elle siégeait, quels étaient ses statuts, le nombre de ses séances, etc.
— Monsieur le marquis, dit Bolton en souriant, je crois que c'est un roman fantastique inventé tout exprès pour séduire l'imagination des oisifs.
— C'est ce que je saurai prochainement, répondit Roger.
— Comment cela?
— Cette nuit, au club des *Beaux*, on a parlé de cette mystérieuse association.
— Ah!
— Évidemment; parmi les trente ou quarante personnes qui se trouvaient là, il y avait au moins un membre du club de l'*Hermine*, sinon plusieurs, en admettant que le club existe.
— Il est certain, dit Bolton, que s'il y a réellement un club de l'*Hermine*, il a dû se recruter en partie parmi les *Beaux.*
C'est ce que j'ai pensé.
— Eh bien? fit le chirurgien.
— Alors, je lui ai porté un défi qui a été inscrit sur le livre des pairs, en ces termes : « Le marquis Roger d'Asburthon déclare qu'il ne croit pas à l'existence du club de l'*Hermine*, et il s'engage à donner cent livres aux pauvres de la paroisse Saint-Gilles, si le prétendu club de l'*Hermine* consent à lui révéler son existence; dans ce dernier cas, le marquis d'Asburthon sollicite l'honneur d'être admis au nombre de ses affiliés.
— Et le club ne vous a point donné de ses nouvelles?
— Pas encore. »

Comme le marquis parlait ainsi, son valet de chambre entra et lui présenta sur un plateau de vermeil un large pli de satin blanc, imprimé en caractère d'argent. Cette étrange missive portait une hermine sur un cachet de cire blanche.

« Oh!! oh! dit Roger montrant le cachet à Bolton, je crois que les pauvres de Saint-Gilles ont gagné les cent livres du pari. »

Et il décacheta le message qui ne contenait que ces quelques lignes : « Le club de l'*Hermine* accepte le défi du marquis d'Asburthon, et le recevra cette nuit au nombre de ses membres, s'il consent à subir les épreuves qui lui seront imposées. »

« Que vous dit-on? demanda curieusement le chirurgien.
— On me demande, reprit Roger en riant, si je suis assez brave pour me soumettre aux épreuves qu'il faut subir pour pénétrer dans le sanctuaire.
— Et vous vous êtes décidé?
— A marcher sur un fleuve de feu, reprit le marquis, et me jeter tête baissée dans un gouffre hérissé de lames de faux. »

Bolton secoua la tête, tout en humant lentement une prise de macouba.

« Ainsi, dit-il, vous attendez que l'on vienne vous chercher cette nuit?
— Certainement.
— Eh bien, monsieur le marquis, je crois que vous avez commis une imprudence et que vous allez faire maintenant une folie.
— C'est bien possible, fit Roger, mais si je reculais à présent, je ferais une lâcheté, ce qui serait plus grave. »

Bolton reprit sa canne et son chapeau, et serra la main que lui tendait le jeune lord.

« A demain, docteur.
— A demain, milord, répondit ce dernier en s'inclinant.
— Cette histoire du club de l'*Hermine* m'inquiète fort, se dit le docteur tout en regagnant son logis, il doit y avoir de la Topsy là-dessous! »

Roger était demeuré devant sa table de travail, feuilletant une brochure politique. Une heure s'écoula sans qu'il ait entendu le moindre bruit dans l'hôtel. L'impatience commença à le gagner.

« Je trouve assez impertinent, dit-il enfin à mi-voix, qu'on me fasse ainsi attendre. »

Et il se mit à se promener dans sa chambre, espérant toujours entendre vibrer la cloche qui annonçait l'arrivée d'un visiteur. Mais la cloche resta muette. Seulement, comme l'aiguille de la pendule placée sur la cheminée glissait sur le chiffre douze, une porte s'ouvrit silencieusement comme si elle eût été poussée par la main d'un fantôme; aucun des domestiques de l'hôtel ne se montra pour annoncer un visiteur; mais un personnage masqué, enveloppé des pieds à la tête dans un grand manteau noir, se montra sur le seuil, posant un doigt sur sa bouche pour recommander le silence au jeune marquis. Roger fit deux pas à la rencontre de l'homme masqué, l'invitant du geste à entrer. Celui-ci referma la porte tout aussi silencieusement qu'il l'avait ouverte, et vint se placer, muet et grave, devant Roger.

« A votre façon mystérieuse d'entrer chez moi, lui dit le jeune homme, je devine qui vous êtes. »

Le personnage masqué s'inclina.

« Vous êtes le messager du club de l'*Hermine*; je vous attendais; mais comment êtes-vous arrivé jusqu'ici? »

L'homme masqué répondit d'une voix grave :

« Nous savons passer au travers des portes les mieux closes, des murs les plus épais, et nous pouvons, au besoin, nous rendre invisibles ! »

Cette voix était inconnue à Roger.

« Voilà une mise en scène convenable, pensa-t-il. Voyons la pièce, à présent?... Dois-je défendre ma porte? ajouta-t-il en regardant le messager.

— Votre Seigneurie, dit l'homme masqué, briserait son cordon de sonnette, que nul ne viendrait.

— Vous disposez donc de mes gens?

— Je n'ai pas à m'expliquer sur ce sujet.

— Soit! fit Roger en lui avançant un siège. J'attends. »

Le messager demeura debout :

« Milord, dit-il, le club de l'*Hermine* ne cherche point à faire des prosélytes, mais il accueille ceux qui osent accepter les épreuves auxquelles ont été soumis chacun de ses membres....

— Épreuves renouvelées de la Sainte-Vehme de Dortmund ! interrompit Roger en riant.

— Votre Seigneurie a voulu savoir si le club existait; le club lui a répondu. Si Votre Seigneurie veut s'en tenir là, il en est temps encore.

— Non, non, répéta Roger : si le club existe, j'en veux faire partie !

— Votre résolution est bien prise?

— Oui.

— Que Votre Seigneurie songe qu'elle va être soumise à des épreuves terribles.

— Je les subirai.

— Qu'elle réfléchisse qu'une fois membre du club elle devra obéir aux ordres qui lui seront donnés.

— Soit! dit Roger.

— Vous êtes bien décidé, milord?

— Oui. »

Le messager demeura silencieux l'espace de quelques secondes.

« Alors, Votre Seigneurie va me faire un serment.

— Lequel?

— Elle va me jurer sur ce poignard qu'elle gardera le plus profond silence sur notre entrevue. »

Et le messager dégageant son bras droit des plis de son manteau, tendit à Roger un poignard de forme étrange en acier poli.

« Sur mon honneur de gentilhomme, je le jure ! dit le marquis.

— Et sur ce qui va être convenu entre nous, ajouta l'homme masqué.

— Par le blason des Asburthon mes ancêtres, je le jure ! » dit encore Roger.

Alors l'homme masqué remit le poignard dans une gaîne de chagrin suspendue à son cou, et dit à Roger :

« Demain, à pareille heure, je viendrai vous chercher pour vous conduire au club de l'*Hermine*.

— C'est bien, dit Roger : je serai prêt. »

L'homme masqué fit un pas de retraite. Roger voulut le reconduire :

« Ne me suivez pas, dit-il : vous ne devez pas savoir ni par où je suis entré, ni par où je vais sortir. »

Et il marcha lentement vers la porte, l'ouvrit et quitta le salon. Roger prêta vainement l'oreille : il n'entendit point retentir au dehors le bruit de ses pas ; aucun mouvement ne se fit dans les escaliers ni dans la cour de l'hôtel, et la grand'porte, qui grinçait ordinairement sur ses gonds, ne s'ouvrit pas.

« J'avais raison, se dit Roger, de prétendre que cela ressemblait beaucoup à un roman. »

Et il se mit au lit sans le secours de son valet de chambre.

．．．．．．．．．．．．．．．．．．．．．．．．．．．．．．．．．

Le lendemain, à la même heure, le marquis Roger d'Asburthon attendait avec une vive impatience le messager du club de l'*Hermine*. Le but étrange de cette association, le mystère dont elle s'enveloppait avaient irrité au plus haut degré la curiosité de Roger et séduit sa jeune imagination. Fidèle au serment qu'il avait fait, le marquis n'avait parlé à personne de son entrevue avec l'homme masqué, ni du rendez-vous qu'il lui avait donné. Bolton était venu dans la journée, et Bolton n'avait fait aucune question. Le marquis était allé au club des *Beaux*, vers cinq heures, et y avait joué aux échecs. Là, on avait beaucoup parlé de son défi, mais il était resté muet sur le sujet. Enfin, il avait passé sa soirée chez lui, comptant les heures d'abord, puis les minutes.... Au moment où minuit sonnait à la pendule, la porte de sa chambre à coucher s'ouvrit, comme la veille, sans le moindre bruit. L'homme masqué était sur le seuil; il fit à Roger un signe qui voulait dire : « Venez ! je vous attends. »

Roger se leva, prit son manteau et son épée et se dirigea vers la porte.

A son grand étonnement, le marquis vit l'homme masqué traverser l'antichambre et se diriger vers un corridor qui conduisait à un escalier de service.

« Voilà, pensa-t-il, un personnage qui connaît aussi bien que moi l'hôtel d'Asburthon. »

L'escalier était plongé dans l'obscurité ; mais l'homme masqué passa le premier et descendit d'un pas assuré jusqu'à la dernière marche qui aboutissait aux jardins de l'hôtel. Là, il prit une allée qui conduisait à une porte dérobée. Roger le suivait pas à pas. La porte était ouverte, de l'autre côté du seuil Roger vit une voiture sans armoiries, attelée de deux chevaux. L'inconnu ouvrit la portière et lui dit :

« Montez ! »

Roger obéit, et l'inconnu se plaça auprès de lui. Minuit sonnait à toutes les horloges de Londres. L'inconnu sortit alors une écharpe de soie de sa poche et dit au marquis :

« Je vais vous bander les yeux.

— Faites ! dit Roger.

— Et vous allez me jurer, quoi qu'il arrive, de ne point ôter votre bandeau.

— Je vous le jure. »

Quand Roger eut les yeux bandés, la voiture partit au grand trot. Elle roula rapidement pendant plus d'une heure, et, à de certains soubresauts, le marquis comprit qu'elle tournait souvent des angles de rues. Pendant le trajet, l'homme masqué ne prononça pas un mot. Enfin la voiture s'arrêta.

« Sommes-nous arrivés? demanda alors Roger.

— Oui, » répondit l'inconnu.

Et il ouvrit la portière, descendit le premier, et dit au marquis :

« Prenez ma main. »

Roger descendit et sentit sous son pied un sable fin comme celui d'une allée de jardin. En même temps, il entendit le bruit de la voiture qui s'éloignait et celui d'une porte qui se fermait derrière lui.

« A présent, dit l'inconnu, vous pouvez ôter votre bandeau. »

Roger arracha l'écharpe qui couvrait ses yeux et se prit à regarder, avec une curiosité avide, le lieu où il se trouvait.

C'était un vaste terrain, entouré de grands murs qui bornaient la vue, et planté çà et là d'arbres touffus. Un rayon de lune, glissant entre deux nuages, lui montra des pierres blanches surmontées de croix noires, espacées de distance en distance. Le marquis se trouvait dans un cimetière. Si brave que soit un homme, il ne peut pas se trouver tout à coup, la nuit, dans le champ des morts, sans éprouver un battement de cœur.

« Voilà, dit-il à son conducteur, un singulier lieu de rendez-vous. »

L'inconnu ne répondit pas et se mit à marcher à travers les tombes, toujours suivi par le marquis. La nuit était silencieuse, le cimetière était si vaste que Roger n'en apercevait point l'extrémité. Tout à coup il s'arrêta et quelques gouttes de sueur perlèrent à son front. Une forme blanche glissait comme une vapeur sous les sapins au feuillage noir.

« Qu'avez-vous? dit l'homme masqué.
— N'avez-vous pas vu? murmura Roger en étendant la main vers l'endroit où la forme blanche venait de disparaître.
— C'est quelque mort qui vient de se promener au clair de lune et rentre dans sa tombe, répondit l'inconnu. Si vous avez peur, retournons.
— Non! s'écria Roger, je n'ai peur ni des morts ni des vivants. »

Et il marcha résolûment. Devant lui était un petit monticule couronné par un monument de marbre, qui avait la forme et la hauteur d'un tombeau de famille.

« C'est là, dit l'homme masqué en montrant la porte du tombeau.
— Ah! » fit Roger avec indifférence.

Comme il parlait encore, la porte du tombeau tourna sur ses gonds et s'ouvrit sans bruit; et au même instant la lampe de fer suspendue à la voûte jeta une lueur phosphorescente, et ses trois branches s'allumèrent successivement.

« Vous allez entrer seul, reprit l'inconnu Vous passerez entre deux tombes qui sont couchées côte à côte; puis vous trouverez un escalier que vous descendrez. Lorsque vous sentirez la dernière marche sous votre pied, vous serez dans un corridor souterrain.
— Et alors? demanda Roger.
— Alors vous continuerez à marcher droit devant vous, jusqu'à ce que vous rencontriez un second escalier que vous gravirez.
— Et au bout de cet escalier?
— Vous trouverez une porte fermée. Alors, vous frapperez trois coups en vous nommant.
— Bien, répondit Roger.
— A présent, dit l'homme masqué, vous allez me rendre votre épée.
— Pourquoi?
— Ainsi le veulent nos statuts. »

Roger déboucla son ceinturon et tendit son épée avec une obéissance passive.

« Vous n'avez pas d'autre arme sur vous, ni pistolets, ni poignard?
— Non, dit Roger.
— Alors, marchez, » dit l'homme masqué en s'effaçant devant la porte du tombeau, à l'intérieur duquel pénétraient les rayons de la lune.

Roger entra. Il vit en effet deux tombes de marbre noir, au-dessus desquelles étaient couchées deux statues de marbre blanc, qui ressemblaient à des cadavres; mais il passa son chemin sans s'émouvoir et trouva l'escalier indiqué. Roger descendit une à une, et dans les ténèbres, les marches de l'escalier, les comptant machinalement et avançant avec précaution. L'escalier avait soixante-neuf marches. A la dernière, le marquis sentit un sable humide sous ses pieds. Il fit trois pas en avant; tout à coup une main glacée lui saisit le poignet dans l'ombre.

« Où allez-vous? dit une voix sourde.
— Où l'on m'attend, répondit le jeune homme sans s'émouvoir.
— Passez? » dit la voix.

Et Roger continua à marcher. Il chemina ainsi pendant cinq minutes, posant le pied au hasard, les mains étendues en avant, se demandant parfois s'il n'allait pas atteindre la lèvre de quelque précipice. Enfin, il rencontra un obstacle : c'était la première marche de ce second escalier que lui avait annoncé l'homme masqué. Il se mit à le gravir, comptant de nouveau les marches. A la trentième, il entendit un bruit sourd assez semblable aux roulements lointains du tonnerre. Il s'arrêta et prêta l'oreille. Le bruit s'affaiblit par degrés et s'éloigna dans une direction opposée. Roger comprit qu'il était sous une voûte, et qu'au-dessus de cette voûte était une rue. Le bruit qu'il venait d'entendre n'était autre que le roulement d'une voiture. Ce bruit éteint, Roger continua sa marche. Le second escalier avait, comme le premier, soixante-neuf marches. A la dernière, les mains du marquis se heurtèrent contre une porte massive. Roger frappa trois coups lentement espacés.

« Qui est là? dit une voix qui sembla vibrer au-dessus de sa tête.
— Celui que vous attendez.
— Votre nom?
— Le marquis Roger d'Asburthon. »

La porte s'ouvrit alors et une vive clarté vint le frapper au visage.

XVII

Revenons à Cynthia que nous avons laissée au pouvoir de miss Ellen, sous la garde de l'indienne Daï-Natha. Le valet et les deux femmes demeurèrent dans l'ingénieuse cachette de la bibliothèque, un grand quart d'heure encore après le départ de Jean de France et de Samson. Ce ne fut qu'à l'arrivée de Joë, l'autre valet qui avait fait le guet sur la rive gauche de la Tamise, et lorsque ce dernier lui eut crié que Jean et son compagnon étaient en route pour Londres, qu'ils se décidèrent à sortir. La paralysie étrange de Cynthia commençait à se dissiper. Elle retrouva peu à peu l'usage de ses membres, et enfin sa langue se délia. On la ramena dans le petit salon, et, là, l'Indienne lui dit :

« Nous ne serons plus troublés maintenant, et vous pouvez vous coucher et dormir tranquillement. Black va veiller. Au point du jour, il se couchera et je prendrai sa place; car vous devez bien penser que nous n'allons pas vous perdre de vue un seul instant. »

Cynthia ne répondit point. Elle se coucha silencieusement et ferma les yeux pour revoir en souvenir ce fils si jeune, si noble et si beau qu'elle avait entrevu aux genoux de miss Ellen. Puis la fatigue l'emporta sur l'inquiétude, et le sommeil s'empara d'elle. Quand elle s'éveilla, le soleil était haut déjà à l'horizon. L'Indienne lui dit et le valet étaient toujours là.

« Jusques à quand allez-vous me garder ainsi? demanda-t-elle.
— Jusqu'à ce que mademoiselle vienne.
— Ah! dit Cynthia; et quand viendra-t-elle?
— Nous ne savons pas : peut-être ce soir, peut-être demain. »

Cynthia se renferma dès lors dans un mutisme absolu. Mais elle espérait toujours voir revenir Jean de France ou Samson. La journée s'écoula, le soir vint : miss Ellen ne parut pas. Le lendemain, Cynthia demanda vainement si elle allait venir.

« Je ne sais pas, » répondit encore l'Indienne.

Enfin, vers le soir, comme huit heures sonnaient, le roulement d'une voiture se fit entendre à la porte du cottage. Le cœur de Cynthia battit bien fort. Elle crut à l'arrivée de Jean de France. Mais son espoir s'évanouit aussitôt, car le valet Black entra et dit :

« Voici miss Ellen. »

Il se passa alors dans le cœur de Cynthia comme une lutte violente entre la raison qui lui disait : « Défie-toi! » et le souvenir de cette entrevue entre miss Ellen et Roger qui lui disait : « Elle l'aime! » Miss Ellen entra. Elle était souriante et le bonheur était peint dans ses yeux. Elle vint à Cynthia et lui prit la main :

« Ah! lui dit-elle, si vous saviez comme il me tardait de vous voir. »

Cynthia retira sa main et enveloppa la bohémienne d'un regard plein de défiance.

« Vous, la mère de mon Roger bien-aimé, » continua miss Ellen avec entraînement.

Cynthia eut un sourire de pitié.

« Vous vous trompez, dit-elle, je n'ai pas de fils.

— Bien, dit miss Ellen en l'observant; à ces paroles, je reconnais la mère dévouée, résignée, la pauvre bohémienne qui vit dans l'ombre pour laisser son fils briller au premier rang de la noblesse. »

Mais Cynthia demeura impassible. Miss Ellen continua :

« Vous vous défiez de moi, et vous avez raison en apparence, car on a dû vous dire que j'étais l'ennemie de votre fils; et Dieu m'est témoin cependant que je l'aime.... »

Elle appuya la main sur son cœur.

« Ah! cher Roger, murmura-t-elle.

— Miss Ellen, répondit Cynthia toujours maîtresse d'elle-même, je n'ai pas de fils et n'ai rien de commun avec le gentleman dont vous parlez; mais, admettez un moment que je sois sa mère, comment ne me défierais-je pas d'une femme qui m'a fait enlever dans la rue et me retient ici prisonnière après m'avoir fait torturer par une infâme créature.

— Qui vous dit que tout ce qui a été fait ici a été fait par mon ordre; qui vous dit, continua miss Ellen, que je n'ai pas subi moi-même, jusqu'à cette heure, une contrainte cruelle, que ma volonté, que ma conscience n'ont pas été violentées. Mais, reprit-elle avec un sourire amer, je perdrais mes paroles à chercher à vous persuader; je n'ai maintenant qu'une seule chose à vous dire : vous êtes libre! »

Cynthia étouffa un cri de joie.

« Libre! dit-elle en faisant un pas vers la porte, dont miss Ellen venait de pousser les battants.

— Qu'attendez-vous? reprit cette dernière en la voyant hésiter.

— J'attends, dit Cynthia avec calme, que vous me disiez pourquoi, après m'avoir gardée prisonnière pendant deux jours, vous me rendez aujourd'hui la liberté?

— Pour que je parle, dit miss Ellen d'une voix émue, il faut que vous me laissiez supposer un moment que vous êtes la mère de Roger. »

Cynthia garda le silence. Miss Ellen reprit :

« J'aime Roger et Roger m'aime; un homme s'est mis entre nous; vous le connaissez, Cynthia : c'est Jean de France. Ah! si vous saviez la fourberie de cet homme qui me poursuit d'un amour odieux.... »

Cynthia tressaillit, car miss Ellen, en parlant ainsi, avait un accent de sincérité admirablement joué.

« Jean de France m'aime; continua miss Ellen, et il est résolu à perdre son rival! Que Roger soit ou non votre fils, qu'il soit bohémien ou grand seigneur, il a maintenant un ennemi implacable dans ce Jean de France, dans votre frère, qui vous trompe, comme il trompe le marquis d'Asburthon, en jouant une indigne comédie.... Maintenant, partez! allez rejoindre ce frère bien-aimé, et conspirez ensemble la perte de Roger. Je lutterai seule contre vous tous, car je l'aime, entendez-vous bien, et je saurai déjouer toutes vos ténébreuses machinations! »

Et miss Ellen s'effaça pour laisser passer la mère de Roger. Cynthia était émue; cependant elle eut la force de se contenir et de faire quelques pas vers la porte. Mais comme elle allait en franchir le seuil, miss Ellen lui prit vivement la main et lui dit avec une exaltation singulière :

« Si vous aimez votre frère, Cynthia, tâchez de le détourner de la route sur laquelle il s'engage; je ne suis qu'une femme, mais je serai forte pour défendre mon bonheur! »

Cynthia s'arrêta de nouveau; elle était ébranlée, et son secret allait lui échapper. Tout à coup on entendit au dehors le galop précipité d'un cheval, et une seconde après le cheval s'arrêta ruisselant de sueur à la porte du cottage.

« Où est miss Ellen? » demanda une voix haletante.

Miss Ellen se précipita au dehors; Cynthia, étonnée, la suivit. Un valet à la livrée du marquis Roger d'Asburthon entra une lettre à la main.

« Tenez, miss Ellen, dit-il, c'est de la part de mon maître, et il n'y a pas une minute à perdre si vous voulez le sauver! »

Le valet paraissait en proie à une violente agitation. Miss Ellen prit la lettre, l'ouvrit, y jeta les yeux et poussa un cri terrible, puis elle tomba inanimée dans les bras de Cynthia; la pauvre mère, éperdue, ramassa la lettre et lut :

« Mon Ellen adorée, j'ai été attiré dans un guet-apens, et dans une heure je serai mort si tu n'es pas venue à mon secours. Je suis au pouvoir des affiliés du club de l'*Hermine*.

« ROGER. »

L'Indienne Daï-Natha était accourue et relevait miss Ellen; elle rouvrit aussitôt les yeux.

« Oh! courons! courons! dit-elle; ils vont le tuer! »

Ce mot perça le cœur de la pauvre mère.

« Mon fils! » s'écria-t-elle éperdue.

A son tour miss Ellen la soutint dans ses bras.

« Ah! venez, Cynthia, venez! s'écria-t-elle chaque minute qui s'écoule rapproche *notre* Roger de la mort! »

Et Cynthia, à demi morte de terreur, fut enlevée dans les bras robustes du valet et placée dans la voiture de miss Ellen qui attendait à la porte; la jeune fille s'y plaça auprès d'elle, et cria au cocher :

« Ventre à terre jusqu'à Saint-Gilles! »

. . . .

Le premier acte de la comédie était joué : Cynthia avait succombé; ce danger dont parlait le billet signé Roger lui avait arraché l'aveu de sa maternité, et désormais elle était au pouvoir de miss Ellen. La voiture traversait Londres comme un météore. La nièce de sir Robert Walden se lamentait en ne répondant que par des larmes aux questions de Cynthia folle de terreur. La pauvre mère ne comprenait qu'une chose, c'est que son fils était en danger de mort. A chaque instant miss Ellen qui paraissait en proie à une épouvante sans nom, baissait la glace de la voiture, et criait au cocher :

« Plus vite! plus vite! »

Et cependant la voiture roula près de deux heures, et pendant ce laps de temps il fut impossible à Cynthia, qui souffrait mille morts, d'obtenir de miss Ellen aucune explication. Enfin la voiture s'arrêta; miss Ellen s'élança au dehors en disant :

« Venez! venez! »

Cynthia descendit, soutenue par la jeune fille qui pleurait toujours. Cependant, avant de la suivre, elle jeta un regard rapide autour d'elle. Le lieu où venait de s'arrêter la voiture était une longue rue déserte et mal éclairée. Cynthia vit une maison noire, d'apparence lugubre, dont les fenêtres ne laissaient filtrer aucune lumière au dehors. Elle frappa à la porte qu'un valet vint entre-bâiller; miss Ellen prononça quelques mots que la bohémienne n'entendit pas; le valet ouvrit alors la porte toute grande.

« C'est ici, répéta miss Ellen au comble de l'anxiété; venez! venez!.... »

Cynthia eut encore comme un éclair de raison, un dernier et terrible soupçon l'envahit; mais miss Ellen l'entraîna et s'écria d'une voix pleine de sanglots :

« Ah! pourvu que nous n'arrivions pas trop tard!... »

Et comme Cynthia franchissait le seuil de cette maison mystérieuse, la porte se referma derrière elle. En même temps le cocher dit au valet à la livrée d'Asburthon, lequel avait escorté la voiture :

« Sais-tu que notre maîtresse sait pleurer comme une Madeleine !

— Et à volonté ! » ajouta le valet en riant.

XVIII

Pénétrons maintenant dans le sanctuaire du club de l'*Hermine*, quelques minutes avant l'arrivée du postulant, c'est-à-dire du marquis Roger d'Asburthon. C'était une salle ronde, tendue de satin blanc du sol au plafond, et éclairée par un lustre et des candélabres d'argent. Au milieu de la salle et sur une table de marbre blanc se trouvait une bière découverte, un marteau et des clous. Auprès de la bière était un billot, et debout, à côté du billot, un homme masqué et vêtu de rouge s'appuyait sur une large épée à double tranchant ; le billot et le bourreau étaient placés dans une sorte de bassin carré rempli de son. Sur une estrade circulaire, douze hommes, vêtus de longues toges d'hermine et la tête couverte de cagoules de soie blanche, étaient assis, immobiles comme des statues de marbre. Au sommet de l'estrade et devant une table de cristal se tenait debout un treizième personnage, revêtu, comme les autres membres du club, de la toge d'hermine et de la cagoule de soie, mais portant, comme signe distinctif, un collier de grosses perles de jais blanc. Il avait devant lui, sur la table, des papiers épars, une petite baguette d'ivoire, et sur un socle une hermine d'argent dont les yeux de rubis projetaient deux rayons sanglants. Après avoir examiné les papiers placés devant lui, il frappa légèrement sur la table avec sa baguette d'ivoire pour commander l'attention, et dit :

« Milords, je vous ai convoqués pour avoir à statuer sur la demande d'admission qui nous est adressée par un gentleman qui s'est fait une grande réputation de bravoure et d'élégance. »

Ces paroles prouvaient surabondamment que le personnage qui ouvrait ainsi la séance était le président du club de l'*Hermine*. Un des membres répondit :

« Nous savons qu'il est question de recevoir un nouveau membre, mais nous ignorons encore son nom.

— Milords, répondit le président, le récipiendaire se nomme le marquis Roger d'Asburthon. »

Il y eut parmi l'assemblée un murmure qui pouvait être pris pour une approbation.

« S'il s'agit du marquis Roger, dit un troisième affilié, je crois qu'on peut abréger les épreuves ; sa bravoure est tellement connue... »

Le président imposa silence d'un geste à l'interrupteur.

« Milords, dit-il, avant de laisser la discussion s'engager, je dois vous rappeler en quelques mots le but de notre association. »

Les douze membres du comité s'inclinèrent en signe d'assentiment. Le président reprit :

« Nous nous sommes imposé la mission de punir les fautes d'étiquette de l'aristocratie anglaise, de poursuivre les délits de lèse-élégance, de démasquer les faux gentilshommes, de protéger les vrais nobles contre leurs ennemis les roturiers, et de veiller enfin à ce que les lois nobiliaires ne soient jamais violées.

— Oui, c'est le texte de la loi, dirent plusieurs voix.

— Eh bien ! messieurs, reprit le président, un fait très-grave, un crime, j'ose employer le mot, va vous être signalé. Il s'agit d'un aventurier, d'un bohémien, qui aurait réussi à se substituer à un pair d'Angleterre. »

Il y eut à ces paroles une explosion d'indignation dans la salle. Le président continua :

« J'ai reçu ce matin même, au moment où je vous convoquais pour l'admission du marquis Roger d'Asburthon, une lettre dont je vais vous donner communication. »

Il se mit à chercher dans les papiers placés sur la table, et prit un billet qu'il commença à lire à haute voix :

« Jusqu'à présent le club de l'*Hermine* s'est occupé de questions secondaires et qui ne justifient son nom qu'à moitié. Chasser du Strand d'Epsom le gentleman qui a usé de ruse pour faire triompher son cheval ; empêcher un lord ruiné de se mésallier ; mettre au ban de la fashion le prétendu beau qui porte des bijoux faux et fait repriser ses dentelles, sont certainement des actes fort méritoires, mais le club de l'*Hermine* a mieux à faire. On lui pose cette question : « Quel châtiment mériterait l'homme qui aurait abusé de la bonne foi de toute une nation, qui, affublé du titre et du nom d'un grand seigneur mort au berceau, se serait emparé de sa fortune et aurait eu l'audace de s'asseoir dans le fauteuil d'un pair d'Angleterre ? »

Le président interrompit sa lecture.

« Que le club me permette, dit-il, de lui poser la question comme le fait notre correspondant anonyme. »

Et il s'adressa à celui qui avait jugé inutiles les épreuves auxquelles on allait soumettre le marquis Roger :

« Quel châtiment demanderiez-vous pour cet homme ? »

Le membre interpellé répondit :

« Je voudrais qu'il fût arraché de son siège en pleine séance de la chambre des lords et traîné dans les ruisseaux de Londres par les *chasseurs d'égout*.

— Et vous ? demanda le président à un second affilié.

— Moi, je voterais pour la déportation.

— Oui, Botany-Bay ! crièrent plusieurs voix. »

Alors un autre membre se leva et dit :

« Moi, messieurs, j'ai une autre opinion.

— Parlez, dit le président.

— La première condition pour faire partie de notre association est d'être gentilhomme.

— C'est vrai.

— Redresseurs des torts faits à la noblesse anglaise, nous sommes tous solidaires les uns des autres. Si un loup est surpris dans une bergerie, on tue le loup ; si parmi les nobles se glisse un imposteur, un voleur de blason, c'est à la noblesse à se faire justice elle-même.

— Bravo ! bravo !

— Si le fait qui vous est signalé est vrai, poursuivit l'orateur, je demande que le coupable soit mis à mort. »

A ces mots il courut un frisson dans l'assemblée, et tous les regards se portèrent de cette bière vide qui semblait attendre un cadavre à ce bourreau masqué qui paraissait prêt à le lui donner.

Un silence de tombe régna pendant quelques secondes dans cette assemblée de fantômes ; puis le président reprit la lettre et en continua la lecture :

« Le crime signalé sera prouvé. On désire seulement que la question du châtiment soit posée au postulant que le club se prépare à recevoir, c'est-à-dire au marquis Roger d'Asburthon.

Lorsque le marquis aura émis son opinion, le président du club pourra ouvrir une seconde lettre cachetée, qui sera déposée sur la table de cristal par un des membres du comité. Cette lettre contiendra le nom du coupable, lequel se trouvera parmi les affiliés de l'*Hermine*. »

Cette dernière phrase souleva une rumeur générale.

« C'est une mystification ! s'écrièrent plusieurs voix.

— Nous nous connaissons tous ! dit un autre.

— Milords, reprit le président avec gravité, on m'annonce des preuves.

— Si ces preuves sont convaincantes, dit un affilié, je demande que le coupable soit jugé séance tenante.

— Oui, oui, dirent plusieurs voix.

— Et que l'épée fasse son œuvre ! » ajouta celui qui s'imposait accusateur public.

En ce moment on frappa trois coups à la porte.

« Voici le récipiendaire, dit le président ; silence, milords ! »

Lorsque Roger eut crié son nom, la porte s'ouvrit et le jeune homme s'arrêta sur le seuil.

Roger jeta un regard étonné sur cette salle tendue de

blanc, sur ces hommes masqués, et sourit en voyant le billot, la bière et le porte-glaive. Puis il s'avança d'un pas ferme et salua par trois fois.

« Qui êtes-vous, répéta le président, vous qui avez osé pénétrer dans cette enceinte ?
— Je me nomme le marquis Roger d'Asburthon, et je suis colonel des dragons du roi.
— Que demandez-vous ?
— Je sollicite l'honneur de faire partie du club de l'*Hermine*.
— Approchez. »

Roger, tête nue, fit trois pas encore.

« Êtes-vous gentilhomme ?
— Oui, milord.
— Vous n'avez jamais forfait à l'honneur ?
— Jamais.
— C'est bien. Maintenant, répondez à cette question : Quel châtiment, selon vous, mériterait un homme qui, prenant un nom et une qualité qui ne lui appartiennent pas, aurait menti à toute la noblesse anglaise ?
— Un tel misérable ne saurait exister.
— Il existe, » dit le président.

Et il lut à Roger la lettre dont le club avait déjà pris connaissance ; Roger écouta religieusement ; quand le président eut terminé, il éleva la voix et dit :

« Cet homme a mérité la mort.
— Aussi bien, reprit le président, voici la bière qui lui est destinée et le bourreau qui fera rouler sa tête. »

Une anxiété visible s'était emparée de tous les affiliés. Chacun regardait son voisin et semblait se dire :
« Est-ce lui qui a la seconde lettre ? »

Enfin, le membre qui avait voté pour la mort se leva lentement, et montant sur l'estrade du président, lui tendit respectueusement un pli cacheté. Le président l'ouvrit au milieu d'un silence solennel, et lut d'une voix ferme les lignes suivantes.

« Il y a trois jours, une femme s'est présentée chez un officier de police, et a dit se nommer Cynthia. Cette femme venait faire une révélation importante. Elle s'accusait d'avoir substitué son enfant à l'enfant d'un pair d'Angleterre qu'elle a nommé. Cet enfant est riche ; il porte le nom et le titre de l'enfant mort ; il passe dans Londres pour un parfait gentilhomme. »

Le président interrompit brusquement sa lecture.

« Marquis Roger d'Asburthon, dit-il sévèrement, persistez-vous dans votre opinion que cet imposteur mérite la mort ?
— Oui, » dit Roger avec calme.

Le président étouffa un soupir.

« Alors, dit-il, écoutez :
« L'enfant substitué, le fils de Cynthia la bohémienne, porte le nom de marquis Roger d'Asburthon. »

Roger jeta le cri d'un homme frappé à mort.

« C'est faux ! » dit-il en étendant la main droite vers le président.

Mais en ce moment, au cri de Roger, répondit un autre cri, un cri de femme, un cri de mère. Une porte venait de s'ouvrir et une femme éperdue, les cheveux épars, le visage baigné de larmes, s'était élancée vers Roger et le couvrait de son corps.

« Grâce ! grâce ! criait-elle ; grâce pour mon fils ! »

Et comme Roger, foudroyé, levait sur elle un œil hébété, cette femme reprit en sanglotant :

« Non, mes bons seigneurs, vous ne le condamnerez pas, car il est innocent. Le seul coupable c'est moi ; moi qui ai consenti à me séparer de lui pour toujours.... »

Et elle couvrait Roger de caresse, lui faisait un rempart de son corps et semblait défier l'homme rouge qui s'appuyait sur elle à la garde sa lourde épée.

« Me tuer mon fils ! s'écria-t-elle ; vous voudriez me tuer mon fils ! mon Amri bien-aimé. Oh ! mais vous n'y songez pas, mes bons seigneurs. Regardez comme il est jeune et beau. »

Et elle délirait en parlant ainsi, et elle nouait ses deux bras autour du cou de Roger pâle de stupeur.

Tout à coup il se redressa l'œil en feu, et, repoussant la bohémienne, demeura debout, sombre et menaçant comme une divinité infernale. Un silence de mort régnait autour de lui.

« Milords, dit-il, si cette femme a dit vrai, si elle peut prouver ce qu'elle a dit, si je ne suis pas le fils de lord Asburthon, mais un bohémien, que la sentence que j'ai moi-même prononcée s'exécute sur l'heure. »

Et il fit un pas vers le billot, s'agenouilla et dit avec calme :

« Toi qui prétends être ma mère, prouve-le ; et toi, qui tiens le glaive, prépare-toi à frapper ! »

Mais, tandis qu'il parlait ainsi, un bruit se fit au dehors et on frappa rudement à la porte.

« Au nom de la loi, ouvrez ! » cria une voix.

Les membres du club, déjà fortement impressionnés, se regardèrent avec stupeur.

« Ouvrez, au nom de la loi ! répéta-t-on au dehors.
— Ouvrez ! » cria le président.

Un homme, revêtu de l'habit du coroner ; parut alors sur le seuil. Derrière lui étaient trois autres personnes : un homme en habit de ville et deux infirmiers de l'hôpital de Bedlam.

« Milords, dit le coroner en s'inclinant, pardonnez-moi de venir ainsi troubler cette réunion ; mais ma mission est toute pacifique, et je ne vous demanderai pas à quoi vous comptez employer ce bourreau d'opéra et ce cercueil. »

A ces mots, les affiliés de l'*Hermine* commencèrent à respirer.

« Mais, reprit le coroner, je viens assister M. le docteur Bolton que voici, chirurgien en chef de l'hôpital des aliénés de Bedlam, qui est à la recherche d'une malheureuse folle, dont la monomanie consiste à se dire la mère de Son Honneur le marquis Roger d'Asburthon. »

Ces dernières paroles furent comme un coup de tonnerre ; et Cynthia, atterrée, jeta autour d'elle un regard éperdu. Elle comprenait enfin.

« Messieurs, dit alors Bolton en s'avançant, j'étais le médecin du feu marquis d'Asburthon, gouverneur général des Indes ; j'ai vu naître et grandir son fils. Or, vous devez bien penser que lorsque cette malheureuse femme m'a été amenée par un watchman, je n'ai pas été long à comprendre que sa raison n'était pas saine. Trilby, faites votre office, mon garçon. »

L'infirmier, auquel Bolton fit un signe, s'avança résolument vers Cynthia ; la bohémienne reconnut Samson. Alors la malheureuse mère fut héroïque ; elle eut le courage de se mettre à rire et de sauter au cou de Samson en disant :

« Ah ! le voilà, milord ? te voilà, lord Asburthon ? N'est-ce pas, que c'est bien notre fils ? »

Et elle montrait Roger, ajoutant :

« Lord Asburthon, tu fais bien d'arriver. Croirais-tu que tous ces gens-là soutenaient que Roger n'était pas notre enfant ? »

Et elle eut un nouvel éclat de rire qui glaça d'effroi les affiliés de l'*Hermine*.

« Vous le voyez, messieurs, dit Bolton, vous devez être édifiés maintenant. »

Puis s'adressant aux infirmiers :

« Emportez cette malheureuse, et, si elle résiste, mettez-lui la camisole de force.
— Milord, dit le président au marquis Roger, encore pâle et frémissant, lorsque le coroner, le chirurgien Bolton et ses infirmiers se furent retirés, emmenant la prétendue folle, la scène terrible qui vient de se passer, et qui est le résultat d'un horrible hasard, nous dispense de vous soumettre à une autre épreuve. Nous vous reconnaissons digne de vous asseoir parmi nous, et, comme tel, je vous proclame membre du club de l'*Hermine*. »

Roger s'inclina silencieusement ; et l'homme masqué, qu'il avait laissé à la porte du tombeau, entra et lui remit son épée.

En même temps, le président fit un signe et toutes les cagoules se relevèrent. Roger étouffa un cri : il venait de reconnaître la plupart des membres du club des *Beaux*.

« Ah! dit-il, il me semble que j'ai fait un mauvais rêve.

— Il eût été plus mauvais encore, répondit le président, qui n'était autre que sir Arthur Rood, sans l'arrivée du docteur Bolton.

— Messieurs, dit un autre membre, le jeune duc de Clives, je vais faire une proposition au club.

— Parlez, dit le président.

— Je propose que nous nous engagions tous par serment à ne jamais révéler ce qui vient de se passer ici.

— Adopté! adopté! répondirent tous les affiliés de l'*Hermine*.

— Milords, dit le marquis encore pâle, je vous remercie.

— La prochaine séance aura lieu dans trois jours, » dit le président.

Et il remit sa cagoule de soie et sortit le premier, donnant le bras à son jeune rival sir Edward Jonhson, lequel brûlait, comme lui, d'un violent amour pour miss Ellen Walden.

« Mais par où diable cette folle est-elle entrée? dit sir Arthur à son compagnon.

— Par le cabinet dont vous aviez remis la clé à miss Ellen, » répondit sir Edward en se penchant à l'oreille du *beau*.

Le président fit une horrible grimace sous sa cagoule.

« C'est encore une espièglerie de cette chère enfant, fit il en s'efforçant de rire.

— Espièglerie qui pourrait bien vous coûter votre collier de président, dit sèchement sir Edward en pivotant sur ses talons.

— Alors, dénoncez-moi, très-cher.

— Allons donc! Seulement j'espère ne plus vous rencontrer de six mois à l'hôtel Walden. »

XIX

Une heure après la réception de Roger d'Asburthon au club de l'*Hermine*, miss Ellen traversait les jardins de l'hôtel Walden.

Sir Robert n'était pas encore rentré, bien que deux heures du matin sonnassent à toutes les horloges de Londres. La fille de Nathaniel prit le chemin de la grotte, et, tout en marchant, elle se dit :

« Ces niais ont cru le docteur Bolton sur parole, et le coroner est un sot. Une fois encore, je suis jouée par ces bandits. Si demain on allait dire au club des *Beaux* que le marquis Roger n'est pas un vrai marquis, vingt épées sortiraient pour lui du fourreau. Décidément, ces gens-là sont plus forts que je ne le pensais. Et pourtant, ils n'ont plus Jean de France à leur tête. »

La voix de miss Ellen tremblait un peu tandis qu'elle prononçait ces dernières paroles.

« Non, se répétait-elle à mesure qu'elle approchait de la grotte, il n'est pas possible que Jean de France ne se soit point tué en tombant. Le puits est profond, et, dans tous les cas, il n'a pu en sortir ! Jean de France est mort brisé par sa chute, ou dans les tortures de la faim. »

Malgré cette assurance qu'elle se donnait à elle-même, miss Ellen pénétra dans la grotte. Elle s'était munie d'une corde au bout de laquelle elle attacha une petite lanterne à réflecteur. Elle fit jouer le ressort de l'oubliette, le bloc de granit glissa lentement sur son pivot, et elle se pencha sur le gouffre béant.

« Jean ! appela-t-elle, Jean ! »

Aucune voix ne lui répondit.

« Jean! » répéta-t-elle.

Un silence de mort régnait au fond du puits. Alors miss Ellen fit glisser doucement sa lanterne et se pencha pour regarder. Le puits était profond, mais la corde était longue ; et lorsque la lanterne toucha le sol, miss Ellen aperçut un corps humain enveloppé dans un manteau et couché le visage contre terre. Une légion de rats s'acharnait sur lui, et le sinistre grincement de leurs dents monta jusqu'à la bohémienne, qui se rejeta en arrière avec un frémissement d'horreur.

« Il est mort ! » murmura-t-elle.

Elle avait reconnu le manteau que portait Jean de France, le soir où il s'était introduit dans le jardin avec la clef de Lionel. Une larme perla au bout de ses longs cils et un soupir souleva sa poitrine.

« Pauvre Jean, dit-elle, s'il avait voulu servir mes projets ! »

Mais la bohémienne Topsy n'avait pas de longs accès de sensibilité. Après avoir donné une larme à Jean de France, elle songea qu'il avait été son plus mortel ennemi, et que son trépas la délivrait de l'homme qui mettait obstacle à ses projets d'ambition. Alors, elle ramena à elle la lanterne qu'elle éteignit, pressa le ressort qui refermait le puits, et vint s'asseoir à l'entrée de la grotte.

Maintenant, pensa-t-elle, une phase nouvelle commence pour moi. Je suis maîtresse de mon sort. Épouserai-je Roger que j'aime, et le laisserai-je vivre tranquillement sous le nom de marquis d'Asburthon, ou bien deviendrai-je la femme de Lionel ? Tout dépend de moi, ou plutôt tout dépend de la conversation que je vais avoir avec sir Robert Walden.

Elle entendit retentir le bruit d'une voiture qui roulait sous la voûte de l'hôtel. C'était sir Robert qui rentrait. Miss Ellen remonta dans sa chambre et attendit. Bien certainement le baronnet ne se coucherait point sans entrer chez elle. Miss Ellen ne se trompait point. Deux minutes après, sir Robert frappa doucement à la porte de sa chambre. Elle alla lui ouvrir. Sir Robert était pâle, et son visage chagrin n'indiquait que trop qu'il venait d'essuyer un échec. Miss Ellen, au contraire, qui revint s'asseoir devant un guéridon couvert de livres et de papiers, était calme et souriante.

« Mon Dieu ! mon oncle, lui dit-elle, que vous est-il donc arrivé ?

— Je crois, répondit le baronnet, que nous sommes dupes des bohémiens.

— Ah! vous croyez? fit miss Ellen dont le visage garda son impassibilité.

— Je reviens du club où je pensais avoir des nouvelles de la séance du club de l'*Hermine*. Tu m'en avais indiqué le programme. Cynthia la bohémienne devait se présenter et dire que Roger était son fils.

— Oui, dit miss Ellen.

— Je m'attendais alors à voir arriver à un à un les affiliés de l'*Hermine* et à les entendre chuchoter.

— Et rien de tout cela n'a eu lieu ?

— Tout au contraire. A une heure du matin, j'ai vu entrer sir Arthur Rood, donnant le bras à Roger. Ils paraissaient au mieux, et j'ai compris que Roger avait été proclamé membre de la mystérieuse association.

— Cela est parfaitement exact, » dit froidement miss Ellen.

Le baronnet la regarda comme un homme pressé d'avoir le mot d'une énigme.

« Mon cher oncle, lui dit miss Ellen, je vais vous raconter ce qui s'est passé. »

Et elle lui fit un récit fidèle de cette scène émouvante dans laquelle l'amour maternel de Cynthia avait été plus fort que la prudence. Puis elle lui raconta l'arrivée du coroner et de Bolton et ce qui s'en était suivi.

Sir Robert écoutait, ébahi.

« Mais alors, s'écria-t-il, si cette femme est folle.... »

Miss Ellen haussa les épaules.

« Décidément, mon cher oncle, dit-elle avec un sourire moqueur, les bohémiens sont plus forts que vous.

— Oh! s'écria sir Robert avec colère, dussé-je déclarer en plein parlement que le marquis Roger d'Asburthon est un imposteur...

— Le Parlement vous rirait au nez, mon cher oncle.

— Mais cette marque....

— A complètement disparu, et la seule preuve de l'origine de Roger, désormais, est cette bohémienne que

Bolton fait passer pour folle et qu'il aura soin de faire disparaître, croyez-le bien.

— Il faut cependant que la vérité se fasse jour ! » s'écria sir Robert en frappant du pied avec colère.

Miss Ellen eut un sourire sinistre.

« On dit que la vérité habite le fond d'un puits, dit-elle. Eh bien! cette fois, le puits est si profond qu'elle n'en sortira pas. Tenez, mon cher oncle, ajouta-t-elle avec une résignation hypocrite, le plus sage est de nous résigner et de croire comme les autres.

Jean se courba pour écouter leur conversation. (Page 43, col. 2.)

— Jamais ! s'écria sir Robert.

— J'épouserai Lionel, qui demeurera, pour le monde entier, le fils d'un pauvre officier de fortune. »

Sir Robert était pâle de colère.

« Non, non, dit-il, cela ne sera pas! car je tuerai ce fils de bohémienne. »

Mais miss Ellen lui jeta un regard de défi.

« Vous oubliez que je l'aime, dit-elle.

Ce regard terrassa sir Robert.

« Que comptes-tu donc faire ? » demanda-t-il.

Miss Ellen garda un moment le silence.

« Mon cher oncle, reprit-elle enfin, écoutez-moi bien : j'ai su vous prouver que j'avais quelque habileté.

— Oui, mais tu as été battue.

— C'est vrai. Seulement vous oubliez qu'une campagne comme celle que nous avons entreprise ne se décide point en une seule bataille.

— Tu songes donc à recommencer la lutte?

— Si je n'y songeais, me verriez-vous aussi calme.

— Eh bien!

— J'ai usé de moyens violents, poursuivit miss Ellen; c'était un tort. La violence n'est pas l'arme des femmes. Depuis une heure, j'ai médité un nouveau plan.

— Ah!

— Et je puis vous garantir qu'avant quinze jours, le marquis Roger d'Asburthon aura abdiqué son titre en faveur de Lionel.

— Quel est ce plan?

— Mon cher oncle, dit miss Ellen, laissez-moi vous rénumérer vos souvenirs de voyage. Ne m'avez-vous pas dit que vous étiez allé en Chine?

— Oui.

— Et que vous aviez assisté à un marché tenu entre les Européens et les Chinois?

— Sans doute, mais à quoi bon....

— Attendez. Le Chinois pose en avant de son étalage sa marchandise, et compte sur ses doigts pour indiquer le nombre de pièces de monnaie qu'il désire avoir en échange.

— C'est parfaitement exact.

— Si l'Européen refuse et veut marchander, le Chinois retire sa marchandise, et alors tous les mandarins du Céleste Empire seraient impuissants à lui faire conclure l'affaire : le marché est rompu.

— Où veux-tu donc en venir?

— A ceci, mon cher oncle : je vais vous proposer un marché; si vous refusez, nous n'en parlerons plus, et je vous laisserai agir comme bon vous semblera. »

L'accent de miss Ellen était parfaitement résolu.

« Voici ma marchandise, poursuivit-elle : le marquis Roger abdiquera en faveur de Lionel, comment? ceci me regarde.

— Bien! dit sir Robert. Et que demandes-tu en échange?

— Que vous partiez demain pour aller chasser, avec votre meute, sur les montagnes d'Écosse, où vous avez un château magnifique.

— Et, dit sir Robert après un silence, si je consens à m'éloigner et à te laisser toute liberté d'action, que feras-tu?

— Je ferai Lionel marquis d'Asburthon avant un mois. »

Un éclair de joie passa sur le visage du gentilhomme chasseur.

« Marché conclu! dit-il en se levant : je vais commander mon équipage de chasse pour dix heures, et à midi je serai sur la route d'Écosse.

— Vous êtes un homme charmant, » fit miss Ellen en lui tendant son front, mais sir Robert lui serra simplement la main et sortit aussitôt. Lorsqu'il eut gagné son appartement, le baronnet arracha le gant de sa main droite, le jeta au feu avec dégoût, et resta pendant quelques secondes immobile et muet, le visage caché dans ses deux mains. Un grand soupir s'exhala enfin de sa poitrine, et ses lèvres murmurèrent : « C'est une infâme créature, mais elle fera Lionel pair d'Angleterre! »

XX

Évidemment, ce n'était point le hasard qui avait mis le docteur Bolton et Samson sur la trace de Cynthia, et leur avait permis de parer le coup terrible que miss Ellen venait de porter à Roger. Pour éclaircir ce mystère, il faut nous reporter à cette soirée où miss Ellen avait précipité Jean de France dans le puits de la grotte. La bohémienne s'était trompée : Jean de France ne s'était point tué en tombant; son corps avait rebondi sur les parois du puits, avant de toucher le sol, et, affreusement meurtri, il n'avait toutefois aucune fracture : la secousse avait été si rude, si douloureuse, que le roi des bohémiens perdit connaissance. Quand il revint à lui, il sentit une sueur chaude qui découlait de son visage sur ses mains : c'était son sang qui coulait d'une large blessure qu'il s'était faite à la tête. Il s'appuya sur ses mains et se redressa sur ses genoux en gémissant. Les douleurs qu'il ressentait par tout le corps étaient horribles, mais il comprit cependant qu'il n'avait aucun membre brisé.

« Ah! miss Ellen, se dit-il, tu étais décidément une rude adversaire; et cette fois je crois que tu vas gagner la partie! »

Il eut bientôt rassemblé tous ses souvenirs, et il comprit comment il avait été se prendre de lui-même au piège de la bohémienne. Trop prudent pour ramper dans les ténèbres, où il pouvait craindre de rencontrer un nouvel abîme, le roi des bohémiens demeura pendant quelques instants immobile, se contentant d'étendre les mains autour de lui.

Ses mains rencontrèrent une surface humide et dure; son pied, sans changer de place, tâta le sol : le sol était boueux.

« Je suis au fond d'un puits, » se dit-il.

Alors il se souvint qu'il était tombé, tandis que miss Ellen tenait la mèche soufrée. Il fouilla dans ses poches et en retira une seconde mèche et le briquet que la jeune fille lui avait rendu. Deux secondes après, il s'était procuré de la lumière, et jetait autour de lui, à ses pieds et au-dessus de sa tête, un regard investigateur. Le puits était rond, assez spacieux et d'une maçonnerie indestructible. Jean de France reconnut sur-le-champ l'impossibilité de remonter. Il n'existait aucune fissure entre les pierres, réunies par un ciment aussi dur qu'elles, et contre lequel il se fût vainement brisé les ongles. D'ailleurs, la largeur du puits ne lui aurait pas permis de se servir du moyen employé par les ramoneurs pour monter dans un tuyau de cheminée.

« Vais-je donc mourir de faim ici? » se demanda-t-il.

Et il songea à Elspy sa bien-aimée, à Cynthia tombée au pouvoir de miss Ellen, à Roger qui allait se trouver désormais sans protecteur. Ces souvenirs poignants le rendirent fou de rage. Tout à coup la flamme de la mèche fit luire un objet brillant sur le sol. Jean de France se baissa et ramassa son poignard qui lui était échappé dans sa chute.

« Allons, se dit-il, je pourrai toujours échapper aux tortures de la faim! La lame est bonne, et je sais où il faut frapper! »

Une lueur d'espoir vint éclairer sa pensée : il songea à percer des trous dans le mur du puits et à s'y creuser une espèce d'escalier. Mais il n'avait plus qu'une mèche soufrée, et il calcula sur-le-champ que le travail qu'il allait entreprendre durerait plusieurs heures; sinon plusieurs jours. Quand il aurait fini, la mèche serait consumée depuis longtemps. Un mince filet d'eau suintait entre deux pierres, à un pied du sol. Jean éteignit sa mèche et se prit à réfléchir.

« Évidemment, se dit-il, en se souvenant de l'ingénieux mécanisme dont il avait été victime, évidemment ce puits n'est pas un puits ordinaire, et il a dû avoir une autre destination que celle de fournir de l'eau. Voyons à quoi il a pu servir.... »

Bien qu'il ne sût pas le premier mot de l'histoire de lord Shaftesbury, il devina en partie cette histoire, en songeant aux troubles politiques de l'Angleterre, aux proscrits de la cause royale, et il se dit :

« Ce puits était une cachette, et il doit avoir une autre issue, peut-être ensevelie sous une couche épaisse de limon. »

Alors Jean de France se mit à sonder le sol avec son poignard. Le sol était friable comme de la terre rapportée, et son poignard s'y enfonça jusqu'au manche. Il se mit à creuser, dans les ténèbres, jugeant inutile d'user sa mèche. Il rejetait la terre d'une main et creusait de l'autre. Au bout d'une heure de ce travail, il avait fait un trou de trois pieds, et la lame d'acier heurtait un corps dur. Sa main suivit la direction du poignard, palpa et reconnut un anneau de fer. Alors Jean de France ralluma sa mèche. L'anneau de fer adhérait à une dalle large de deux pieds, qui semblait recouvrir un autre puits. Le roi des bohémiens planta sa mèche dans le sol, pour avoir le libre usage de ses deux mains, et, passant dans l'anneau le manche de son poignard, il fit un effort surhumain et souleva la dalle. Une bouffée d'air fétide monta de l'ouverture qu'il venait de démasquer. Il se pencha, s'éclairant de sa mèche, et reconnut un nouveau puits ; mais celui-là était étroit et ne paraissait pas très-profond. Jean prit une poignée de terre et l'y laissa tomber. Le bruit qu'elle fit en tombant arriva distinctement à son oreille. Le bohémien calcula que le puits n'avait que sept ou huit pieds de profondeur.

« À la grâce de Dieu ! » se dit-il.

Et il s'y laissa tomber, tenant sa mèche et son poignard à la main, réunissant ses deux pieds et en pliant les genoux, comme les acrobates qui sautent du haut d'un mur. Le choc ne fut pas rude. Jean de France tomba tout debout sur la pointe des pieds. Il se baissa alors pour mieux regarder autour de lui, et il eut bientôt reconnu qu'il se trouvait non plus dans un puits sans issue, mais à l'entrée d'un boyau souterrain qui se prolongeait obliquement et suivait un plan incliné. Seulement ce boyau était si étroit qu'on avait peine à y passer, même en se courbant. C'était ce qu'on nommait autrefois, en style d'architecture féodale, un trou à renard.

« Cela doit conduire quelque part, » pensa Jean de France.

Et, son poignard aux dents, il se mit à ramper, portant sa mèche étendue devant lui. Le boyau s'enfonçait presque verticalement dans le sol, mais sa pente s'adoucit peu à peu, et Jean marcha bientôt sur une surface plane. Il marcha ainsi environ dix minutes, éclairant les ténèbres à mesure qu'il avançait. L'air était lourd et fétide ; plusieurs fois, le roi des bohémiens eut peine à respirer. Un moment même il s'arrêta suffoqué et crut qu'il ne pourrait aller plus loin. Mais un bruit sourd qui se fit au-dessus de lui et qu'il reconnut pour le roulement d'une voiture lui donna du courage, en lui apprenant qu'il n'était plus sous le jardin de sir Robert Walden et qu'une rue passait au-dessus de lui. Il espérait rencontrer, au bout du souterrain, un de ces nombreux égouts qui portent les eaux corrompues de Londres à la Tamise, et qui, de distance en distance, prennent jour sur une rue, par une de ces grilles en fer qu'on appelle des regards. En effet, comme il avait fait une trentaine de pas encore, une bouffée d'air plus frais vint le frapper au visage. Jean respira cet air à pleins poumons et s'arrêta en regardant sa mèche qui pouvait brûler une demi-heure encore :

« Je commence à croire que je suis sauvé ! » Le boyau, après avoir suivi un plan incliné, puis une surface plane, remonta tout à coup, et Jean comprit qu'il reprenait le chemin de la lumière. Alors, le roi des bohémiens, au lieu d'avancer encore avec précaution, précipita sa marche. A mesure qu'il avançait, l'air devenait plus vif et plus froid. Une clarté indécise perçait vaguement l'obscurité. Jean éteignit sa mèche, et continua son chemin dans les ténèbres. La clarté augmentait à chaque pas qu'il faisait, et le boyau continuait à monter.

Enfin, le bohémien reconnut que cette pâle clarté qui le guidait depuis quelques minutes n'était autre chose que les rayons de la lune. Le boyau aboutissait à fleur de terre, derrière une touffe de broussailles qui en dissimulait l'entrée. Jean s'élança au dehors avec la vivacité et la joie d'un prisonnier qui se retrouve enfin au grand air de la liberté.

Mais à peine eut-il écarté les broussailles qui lui barraient le passage, qu'il s'arrêta plus anxieux et plus vivement impressionné que s'il eût été dans le souterrain. Le lieu où il se trouvait était un vaste enclos semé de pierres blanches et de croix noires. Il se trouvait dans le cimetière Saint-Gilles. L'émotion qu'il éprouva fut, du reste, de courte durée. Jean de France n'était pas homme à avoir peur dans un cimetière.

« Autant vaut sortir de là qu'ailleurs, se dit-il, pourvu qu'on en sorte. »

Et il fit quelques pas à travers les tombes et s'orienta. Le cimetière était entouré de hautes murailles garnies de pointes de fer. Il en fit le tour, et constata que l'escalade serait à peu près impossible pour lui. Il arriva vers la porte qui était en fer doublé d'une tôle épaisse. Son poignard se serait brisé vingt fois avant d'avoir descellé un gond ou forcé la serrure. Le roi des bohémiens leva les yeux au firmament, et vit courir une bande blanchâtre à l'horizon.

« Il est trois heures du matin, se dit-il, le jour va bientôt paraître. Attendons, les fossoyeurs viendront avec le jour, et je pourrai m'échapper. »

Il s'assit derrière un if planté non loin de la porte, et se prit à méditer. Car, tout entier jusque-là au moyen d'échapper à la mort, il n'avait songé que confusément à la conduite qu'il tiendrait en se retrouvant libre. A la clarté de la lune qui allait bientôt disparaître, Jean examina ses habits qui étaient déchirés et souillés de sang et de boue.

« Si je tente d'escalader les murs, pensa-t-il, je serai peut-être arrêté par un watchman qui me prendra pour un voleur et un assassin. Il m'arrêtera, et je n'aurai fait que changer de prison. Donc, il vaut mieux attendre. »

Il se remit à rêver ; puis, tout à coup, son œil s'illumina, et un sourire terrible vint à ses lèvres :

« Je tiens ma vengeance, se dit-il.

Un bruit se fit derrière la porte du cimetière, puis une clef tourna dans la serrure.

« Déjà ! dit Jean qui prit, derrière son if, l'immobilité d'une statue.

La lune disparaissait à l'horizon, et faisait place à cette lueur blafarde qui précède les premières clartés de l'aube. La porte du cimetière s'ouvrit, et deux hommes entrèrent. A travers les branches sombres et serrées de l'if, Jean darda sur eux ce regard ardent qui perçait les ténèbres. Ces deux hommes, enveloppés dans de grands manteaux, avaient un masque noir sur le visage.

« Ce ne sont point là les fossoyeurs, » pensa Jean de France.

Ils refermèrent la porte sans bruit, et firent quelques pas en parlant à mi-voix. Jean se courba pour écouter leur conversation.

« Ainsi donc, mon cher, disait l'un, vous êtes d'avis de recevoir parmi nous le marquis Roger d'Asburthon ?

— Pourquoi pas ? Il est noble, il est riche, aventureux et brave. C'est plus de qualités qu'il n'en faut pour faire partie du club de l'Hermine.

— D'ailleurs, reprit le second personnage masqué, il nous a défiés, et je suis d'avis de pousser la chose avec tout le cérémonial et toutes les épreuves d'usage.

— C'est mon avis aussi.

— Demain il recevra le messager ordinaire.

— Bien.

— Et, après-demain, nous procédons à sa réception. »

Jean avait pointé les oreilles au nom de Roger, comme un cheval de bataille au son du clairon. Comme les deux personnages mystérieux s'éloignaient, il se glissa dans l'herbe pour ne rien perdre de leur conversation. Tout à coup, ils s'arrêtèrent, et l'un dit brusquement à l'autre :

« Ah çà, mon cher, vous aimez miss Ellen. »

Celui à qui cette question était adressée fit un haut-le-corps très-significatif.

« Mais, vous-même, tel est, je crois que vous avez des pâleurs subites quand vous la rencontrez.

— C'est-à-dire que nous sommes rivaux ?

— A peu près. »

Le premier interlocuteur reprit :

« Ce serait une belle occasion de nous couper un

peu la gorge; qu'en pensez-vous? le lieu et l'heure sont propices.

— Oui. Mais vous oubliez que nous faisons l'un et l'autre partie du club des *Beaux*, et qu'aux termes de nos statuts nous ne pouvons nous battre.

— C'est juste.

— Vous savez que sir Robert Walden m'a invité à dîner pour demain?

— Moi aussi.

— Ah!

— Devinez-vous le motif de ce revirement subit? car vous savez que l'honorable baronnet écartait avec un soin jaloux de sa maison quiconque levait les yeux sur sa nièce.

— Je le sais. Et je ne puis m'expliquer l'invitation de sir Robert que par un de ces étranges caprices qui passent dix fois par jour dans la tête de sa belle pupille.

— Je suis de votre avis, sir Arthur.

— Peut-être, reprit celui-ci, miss Ellen a-t-elle deviné que nous faisions partie du club de l'*Hermine*.

— Je le crois comme vous.

— Elle est curieuse et veut peut-être nous questionner. »

Tout en causant ainsi, les deux hommes masqués étaient arrivés jusqu'à ce tombeau dans lequel, deux jours plus tard, le marquis Roger d'Asburthon devait pénétrer et trouver l'entrée du souterrain. Jean de France les avait suivis jusque-là, et n'avait pas perdu un seul mot de leur entretien. Mais il s'arrêta au seuil du tombeau :

« J'en sais assez pour aujourd'hui, se dit-il. Nous verrons demain. »

Il revint sur ses pas, et tout à coup, une idée lumineuse traversa son cerveau :

« Il est impossible, se dit-il, que les fossoyeurs et le gardien du cimetière ne soient point au courant des promenades nocturnes de ces affiliés du club de l'*Hermine*. J'ai reconnu la voix de ces deux-là; l'un se nomme sir Edward Johnson, l'autre sir Arthur Rood. Ce sont deux fanatiques adorateurs de miss Ellen, et les renseignements qu'ils viennent de me donner sont précieux. Or donc, reprit-il, en fermant sa parenthèse, qu'est-ce qui distingue les affiliés de l'*Hermine* des autres hommes pour les gardiens et les fossoyeurs, si ce n'est le masque dont ils couvrent leur visage. Or, moi aussi, j'ai un masque, et je suis un des membres du club des *Beaux*. »

Ce raisonnement, qui ne manquait pas de justesse, amena Jean de France à chercher dans le cimetière un filet d'eau ou une mare, où il pût laver le sang qui couvrait son visage. Il trouva un petit ruisseau qui coulait derrière un rideau de saules, et il y plongea tour à tour ses mains et sa figure. Cela fait, il fouilla dans sa poche, y retrouva son masque, le mit et s'enveloppa dans les plis de son manteau, de façon à cacher le plus possible ses vêtements déchirés. Puis il attendit patiemment le jour, placé derrière son if, à trois pas de la porte du cimetière. Les deux affiliés de l'*Hermine* n'étaient point ressortis du monument funèbre. Le jour vint, l'Orient se teignit d'une belle teinte pourpre, et bientôt le bohémien entendit une seconde fois le bruit d'une clef dans la serrure de la porte de fer. Alors, à tout hasard, il fit trois pas en avant, et il attendit, la main sur son poignard, car il pouvait se faire qu'il se trouvât en présence non d'un fossoyeur, mais d'un de ces hôtes étranges qui prenaient le cimetière pour lieu de leurs réunions. Ce fut un pauvre fossoyeur qui entra.

Jean fit deux pas à sa rencontre. Cet homme s'arrêta interdit, puis il salua jusqu'à terre.

« Allons! se dit-il, ces messieurs ont mis les fossoyeurs dans leurs confidences. »

Et il fit un signe impérieux qui voulait dire :

« Ne referme point la porte et laisse-moi passer. »

Le fossoyeur s'effaça comme un soldat au port d'armes. Jean fit deux pas encore; mais, comme il allait franchir le seuil du cimetière, il tressaillit en regardant le fossoyeur. Cet homme était brun de visage comme un Espagnol, et il portait les signes caractéristiques de la race bohême. Jean lui posa une main sur le bras, et lui dit :

« Montre-moi ton épaule droite, tu dois être un bohémien. »

Le fossoyeur étouffa un cri d'angoisse et fléchit les genoux.

« Au nom du ciel! mon bon seigneur, dit-il, ne me perdez pas! si le révérend Sednal de la paroisse Saint-Gilles savait que je suis bohémien, il me chasserait.

— Comment te nommes-tu?

— A Londres, je m'appelle Butser.

— Et dans ta tribu?

— Rhamô. »

Jean ôta son masque et dit:

« Regarde-moi! »

Le fossoyeur courba la tête en murmurant :

« Le roi!

— Oui, dit Jean de France, et tu vas m'obéir.

— Le roi des bohémiens sait bien, dit Rhamô avec soumission, que nous lui appartenons tous corps et âme.

— C'est bien, dit Jean qui remit son masque. A présent, dit-il, conduis-moi en un lieu où nous puissions causer sans être vus. »

Il indiqua du doigt le tombeau placé sur une éminence.

» Ah! dit le fossoyeur tout tremblant, vous savez?

— Oui. J'ai vu deux hommes qui sont entrés là. Quand sortiront-ils?

— Ils ne sortent jamais par là. Ils s'en vont par un autre chemin.

— Bien. Alors, nous sommes seuls ici?

— Oui, maître. Avant huit heures du matin, nul autre que moi n'entre dans le cimetière. Ce matin, j'ai une fosse à creuser.

— Pour qui?

— Pour un ouvrier de la paroisse, qui est mort hier matin et qu'on enterrera vers midi.

— Le connaissais-tu?

— Oui, maître.

— Était-ce un homme de ma taille?

— A peu près.

— Il me faut ce cadavre. »

Le fossoyeur regarda Jean avec stupeur.

« Peux-tu me cacher jusqu'à ce soir?

— Oui. Là-bas, dans ce petit pavillon où nous enfermons nos outils. »

Le roi des bohémiens se disait :

Je ferai prévenir Samson qu'il n'ait pas à s'inquiéter de moi. »

Et il suivit le fossoyeur, auquel il donna de minutieuses instructions. Puis il s'enferma dans le pavillon et attendit la nuit suivante avec impatience.

La nuit venue, le fossoyeur qui avait quitté le cimetière un peu avant le coucher du soleil, revint délivrer Jean de France. Dans la journée, on avait enterré l'ouvrier. Le fossoyeur déterra la bière, aidé par le roi des bohémiens; ils en retirèrent le cadavre, puis la bière vide fut replacée dans la fosse et recouverte de terre.

« Que voulez-vous donc faire de ce cadavre? demanda le fossoyeur.

— Je veux le mettre à la place qui m'était destinée. Charge-le sur ton épaule et suis-moi. »

Le fossoyeur ne comprit pas, mais il obéit. Jean se dirigea vers le souterrain que dissimulait la touffe de broussailles, et tous deux y entrèrent traînant le cadavre après eux.

Une heure après, Jean de France sortait du cimetière, et se présentait chez le docteur Bolton qui revenait de chez Roger.

« D'où diable sortez-vous donc, demanda le chirurgien.

— Je reviens de l'autre monde, répondit Jean de France, et je reviens pour vous et pour Samson seulement.

— Que voulez-vous dire?
— Qu'à partir d'aujourd'hui, je dois passer pour mort.
— Bah! fit le docteur étonné.
— Mon cher, ajouta Jean de France, c'est le seul moyen de sauver Roger des griffes de miss Ellen. »

Et Jean de France s'installa chez le docteur, et tous deux préparèrent ce coup de théâtre que nous avons vu si bien réussir et ruiner les premières espérances de miss Ellen. L'enlèvement de Cynthia, au club de l'*Hermine*, était l'œuvre de Jean de France que miss Ellen croyait mort.

DEUXIÈME PARTIE.

I

Quelques jours après le départ de Londres de sir Robert Walden, par une de ces soirées de brouillard épais qu'on ne rencontre qu'aux bords de la Tamise, une chaise de poste traversa le Strand avec grand tapage. Elle était attelée de quatre chevaux noirs conduits par deux postillons en culotte rouge, et, sur le siège de derrière, se prélassaient deux grands laquais portant le couteau de chasse et le chapeau à plumes. Ce luxueux équipage, de mauvais goût, longea la grande artère du Strand pendant quelques minutes; puis il s'engouffra sous les voûtes sonores de l'hôtel de Hanovre, le plus grand et le plus confortable des hôtels de Londres. Était-ce un prince, un ambassadeur ou un nabab? Il fallait être quelque chose comme cela pour mener ce train. Au bruit des grelots et du fouet retentissant des postillons, l'hôtelier accourut avec son armée de garçons et de marmitons. Un des chasseurs emplumés ouvrit la portière et abaissa respectueusement le marchepied. Alors on vit sortir de la chaise de poste un homme couvert de bijoux, vêtu avec une recherche d'aussi mauvais goût que sa voiture de voyage, et qui s'appuya, en touchant le sol, sur une canne à grosse pomme d'or.

« Voilà un homme qui doit avoir des millions, » pensa l'hôtelier.

Ce personnage était brun, presque olivâtre; il avait les cheveux et la barbe très-noirs; il dit quelques mots avec un accent méridional des plus prononcés, mais en anglais assez pur, et il annonça qu'il désirait avoir le plus bel appartement de l'hôtel, ajoutant qu'il payait comme un prince. L'hôtelier lui donna le titre d'Altesse sur-le-champ, et se courba en deux pour recevoir ses ordres. En même temps l'un des chasseurs à couteau de chasse croyait de son devoir de décliner au maître d'hôtel les titres et qualités de l'illustre personnage, qui leur faisait l'insigne honneur de daigner descendre à l'hôtel de Hanovre. Ce n'était rien moins, en vérité, que don Pedro y Rentès y S Sandoval y Lucienda da Sylvanha Pepol, grand d'Espagne de première classe, qui revenait de faire un voyage au pôle nord. Le chasseur ajouta même :

« Mon noble maître a autant de millions qu'il a de noms. »

A partir de ce moment-là, l'hôtel de Hanovre fut en révolution. On négligea ses autres locataires, pour ne s'occuper que de don Pedro y Rentès y Sandoval y Lucienda da Sylvanha Pepol, grand d'Espagne, etc., etc. Et, comme le chasseur était loquace, il apprit à l'hôtelier, tandis que son noble maître changeait de costume et se faisait apporter un bain, que don Pedro était porteur d'une lettre de crédit sur la maison Brixworth et fils, la banque la plus riche de la cité.

Le chasseur disait vrai; car, lorsqu'il eut pris son bain et changé d'habits, le noble hidalgo demanda une plume et de l'encre et écrivit à MM. Brixworth et fils, pour les aviser d'une traite dont il était porteur. Ce fut l'hôtelier lui-même qui se chargea de porter le billet chez les opulents banquiers.

Après le récit que leur fit l'aubergiste de la personne et des façons princières de don Pedro y Rentès y Sandoval, etc., etc., ces messieurs pensèrent qu'il était de bon goût de ne point attendre la visite de l'hidalgo, mais, au contraire, de se transporter chez lui avec un portefeuille gonflé de bank-notes. Ce fut M. Charles Brixworth père qui se rendit à l'hôtel de Hanovre. Il trouva don Pedro couché sur un divan, jouant avec les breloques de sa montre étincelante de rubis. Don Pedro reçut M. Brixworth avec une dignité protectrice.

« Monsieur, lui dit-il, je suis porteur d'une lettre de crédit sur votre maison, qui m'a été délivrée par la maison Nunez, Alvar et Cie de Madrid.
— La somme est-elle considérable? demanda M. Brixworth.
— Cinq mille livres sterling. »

Un souvenir parut traverser le cerveau du banquier.

« Ah! dit-il, Votre Excellence nous avait été annoncée en effet par nos correspondants de Madrid. »

Don Pedro s'inclina.

« Mais il y a près de deux ans de cela? reprit M. Brixworth.
— C'est vrai, dit don Pedro.
— Et jamais la lettre de crédit ne nous a été présentée. »

Don Pedro souriait. M. Brixworth continua :

« Nos correspondants, nous avisant qu'ils tireraient sur nous, nous disaient que don Pedro y Rentès débarquerait probablement en Écosse, et terminerait son voyage en Angleterre par Londres.
— Vos correspondants disaient vrai alors, répondit l'espagnol; mais ils comptaient sans la guerre d'Amérique et la fantaisie qui m'a pris de m'embarquer à Bristol, et d'aller assister à deux ou trois batailles sur les bords du lac Ontario. »

En parlant ainsi, don Pedro tira son portefeuille, l'ouvrit et mit froidement la traite de la maison Nunez, Alvar et Cie sous les yeux de M. Brixworth. La traite était en règle : les deux signatures s'y trouvaient. Le banquier ouvrit à son tour son portefeuille et paya. Quand ce fut fini, don Pedro serra les bank-notes et dit à M. Brixworth :

« Connaissez-vous lord Clives?
— Le duc?
— J'ai une lettre de recommandation pour lui.
— Je le connais en effet, répondit le banquier mais je doute fort que Votre Excellence le trouve à Londres.
— Ah! fit don Pedro avec dépit.
— Il a dû partir ce matin, poursuivit M. Brixworth, pour son château du Lancastershire.

— Ce matin?

— Du moins c'est ce qu'il adit, la nuit dernière, a ses amis du club des *Beaux*. »

Ce mot de club des *Beaux* fit faire un mouvement à don Pedro.

« Est-ce que Votre Honneur, dit-il, ferait partie de ce cercle?

— Oui, répondit M. Brixworth. Peut-être Votre Excellence désirerait-elle y être présentée?

— Justement.

— Si Votre Excellence, reprit le banquier, voulait se contenter de mon modeste patronage en l'absence du duc de Clives?

— Oh! mais très-volontiers, répondit don Pedro.

— Alors, je me mets à la disposition de Votre Excellence. »

Don Pedro remercia M. Brixworth sans rien perdre de son ton de dignité protectrice, et prit rendez-vous pour le soir même à neuf heures et demie. Le banquier devait venir le chercher dans sa voiture. Ce dernier se retira et don Pedro demeura seul. Alors il se leva et alla se regarder dans une glace.

« Ma parole d'honneur, murmura-t-il en fort bon anglais cette fois, et sans le moindre accent espagnol, je suis métamorphosé au complet; je veux être pendu à l'instant si quelqu'un me reconnaît au club des *Beaux*. »

Il sonna.

« Envoyez-moi mon intendant, » dit-il au valet de l'hôtel qui se présenta.

Deux minutes après, l'un des deux chasseurs emplumés, celui qui avait appris aux gens de l'hôtel les titres et les qualités de son noble maître, arriva et salua avec respect. C'était un homme un peu obèse, la tête couronnée de rares cheveux noirs, le visage non moins olivâtre que celui de don Pedro. Quand il eut fermé la porte, le valet regarda son maître d'un air inquiet,

« Eh bien! fit-il, a-t-il payé?

— Mais sans doute.

— Et il n'a manifesté aucune défiance?

— Aucune; il me présente ce soir au club des *Beaux*.

— Bravo! il est de fait, foi de Wills, murmura l'intendant couleur olive, qu'il y a un monde de distance entre le seigneur don Pedro y Rentès et l'honorable sir James, cadet de la noble maison d'Asburthon.

— Une distance aussi grande, poursuivit don Pedro, que celle qui existe maintenant entre ce drôle de Wills, le piqueur, et le digne intendant Bolivar. »

Wills Bolivar s'inclina devant don Pedro sir James, car on doit avoir déjà reconnu en eux, les deux coquins qui venaient grâce aux papiers du malheureux gentilhomme espagnol qu'ils avaient assassiné, jouer un nouveau rôle dans la capitale des trois royaumes. Wills Bolivar s'assit avec la familiarité d'un serviteur indispensable :

« Votre honneur m'accordera cette justice, dit-il, que je joue assez bien mon rôle.

— Fort bien, Wills.

— Par conséquent, Votre Honneur me fera, j'imagine, l'amitié de m'initier un peu plus à ses projets.

— Comment! répondit sir James, mais ce que tu demandes là est infiniment raisonnable, mon brave Wills.

— C'était ce que je pensais, Votre Honneur, répondit Wills.

— Donc, reprit sir James, puisque tu veux causer, causons, mon bon Wills.

— J'écoute, Votre Honneur. »

Don Pedro sir James reprit :

« Il y a un proverbe qui dit : *Aux derniers les bons*. Ce qui peut signifier pareillement : Celui qui a échoué tout d'abord, finit par réussir quand il est tenace et pressant.

« C'est mon avis, Votre Honneur.

— Or donc, en Écosse avec l'ours, à Londres avec le capitaine Maxwell, au fort Saint-George avec la révolte des troupes, j'ai échoué.

— Hélas! soupira Wills.

— Cela tient à ce que j'avais compté sur les autres autant que sur moi.

— C'est bien possible, murmura l'ex-piqueur.

— Maintenant, poursuivit le faux don Pedro, je vais agir seul et je réussirai.

— Mais que compte faire Votre Excellence?

— Tu te souviens de Bull?

— Le chien terrier?

— Oui, certes. Pauvre bête! il n'a pas eu le temps de digérer le morceau de pain que lui a jeté Votre Honneur

— Eh bien! le marquis Roger d'Asburthon mourra comme cela.

— Permettez, dit Wills, il y a une chose qui me chiffonne un peu.

— Laquelle?

— Votre Honneur est mort, bien mort.

— Bah!

— Il y a un procès-verbal mortuaire aux archives de la guerre, signé par tous les officiers du fort Saint-George et qui témoigne que pendant le combat Votre Honneur frappé de deux coups de feu est tombé sanglant dans le lac Érié où il s'est noyé.

— Je raconterai, quand il en sera temps, que je me suis sauvé à la nage. Ce qui est vrai. D'ailleurs, poursuivit sir James, crois-tu pas que je vais me blanchir le lendemain de la mort du marquis et crier par-dessus les toits : C'est moi qui suis le cadet d'Asburthon, l'héritier unique du marquis?

— Ce serait au moins imprudent, fit observer Wills.

— Oui, certes, reprit sir James. Je serai patient, j'attendrai que la couronne se soit emparée des biens du marquis, en l'absence de tout héritier, et je saurai reparaître à propos, trois mois plus tard. »

Wills se gratta l'oreille :

« Un mot encore, Votre Honneur?

— Parle.

— Est-ce que lorsqu'il sera prouvé aux trois royaumes que sir James Asburthon n'est point mort, le pauvre Wills sera contraint.... de restituer Asburthon le Vieux?

— Imbécile! dit sir James, tu auras Asburthon-le-Vieux et dix fermes alentour.

— Ah! murmura Wills avec l'accent ému d'une reconnaissance anticipée, je savais bien que Votre Honneur était le plus généreux des hommes!

— Trêve de compliments, sir James, et habille-moi; un grand d'Espagne de première classe ne saurait être vêtu comme un simple laird écossais; je veux des diamants à tous mes doigts!

— Nous pouvons faire les choses convenablement, murmura Wills d'un ton railleur; les cinq mille livres de ce malheureux don Pedro y Rentès y Sandoval y Lucienda da Sylvanha Pepol nous permettront, je l'espère, d'attendre patiemment l'héritage de notre bien-aimé cousin, le marquis Roger d'Asburthon. »

Et Wills procéda à la toilette de son maître.

II

Tandis que le grand d'Espagne, le faux don Pedro y Rentès, s'apprêtait à se rendre au club, miss Ellen, la pupille de sir Robert Walden, était seule, dans sa chambre à coucher, livrée à une méditation profonde.

« Mon oncle est parti, disait-elle, et voici que j'ai le champ libre; mais il faut que je me hâte, car le baronnet n'est pas homme à demeurer longtemps en Écosse; et si je ne suis pas marquise d'Asburthon d'ici à huit jours, je ne le serai jamais. Roger m'aime toujours, Lionel aussi; seulement, celui-ci est encore au lit des suites de sa blessure, et je crains de le revoir.... Lequel choisir? »

Le dernier échec éprouvé par miss Ellen lui avait rendu toute son indécision; elle flottait encore entre Roger et Lionel. Peu lui importait que le premier fût un bâtard, s'il était pour le monde entier marquis d'Asburthon. Mais ce qui faisait pencher la balance en faveur de Lionel, c'était cette protection mystérieuse des bohémiens qui planait sur Roger.

« Ces gens-là, se disait-elle, ont hérité de la haine d'Osmany pour moi ; si j'épouse Roger, ils me perdront tôt ou tard. »

Miss Ellen raisonnait assez juste. Mais une chose l'effrayait ; il y avait douze jours que Lionel s'était battu avec Osmany, douze jours qu'il n'avait donné signe d'existence à miss Ellen. Pourtant, miss Ellen savait que sa blessure était légère, chaque jour elle avait fait prendre de ses nouvelles, chaque jour miss Celia lui avait répondu par un mot affectueux, mais Lionel avait gardé un silence obstiné. Ce silence avait quelque peu paralysé les hardis projets de la bohémienne.

Il était alors dix heures du soir. Tandis que la jeune fille réfléchissait, on frappa doucement à la porte.

« Entrez ! » dit-elle.

C'était ce valet dévoué que miss Ellen avait employé déjà plusieurs fois, notamment pour enlever Cynthia, et à qui elle confiait le soin de sa police mystérieuse.

« Qu'y a-t-il ? » fit-elle en le voyant entrer.

Le valet posa un billet sur la table, salua et se retira sans mot dire. Miss Ellen prit le billet et reconnut l'écriture de Lionel. Son cœur battit, tandis qu'elle rompait le cachet.

Le billet ne contenait que ces mots.

« Il faut que je vous voie ce soir même. »

Miss Ellen sonna, le valet revint ; elle écrivit à Lionel ces quatre mots :

« Venez, je suis seule. »

« Porte cela, dit-elle, et tâche que mistress Celia n'en sache rien. »

On sait que mistress Celia et son fils s'étaient logés dans le voisinage de sir Robert Walden. Mais le valet de miss Ellen n'eut pas besoin d'aller jusqu'à la maison qu'ils habitaient. Lionel, enveloppé dans son manteau, se promenait à grands pas devant l'hôtel Walden. Il lut la réponse de miss Ellen, et suivit le valet sur-le-champ. Miss Ellen avait en quelques secondes, retrouvé son sourire, son regard mélancolique et son énivrante beauté. Lorsque Lionel entra, il vit la jeune fille debout, les deux mains tendues vers lui. En même temps, le valet qui l'avait accompagné se retira discrètement.

« Enfin ! murmura miss Ellen, enfin ! vous voilà.... »

Et elle lui présentait sa belle main, mais Lionel ne la prit pas ; le jeune homme était pâle comme un spectre, et son œil était hagard.

« Vous me pardonnerez, dit-il, de me présenter chez vous à pareille heure ; croyez qu'il a fallu une nécessité impérieuse....

— Ô mon Dieu ! fit miss Ellen, comme vous me regardez.... comme vous me parlez...

— Je craignais même, reprit Lionel avec une railleuse amertume, de troubler quelque doux entretien.

— Lionel ! »

Et elle mit dans ce seul mot un accent qui fit tressaillir le jeune homme.

« Lionel ! Lionel ! répéta miss Ellen, pourquoi votre regard est-il courroucé ? pourquoi votre parole est-elle brève et dure ? ne m'aimez-vous donc plus ? »

Et sa voix était caressante ; un nuage passa devant les yeux de Lionel, ses oreilles s'emplirent de bourdonnements confus ; son cœur bondit dans sa poitrine. Mais il domina cette émotion et répondit avec un calme menteur :

« Pourquoi vous aimerai-je encore, miss ? »

Elle jeta un cri et attacha sur lui un œil éperdu. Lionel poursuivit :

« Pourquoi vous aimerais-je ?..., vous ne m'aimez pas !

— Oh !

— Vous qui m'avez indignement trompé ! »

Cette fois, miss Ellen se redressa l'œil en feu :

« Vous mentez ! » dit-il.

Et son accent était si net, si franc, son regard étincelait si hardiment que Lionel fit un pas en arrière, balbutiant quelques mots inintelligibles. La jeune fille reprit :

« Je vous ai attendu : vous n'êtes pas venu ; lendemain j'ai appris que vous vous étiez battu t duel.

— Et vous saviez bien avec qui ? ricana Lionel

Miss Ellen garda le silence.

« Je me suis battu, poursuivit Lionel avec un homme que vous aimez.... et qui s'est introduit ici.... avec le marquis Roger !...

Miss Ellen haussa les épaules :

« Vous êtes fou ! dit-elle ; jamais le marquis Roger n'est entré ici. »

Mais Lionel, aveuglé par la jalousie, détourna la tête et répondit d'une voix sourde :

« Je ne vous crois plus ! »

Cette fois, la pupille de sir Robert Walden redevint bohémienne ; ce sang ardent qu'elle avait reçu de ses pères se prit à bouillonner, et un éclair jaillit de ses yeux.

« Sortez ! dit-elle, car vous venez de m'insulter ! »

Et son geste était si impérieux que Lionel, éperdu, se dirigea vers la porte. Au moment où il allait en franchir le seuil, il s'arrêta cependant et tourna un regard suppliant vers miss Ellen ; mais la jeune fille avait toujours la main étendue, et elle répéta :

« Sortez ! »

Alors Lionel s'enfuit et murmura avec l'accent de la folie furieuse :

« Je vais aller tuer le marquis ! »

Depuis sa réception au club de l'*Hermine*, Roger était en proie à une vague inquiétude, à un malaise indéfinissable. La scène étrange qui s'était jouée sous ses yeux était sans cesse présente à sa pensée. Plusieurs fois il l'avait revue en songe ; il s'était entendu jeter à la face l'épithète de bohémien ; il avait toujours dans l'oreille les cris déchirants de cette femme qui s'était donnée comme sa mère ; enfin une chose l'intriguait au dernier point : c'était la disparition de Bolton. Le lendemain de cette nuit où le chirurgien était apparu comme le *deus ex machina*, Roger avait reçu un billet ainsi conçu :

« Monsieur le marquis,

« J'apprends que ma vieille mère est à toute extrémité. Permettez donc à un fils désolé de courir où le devoir l'appelle impérieusement.

« BOLTON. »

Après avoir ajouté foi à cette lettre, Roger s'était pris à douter. N'était-ce pas pour éviter une explication que le chirurgien Bolton s'éloignait ? Ce soupçon pénétra comme un poison subtil au cœur du marquis, et, une fois, il s'éveilla en sursaut, la sueur au front, sous le poids d'un horrible cauchemar. Il venait de voir, dans son rêve, Bolton, Cynthia et Osmany lui tendant les mains, et lui disant :

« Tu es bien un bohémien, le fils de cette race mise au ban de la société ! »

Ce jour-là, en proie à une oppression extraordinaire, le marquis demanda sa voiture et se fit conduire à Bedlam.

« Je veux revoir cette femme qui disait être ma mère ! » pensait-il.

Et il demanda à parler au directeur. Toutes les portes s'ouvrent devant un pair d'Angleterre. Le directeur accourut.

« Monsieur, lui dit le marquis, vous avez dans votre service immédiat le chirurgien Bolton ?

— Non, Votre Honneur.

— Comment ! le docteur Bolton n'est pas attaché à la maison de Bedlam ?

— Aucunement.

— Voilà qui est étrange ! » murmura Roger.

Puis il reprit :

« On a dû vous amener, il y a huit jours, une femme du nom de Cynthia ?

— Je ne sais pas, dit le directeur ; nous avons neuf cents femmes ici. Cependant, je vais faire consulter les livres d'entrées. Quel âge a cette femme?

— Environ quarante ans, et elle a dû être fort belle.

— Quelle est sa folie? »

Roger hésita un instant, et à voix presque basse :

« Elle prétend être ma mère.

— Oh! monsieur le marquis, répondit le directeur, je puis affirmer à Votre Grâce que si une folle de ce genre était entrée à Bedlam j'en aurais été averti. »

Roger était pâle, une sueur glacée perlait à son front. Le directeur fit compulser un à un les livres d'écrou ; nulle part on ne trouva trace de Cynthia la bohémienne. Le marquis revint chez lui, plus inquiet et plus sombre.

« Cette femme aurait-elle dit vrai?... » murmurait-il.

Et alors il songea à cette protection mystérieuse dont il était l'objet, à cet homme étrange qu'on appelait Osmani et qu'il avait trouvé sur son chemin chaque fois qu'un péril le menaçait ; à cette marque enfin qu'on tenait tant à effacer de son bras. Roger passa trois jours enfermé chez lui, ne voulant recevoir personne, et songeant à peine à miss Ellen.

« A quoi bon la revoir, se disait-il, si cette femme a dit vrai, si je suis un bohémien?... »

Roger avait honte de lui-même ; il n'osait plus aller au club, et avait écrit au lieutenant-colonel de son régiment pour le prier de prendre le commandement pendant quelques jours. Enfin il avait fait chercher Osmany partout, mais le nabab était introuvable.

Or, ce soir-là, le marquis Roger était seul, livré aux plus tristes pensées, lorsqu'on lui annonça le capitaine Lionel. Roger jeta un cri. Depuis qu'ils savaient aimer tous deux la même femme, les deux jeunes gens s'étaient évités avec soin, conseillés tous deux en cela par miss Ellen qui avait su persuader à chacun d'eux qu'il était aimé. Mais dans la déplorable situation d'esprit où se trouvait Roger, l'arrivée de Lionel ne pouvait que faire diversion à ses préoccupations, et il ne se souvint que d'une chose, c'est que Lionel avait été son ami.

« Qu'il entre! » dit-il.

Lionel entra d'un pas ferme, le chapeau à la main, comme un soldat qui prend une attitude respectueuse en présence de son supérieur : mais la pâleur de son front, l'éclat fiévreux de son regard démentaient un calme apparent.

Roger comprit sur-le-champ qu'il venait à lui en ennemi, et il refoula au fond de son cœur cet élan d'affection que ses lèvres allaient trahir.

« Milord, dit Lionel, je viens apporter à Votre Grâce ma démission de capitaine aux dragons du roi.

— Ah! dit Roger.

— L'heure est mal choisie, sans doute, poursuivit Lionel avec un calme qui couvait une tempête.

— En effet, dit Roger.

— Mais Votre Grâce voudra bien excuser mon insistance.

— Ah! fit encore Roger, vous êtes pressé, monsieur?

— Très-pressé, milord.

— Ah! et me sera-t-il permis de vous demander pourquoi?

— Mais, dit froidement Lionel, parce que je veux me battre avec mon supérieur, et que je ne le puis tant que je serai sous ses ordres. »

Roger fronça le sourcil.

« Eh bien! dit-il, j'accepte votre démission. Maintenant, parlez, monsieur, avec qui voulez-vous croiser l'épée?

— Avec vous, milord.

— Ah! c'est.... avec moi....

— Oui, milord ; je désire prendre ma revanche.

— Votre revanche?

— J'espère, dit Lionel, que Votre Grâce ne va pas remettre le masque qu'elle portait il y a dix jours, lorsqu'elle m'a laissé pour mort sur le pavé de Londres, l'épaule trouée d'un coup d'épée. »

Roger regarda attentivement Lionel.

« Sur mon honneur, reprit-il, je crois que vous êtes fou!

— Non, milord.

— Et vous prétendez, continua le marquis, que je me suis battu avec vous? »

Un sourire amer glissa sur les lèvres de Lionel.

« Oh! je sais, fit-il, que le marquis d'Asburthon est incapable de compromettre une femme. »

Roger haussa les épaules :

Lionel continua à sourire d'un air railleur.

« J'ai eu l'honneur de vous dire, milord, que j'avais hâte de terminer cette affaire. Je vous prie donc de me dire où et quand je pourrai vous rencontrer, et s'il vous plaît de me rendre cette clef que je n'ai pas su défendre, et dont vous vous êtes emparé comme un voleur de nuit.

— Mais cet homme est fou! » s'écria Roger qui étendit la main vers un cordon de sonnette pour appeler ses gens.

Lionel lui saisit le bras :

« Vous ne sonnerez pas! dit-il d'une voix sourde, et vous me rendrez la clef que miss Ellen m'avait donnée. »

Ce mot fut comme l'étincelle qui tombe sur un baril de poudre. Roger jeta un cri de fureur et repoussa brusquement le jeune officier :

« Vous êtes un fou et un lâche! dit-il, car vous tentez, en ce moment, de déshonorer une femme digne de de tous vos respects, une femme qui m'aime et qui jusqu'à présent a eu pitié de vous! »

Et, rapide comme la foudre, Roger sauta sur son épée dont l'acier étincela au feu des bougies. Lionel avait déjà dégainé la sienne.

Mais avant que les deux lames se fussent heurtées, avant que ces deux hommes, amis naguère, eussent entamé une lutte fratricide, une porte s'ouvrit précipitamment, et une femme se précipita, en jetant un cri, entre les deux adversaires.

« Vous ne vous battrez pas! s'écria-t-elle.

— Ma mère! s'écria Lionel qui reconnut mistress Celia.

— Madame!... » balbutia le marquis en abaissant la pointe de son épée devant cette femme qu'il voyait pour la première fois.

L'œil de mistress Celia flamboyait; il y avait sur son visage et dans son attitude une expression d'énergie désespérée.

« Non, répéta-t-elle avec véhémence, non! vous ne vous battrez pas!

— Madame, dit Roger haletant de fureur, Dieu m'est témoin que j'ai été calme et patient jusqu'au bout; mais votre fils m'a insulté comme le dernier des misérables ; c'est un infâme calomniateur! »

Elle l'interrompit d'un geste dont l'autorité le domina, et se plaça devant lui :

« N'avez-vous pas dans le salon de cet hôtel, lui dit-elle, le portrait de lady Cecily, marquise d'Asburthon, morte il y a douze années environ?

— Oui, balbutia Roger.

— Eh bien! regardez-moi.... »

Roger étouffa un cri de stupéfaction :

« Mon Dieu! murmura-t-il, cette ressemblance!... »

Elle le prit par la main et l'entraîna dans le salon, où le portrait en pied de lady Cecily peinte à vingt-deux ans, par Reynolds, était appendu au-dessus de la cheminée.

« Regardez! regardez bien! » répéta-t-elle, sans lâcher la main de Roger.

Elle ressemblait encore si parfaitement à son portrait, qu'un mot vint aux lèvres de Roger :

« Ma mère! » dit-il.

Et il tomba à ses genoux.

« Je ne sais pas si je suis votre mère, dit-elle, mais je sais que je m'appelle lady Cecily, marquise d'Asburthon, et que voilà mon second fils, le fils de votre père lord Asburthon. »

Lionel chancelait sur ses jambes, comme un homme

que la raison abandonne. Roger se leva, marcha lentement vers Lionel et lui tendit la main.

« Frère! pardonne-moi.... » lui dit ce dernier en l'attirant sur son cœur.

Roger, s'arrachant tout à coup de cette étreinte, vint se remettre aux genoux de lady Cecily, prit ses deux mains et les couvrit de baisers. Alors deux larmes brûlantes s'échappèrent des yeux de la marquise d'Asburthon et tombèrent sur le front de ce beau jeune homme agenouillé devant elle.

« Non, non, murmura-t-elle d'une voix émue, sir Robert Walden m'a trompée.... c'est bien mon fils!... »

« Monsieur le marquis, dit Osmany, la mort a passé bien près de vous! » (Page 54, col 2.)

Et, se penchant, elle mit sur le front de Roger un baiser ardent, un baiser de mère.

III

Vingt-quatre heures après, le marquis d'Asburthon entra, radieux, au club des *Beaux*. Son apparition fut un véritable triomphe. Il y avait huit jours qu'on ne l'y avait vu, et son apparition fut saluée par des hourras.

« D'où sortez-vous? d'où venez-vous? lui demanda-t-on de toutes parts.

— Messieurs, répondit Roger, j'ai été un peu souffrant, j'ai gardé la chambre pendant quelques jours.

— Vous avez eu tort de ne point venir hier, mon cher marquis, lui dit sir Edward Johnson.

— Pourquoi donc?

— Mais parce que vous auriez vu un curieux personnage, qui nous a été présenté par le banquier Brixworth.
— D'abord, fit le marquis, je trouve curieux que M. Brixworth se permette de présenter ses amis ou ses clients au club.
— C'est un hidalgo, un grand d'Espagne, couvert de diamants, continua sir Edward.
— Comment le nommez-vous?
— Don Pedro y Rantès, etc., etc.
— Enfin, vous avez reçu ce calendrier membre temporaire ?
— Oui, dit sir Arthur Rood; ce seigneur doit posséder quelque mine d'or au Pérou. Il est fâcheux qu'il soit aussi ridicule et aussi laid.
— Bast! fit le marquis, ce fier Castillan est peut-être cousin du chevalier de la triste figure.
— Il a fait hier une partie avec le comte de Morton, et a fort galamment perdu quinze cents livres.
— C'est un beau denier! fit Roger avec indifférence.
— Je ne connais, reprit sir Arthur Rood, que le nabab Osmany qui soit homme à jouer une pareille somme. »
Le nom d'Osmany fit tressaillir le marquis Roger.
« A propos, messieurs, dit-il, me pourriez-vous apprendre ce qu'il est devenu ?
— Qui? Osmany?
— Oui.
— Mais j'ai ouï dire, répondit sir Edward, qu'il était dans ses terres d'Écosse.
— Ah !
— Encore un singulier personnage ! murmura sir Arthur.
— On ne sait, continua un autre membre du club des Beaux, ni qui il est, ni d'où il vient; mais, à vrai dire, il est riche comme la grande pagode, généreux comme un fils de roi, brave à outrance et aventureux comme pas un.
— Ce qui fait, reprit sir Arthur, qu'avec un tel bagage nous aurions eu mauvaise grâce à lui refuser l'accès du club des Beaux.
— C'est mon avis, » murmura Roger devenu pensif.
Un tout jeune homme aux joues rosées et aux lèvres à peine ombragées d'un léger duvet blond, prit la parole à son tour :
« Milords, dit-il, cet Osmany est un personnage plus singulier encore que vous ne supposez.
— Bah ! fit-on à la ronde.
— S'il vient ici somptueusement vêtu, poursuivit le narrateur, il ne se prive nullement de courir les rues de Londres et les quartiers les plus misérables, dans un costume de matelot.
— Ceci est du roman tout pur, dit un des auditeurs.
— Je l'ai rencontré.
— Vêtu en matelot?
— Oui, avec une vareuse brune et un chapeau ciré.
— Et où allait-il?
— Je l'ai suivi et l'ai vu entrer dans le Wapping. »
Et comme on se récriait, le narrateur ajouta :
Je l'ai vu accoster un homme du peuple, un bohémien, et lui parler familièrement.»
Ce mot de bohémien fit tressaillir le marquis.
« Mais, dit-il à son tour, comme s'il eût eu hâte de détourner la conversation, vous parliez tout à l'heure d'un espagnol qui me semble tout aussi intéressant que le seigneur Osmany, milords?
— Certes, oui.
— Et d'où vient-il, cet hidalgo ?
— D'Amérique. Il a, dit-il, rencontré votre cousin. »
Un sourire amer vint aux lèvres de Roger.
« Je ne me connais pas d'autre cousin que sir James Asburthon.
— C'est de lui qu'il parle.
— Et il l'a rencontré ?

— Oui, prisonnier des Américains,
— A quelle époque?
— Il n'y a pas trois mois.
— Messieurs, dit Roger, cela est tout à fait impossible, car sir James Asburthon a été tué, il y a six mois, au dernier assaut du fort Saint-George.
— C'est ce que nous avons dit à don Pedro, mais il soutient son dire.
— Ah ! ma foi ! reprit sir Arthur, vous allez vous en expliquer avec lui, le voilà ! »
En effet, l'hidalgo don Pedro y Rentès, y Sandoval, y Lucienda da Sylvanah Pepol, grand d'Espagne de première classe, etc., etc., entrait en ce moment, conduit par le banquier Charles Brixworth.
Ce personnage salua avec une roideur automatique, et ne sourcilla point à la vue du marquis Roger d'Asburthon. Roger regarda curieusement ce grotesque personnage sous l'enveloppe duquel il n'eût jamais pu reconnaître le neveu de son père, sir James le revenant, d'Asburthon-le-Vieux. Les compliments d'usage échangés, sir Arthur Rood prit la parole :
« Excellence, dit-il, permettez-nous de présenter Votre Seigneurie à M. le marquis Roger d'Asburthon. »
L'Espagnol salua.
« J'ai connu, baragouina-t-il, un gentilhomme de ce nom.
— Ah! dit Roger, et où cela, Excellence?
— En Amérique. Ce gentleman était prisonnier du général rebelle Jakson.
— Mais il y a longtemps de cela? » fit Roger.
L'Espagnol parut réfléchir.
« Nous sommes au mois d'août, dit-il. C'était au mois de mai. Il y a un peu plus de trois mois. »
Roger secoua la tête.
« Alors, dit-il, votre Excellence a rencontré un faux sir James.
— Oh!
— Le vrai étant mort il y a plus de six mois. »
Mais l'Espagnol ne se récria point. Un sourire froid plissa ses lèvres pâles.
« C'est-à-dire qu'on l'a cru mort, fit-il.
— Excellence, reprit Roger, un homme qui reçoit deux balles dans le dos, et qui tombe de cinquante pieds de haut dans vingt brasses d'eau, ne revient pas se promener sur notre planète.
— Il n'en est pas moins vrai, reprit le faux Espagnol, que sir James, blessé seulement, a été recueilli par une barque américaine et fait prisonnier de guerre.
— C'est impossible, » murmura Roger dont les sourcils se contractèrent violemment.
L'hidalgo se pencha vers lui, et ajouta tout bas :
« Il m'a même chargé d'un message pour Votre Grâce. »
Le marquis le regarda fixement.
« Verbal, ou écrit ? demanda-t-il.
— Un message verbal. »
Roger se tut. Il comprit, au regard mystérieux de l'Espagnol, que nul autre que lui ne devait entendre ce qu'il avait à lui dire. Tous deux firent quelques pas à l'écart. Alors l'espagnol ajouta :
« Monsieur le marquis, je ne me suis fait présenter ici que dans l'espoir de vous y rencontrer. J'ai une communication des plus importantes à vous faire de la part de sir James.
— Excellence, répondit Roger dont la voix trahissait une vive émotion, si vous ne pouvez parler devant témoins, veuillez m'assigner un rendez-vous. »
L'Espagnol se prit à réfléchir.
« Il y a peu de monde ici vers deux heures du matin, dit-il.
— Ordinairement.
— Si votre Grâce veut, vers minuit ou une heure, me proposer une partie d'échecs, il est probable que nous pourrons causer.
— Soit, dit Roger qui tira sa montre. Il est dix heures

et demie. J'ai un rendez-vous à onze heures, mais comptez sur moi, je reviendrai. »

L'Espagnol s'inclina et alla gravement s'asseoir à une table de jeu qui fut entourée en un instant. Il posa son portefeuille gonflé de bank-notes à côté de lui, et dit :

« Milords, je vous demande une revanche.

— Excellence, lui dit Roger en souriant, je vous conseille de ne point ménager ces messieurs.

— Pourquoi donc, milord ?

— Mais parce que je compte vous proposer une partie d'échecs. »

L'Espagnol inclina légèrement la tête en signe d'approbation.

« J'ai une observation à faire à Votre Grâce, dit-il. On joue le wisth, le boston et tous les jeux de cartes devant témoins. Le jeu d'échecs, qui est un véritable duel, demande la méditation et le silence.

— C'est mon avis, et j'estime que deux champions sérieux doivent s'enfermer et jouer en tête-à-tête. J'ajouterai, continua l'Espagnol toujours grave, que l'enjeu entre gentilshommes comme nous, ne saurait être inférieur à cinq cents livres.

— J'accepte froidement le marquis Roger.

— Bravo ! s'écria-t-on à la ronde. Peut-on ouvrir des paris ?

— Oui, certes, milords, répondit Roger. La partie commencera à une heure du matin.

— Pourquoi pas tout de suite ?

— Mais, répondit Roger, parce que je sors à l'instant même, et ne reviendrai point avant l'heure que j'ai l'honneur de vous indiquer.

— Heureux marquis ! murmura sir Arthur Rood, c'est sans doute quelque blonde et vaporeuse lady qui vous réclame. »

Le marquis quitta la salle de jeu, gagna le grand escalier du club et descendit dans la cour où sa voiture l'attendait.

La présence inopinée de lady Cecily, si l'on veut, dans l'hôtel d'Asburthon, la veille, au moment où le marquis Roger et Lionel allaient engager un combat à outrance, n'était point le résultat du hasard. C'était l'œuvre de miss Ellen. En voyant sortir Lionel désespéré, la pupille de sir Robert Walden s'était dit :

« A présent, il va vouloir tuer Roger, et le résultat que j'attendais est proche. Courons prévenir lady Cecily. »

La jeune fille sortit de l'hôtel par les jardins, ce qui lui abrégeait de plus de moitié la distance qu'elle avait à parcourir ; elle arriva à la porte de lady Cecily, monta chez elle, trouva la pauvre mère inquiète de ne point voir rentrer son fils, sorti ce soir-là pour la première fois depuis sa rencontre avec Osmany, et lui dit sans préambule :

« Courez, madame, à l'hôtel d'Asburthon et ne perdez pas une minute, car vos deux fils vont se battre ! »

On sait le reste. Lady Cecily était arrivée à temps pour séparer les combattants, et nous avons vu la scène qui suivit. Sir Robert Walden ne s'était jamais expliqué catégoriquement avec lady Cecily, et bien qu'il lui eût laissé entendre que Roger pourrait bien être un fils naturel du feu lord Asburthon, néanmoins il n'avait rien affirmé. Aussi, abusé sans doute par la générosité de Roger et par ses caresses, la pauvre femme s'était écriée :

« Oh ! oui tu dois être mon fils ! »

Et alors Roger avait oublié l'horrible scène du club de l'Hermine, les cris de la folle Cynthia, la disparition de Bolton, tout, jusqu'à cette protection mystérieuse dont le nabab Osmany l'entourait. Il s'était cru de nouveau le fils, le vrai fils légitime du feu marquis d'Asburthon, et il avait passé une heure de bonheur entre Lionel et celle qu'il appelait sa mère, la questionnant tour à tour, et s'étonnant que lady Cecily eût fait courir le bruit de sa mort. Il avait fallu alors que la pauvre mère racontât une à une les douleurs de sa vie ; qu'elle dit à Roger les odieux et injustes soupçons inspirés par l'infâme sir Jack à son frère aîné sur la naissance de Lionel, et la nécessité où elle s'était trouvée de faire croire à la mort de cet enfant, pour le soustraire à la haine aveugle de lord Asburthon.

« Mais, s'écria Roger, quand mon père est mort, pourquoi n'êtes-vous point venu m'ouvrir vos bras et me dire : « Je suis ta mère et voilà ton frère. »

— Pauvre enfant, murmura lady Cecily, ne devines-tu pas que je redoutais cette loi qui régit l'aristocratie anglaise. Ah ! j'ai été folle acheva-t-elle, de songer un moment que mon Lionel.... »

Elle n'acheva point, Roger l'interrompit.

« Madame, dit-il, la loi anglaise ne protège que ceux qui l'invoquent ; mais moi je ne la reconnais point, cette loi qui dépouille le cadet au profit de l'aîné. »

Et tendant la main à Lionel, il ajouta :

« Nous partagerons tout, frère ; tout, or et dignités, et dès la première séance, je demanderai au roi l'autorisation d'effectuer ce partage. »

Lady Cecily prit de nouveau Roger dans ses bras.

« Ah ! dit-elle tu es un noble cœur ! »

Comment avec cette nouvelle étreinte, Roger aurait-il pu soupçonner encore que cette belle et noble femme qui le couvrait de caresses et l'inondait de ses larmes n'étaient point sa mère ? Il fut alors convenu entre elle et lui, car Lionel, abasourdi par tout ce qu'il venait de voir et d'entendre, n'avait point la force de parler, il fut convenu, disons-nous, que l'existence de lady Cecily et de son second fils serait tenue secrète jusqu'à la prochaine réunion de la chambre des lords.

Roger reconduisit sa mère et son frère à leur logis ; puis, au moment de quitter Lionel, il se pencha à son oreille et lui dit :

« Je renonce à miss Ellen ; c'est toi qu'elle épousera. »

Et il se sauva comme s'il eût craint de succomber devant un pareil sacrifice, et rentra chez lui où il se mit à fondre en larmes. Mais le marquis d'Asburthon était à la hauteur des plus chevaleresques dévouements. Après avoir pleuré sur son amour, Roger se redressa, puisa une force nouvelle dans l'immensité de son abnégation, et, le lendemain, il écrivit ces mots à miss Ellen.

« Miss Ellen, il faut que je vous vois aujourd'hui même. Il s'agit de votre bonheur et du repos de ma vie. »

Miss Ellen qui avait prévu ce billet, répondit :

« Ce soir, à onze heures, à mon cottage. »

Et Roger avait passé la journée à s'affermir dans sa résolution ; et le soir, quand il entra au club des Beaux, son attitude calme, son regard tranquille, et le sourire qui glissait sur ses lèvres, disaient éloquemment qu'il avait trouvé dans son âme ou dans sa force secrète la force nécessaire pour accomplir ce sacrifice suprême.

« Descends la rive droite de la Tamise, » dit-il à son cocher, qui rendit la main à ses chevaux et partit avec la rapidité de l'éclair. Pendant le trajet, Roger chercha à s'étourdir ; il s'efforça de puiser, dans l'image du bonheur futur de Lionel, le courage dont il avait besoin pour supporter ce bonheur. Mais, tout à coup il se souvint de ce qu'on avait dit au club touchant Osmany.

« Mais pourquoi donc cet homme me protège-t-il ? se demandait-il de nouveau, et sans pouvoir résoudre cette question. Pourquoi cet homme s'est-il trouvé si souvent sur ma route, lui qui, dit-on, a des relations mystérieuses avec les bohémiens ? »

Et il se reprit à songer à Cynthia, à la marque fatale que Bolton avait effacée, à la disparition de celui-ci, à toutes ces choses enfin qui, plusieurs fois déjà, avaient jeté dans son âme une cruelle angoisse. Mais chose étrange, cette fois, son cœur ne battit pas plus vite, la rougeur de la honte ne monta point à son front ; tout au contraire, il releva fièrement la tête et se dit :

« Si cela était, je partirais pour toujours après avoir fait reconnaître Lionel pour mon héritier. »

Et ce fut en songeant ainsi, en se préparant, si besoin était; à un dernier et suprême sacrifice, qu'il arriva à la porte du cottage de miss Ellen.

Une faible clarté filtrait au travers des persiennes. Le cœur de Roger battit, la sueur inonda son front, un dernier soupir déchira sa poitrine.

« O mon Dieu! murmura-t-il, faites que je sois fort jusqu'au bout! »

Et il frappa doucement à la porte. Miss Ellen vint elle même lui ouvrir. La bohémienne était rayonnante de grâce et de beauté ; une belle couleur incarnat couvrait pudiquement son front; elle baissa les yeux en voyant entrer Roger. Roger, par un suprême et sublime effort, était redevenu calme et maître de lui même.

« Miss Ellen, lui dit-il en pénétrant dans le petit salon, où tant d'événements s'étaient accomplis déjà, vous me pardonnerez, n'est-ce pas d'avoir passé dix jours entiers sans vous donner signe d'existence.

— Hélas! soupira-t-elle en baissant les yeux, j'ai compris, milord.

— Qu'avez-vous compris? fit-il en tressaillant.

— J'ai compris murmura-t-elle bien bas, et comme si chaque parole fût montée péniblement des profondeurs de son cœur, j'ai compris que vous ne m'aimiez plus. »

Roger étouffa un cri; mais il eut le stoïque courage de ne point tomber à ses pieds.

« Vous vous êtes trompée, dit-il ; je vous aimais encore il y a dix jours, je vous aimais encore hier.... et si.... aujourd'hui, j'ai la force de renoncer à vous.... c'est qu'un autre plus digne.... »

Il s'arrêta. Miss Ellen chancelait et semblait prête à s'évanouir. Il la soutint dans ses bras et lui dit :

« Lionel vous aime.

— Oh! je le sais, dit-elle.

— Il vous aime à en mourir.

— Mon Dieu! fit-elle, mais je vous aime.... moi....

— Et Lionel est mon frère, ajouta Roger avec calme.

— Votre frère! s'écria-t-elle avec un étonnement si naïf, si merveilleusement joué, que Roger eût juré sur son honneur que jamais elle ne s'était doutée de cette consanguinité.

— Oui, reprit il, Lionel est le second fils du marquis d'Asburthon. »

Miss Ellen paraissait étourdie de ce que lui apprenait Roger. Le marquis continua :

« Lionel est jeune, il est beau, il sera riche, car je partagerai ma fortune avec lui. Il faut que vous soyez sa femme, Ellen, il le faut. Dans trois jours, un chapelain vous unira tous deux dans la chapelle de l'hôtel d'Asburthon. »

Miss Ellen jeta un cri étouffé et glissa inanimée dans les bras de Roger. A ce cri la porte s'ouvrit, une vieille femme s'élança : Roger reconnut en elle la gouvernante de la jeune fille.

« Tenez, lui dit-il d'une voix brisée, portez-la dans sa chambre, faites-lui respirer des sels; moi je n'aurais pas la force d'attendre qu'elle rouvre les yeux. »

Et le malheureux jeune homme sortit, étouffant ses sanglots et murmurant :

« Le sacrifice est accompli. Mon Dieu! protégez-moi maintenant, et donnez-moi la force de ne point me tuer car le suicide est impie! »

On entendit le bruit de sa voiture qui s'éloignait. Alors miss Ellen se redressa brusquement et un sourire vint à ses lèvres.

« Pauvre garçon! » dit-elle en congédiant la gouvernante. Puis elle alla se pelotonner comme une chatte dans une chauffeuse, et s'adressa le petit monologue suivant :

« Je crois, maintenant, que le plus fort de la besogne est fait. Sir Robert Walden, en revenant d'Écosse, me trouvera la femme de Lionel. Lady Cecily est pour moi, car à présent elle croit fermement que Roger est son fils, et elle ne partage point les sots scrupules de sir Robert Walden, qui ne veut pas admettre qu'une bohémienne puisse jamais devenir la femme d'un pair d'Angleterre. Lady Cecily ne s'opposera donc point à mon mariage. Le mariage conclu, il me sera facile de prouver à l'honnête Roger qu'il est le fils de la bohémienne Cynthia. Et alors, acheva la gitana avec un sourire diabolique, le chevaleresque Roger se hâtera de descendre de son fauteuil de pair pour y faire monter son cher Lionel. Allons! je serai marquise d'Asburthon. »

Comme elle prononçait à mi-voix ces ambitieuses paroles, miss Ellen se dressa tout à coup et prêta l'oreille. Il lui avait semblé entendre, au dehors, des pas étouffés et des chuchotements. Elle ouvrit vivement la croisée et se pencha au dehors. Mais la nuit était noire et le silence régnait autour du cottage.

« C'est le bruit du vent dans les arbres, se dit-elle, ou quelque barque qui suit là-bas le courant de la Tamise. Je suis folle d'avoir encore de semblables terreurs, puisque Jean de France est mort! »

IV.

Cependant, à mesure que Roger s'approchait de Londres, il éprouvait comme un soulagement à sa douleur.

« Lionel sera heureux! se disait-il parfois. Moi je m'éloignerai pendant quelques années, je demanderai à retourner en Amérique, et peut-être aurai-je le bonheur de mourir glorieusement pour mon roi et ma patrie. Et puis, qui sait? ajoutait le noble jeune homme, qui sait si Dieu ne me prendra point en pitié, si le temps ne cicatrisera point la plaie profonde de mon âme? qui sait s'il ne m'est pas donné de revenir en Angleterre après une longue absence et d'y retrouver miss Ellen heureuse; si je n'aurais pas le courage de l'aimer simplement comme une sœur? »

Ce fut en s'abandonnant à ces consolantes pensées que Roger regagna le club des *Beaux*.

Il y avait encore, bien que minuit fût sonné depuis longtemps, une réunion nombreuse. Le défi porté par don Pedro et accepté par le marquis avait retenu les principaux membres de l'aristocratique réunion. On attendait donc Roger avec impatience. Don Pedro avait annoncé qu'il voulait combattre à huis clos. On avait donc réservé pour ce tournoi d'un nouveau genre un petit salon où l'échiquier était dressé près d'une fenêtre. Sur un guéridon voisin, un plateau de vermeil supportait une bouteille de porto et deux verres de cristal de Bohême. Don Pedro était assis déjà devant l'échiquier. Roger entra le sourire aux lèvres et le front pâle, semblable à ces gladiateurs qui saluaient César avant de mourir. Don Pedro se leva et vint à sa rencontre. Les membres du club avaient accompagné Roger jusqu'au petit salon, mais ils s'étaient arrêtés sur le seuil.

« Messieurs, leur dit le marquis, permettez-nous de fermer la porte. Elle ne se rouvrira qu'après le combat.

— Milords! cria sir Arthur Rood, les paris sont ouverts. Cent livres pour le marquis Roger.

— Je les tiens pour don Pedro, » répondit le banquier Brixworth.

Les paris s'engagèrent de l'autre côté de la porte, et les deux champions s'enfermèrent.

« Milord, dit alors don Petro à Rentés, en s'asseyant devant l'échiquier, j'ai coutume de vider un verre de porto avant de placer mes pièces.

— Excellente idée, » dit Roger en prenant le flacon de porto et en remplissant les verres.

Les deux adversaires s'inclinèrent légèrement avant de boire, et reposèrent en même temps leurs verres à moitié pleins sur le plateau. La partie s'engagea immédiatement.

Tout en faisant mouvoir ses pièces, don Pedro y Rentès tournait entre les doigts de sa main gauche une grosse bague sur laquelle étincelait un rubis de la plus belle eau. En faisant un mouvement pour rapprocher sa chaise, la bague glissa entre ses doigts et alla rouler sous les pieds du marquis. Roger se baissa pour la ramasser.

Si rapide qu'eût été ce mouvement, sir James eut le temps d'étendre la main sur le verre de Roger et d'y laisser tomber une petite boule noire qui alla se dissoudre instantanément dans le porto. Roger, qui venait de ramasser la bague, la tendit à l'Espagnol qui le remercia gracieusement, et la glissa à l'annulaire de sa main gauche.

« Pardon, Excellence, dit Roger en posant alors les deux coudes sur la table, vous savez pourquoi j'ai accepté la partie d'échecs?

— Sans doute. J'ai à entretenir Votre Grâce de sir James, son cousin. »

Don Pedro se renversa sur son siège comme un homme qui prend ses aises pour entamer une longue conversation.

« Figurez-vous, poursuivit-il, que sir James a été sauvé par les Américains.

— Vous me l'avez déjà dit.

— Justement. Or, en traversant le camp du général Jackson, j'ai eu l'honneur de le rencontrer.

— Je ne vous en ferai pas mon compliment.

— Et il m'a chargé d'un message pour Votre Grâce.

— Ah! ah!

— Sir James voudrait revenir en Angleterre.

— C'est un audacieux coquin, fit le marquis.

— Il se repent des torts qu'il a eus envers Votre Grâce. »

Le marquis eut un sourire railleur, et regarda don Pedro dans les yeux.

« Et moi, dit-il, je regrette de ne pas lui avoir fait sauter la cervelle de ma propre main. »

Comme don Pedro allait répondre au marquis, la fenêtre placée à gauche de la table s'ouvrit brusquement, poussée par une rafale et donna passage à un violent courant d'air qui éteignit les deux bougies du candélabre posé près de l'échiquier.

« Voilà un malencontreux coup de vent, » dit Roger qui se leva et prit le candélabre pour aller le rallumer à la cheminée, pendant que sir James refermait la fenêtre qui ouvrait sur un large balcon de pierre. Cette opération si simple ne dura pas une seconde de plus que le marquis n'avait mis à se baisser tout à l'heure et à chercher la bague de rubis sous la table. Néanmoins, pendant ces quelques secondes de surprise et d'inaction un bras s'était allongé par cette fenêtre qui venait de s'ouvrir si brusquement et avait changé les verres de place. Celui du marquis fut mis devant le fauteuil de don Pedro, et celui de ce dernier à côté de la bourse du marquis. Les deux joueurs revinrent s'asseoir. De l'autre côté de la porte du grand salon, les parieurs attendaient avec anxiété le résultat de la partie. Roger et don Pedro entendaient des chuchotements.

« Vous disiez donc, Excellence, reprit Roger, que mon honoré cousin se repentait de ses torts et désirait rentrer en Angleterre?

— Oui, Votre Grâce, et je me portais volontiers garant de sa sincérité.

— Je vous conseille, dit Roger avec calme, de n'aventurer sur ce repentir ni votre honneur, ni votre fortune, ni votre tête, et pour vous y engager plus éloquemment encore, je bois à la pendaison future de mon très-déshonoré cousin que James Asburthon. »

Et, prenant alors son verre, il le vida d'un trait.

« Amen! » fit don Pedro en forme de conclusion, et, comme Roger, il vida son verre.

La partie avait marché très-vite tandis qu'ils causaient ainsi. Don Pedro était, à ce jeu, d'une force surprenante. Roger perdait peu à peu du terrain, et bientôt il fut échec et mât. Alors il se leva et dit à son adversaire, avec la courtoisie d'un grand seigneur :

« Recevoir une si belle leçon pour cinq cents livres, monsieur, c'est vraiment pour rien. »

Et il alla ouvrir la porte du grand salon.

« Messieurs, dit-il, que ceux qui ont tenu pour moi me pardonnent.

— Vous avez perdu, dit sir Arthur Rood.

— J'ai perdu. »

Il y eut un mouvement parmi les Beaux. Les perdants payèrent en se récriant ; les gagnants s'extasièrent sur l'habileté de don Pedro. Celui-ci cherchait à s'esquiver; mais comme il allait prendre congé, un nouveau personnage entra.

« Foi de Beau! s'écria sir Arthur Rood, voici un revenant.

— Hé! Hé! qui sait? » répondit le nouveau venu.

A la vue de ce membre retardataire, don Pedro sir James pâlit sous la couche d'ocre étendue sur son visage, et Roger lui-même tressaillit subitement.

« Voilà le nabab Osmany, dit sir Edward Tompson, le plus excentrique gentleman des trois royaumes. »

Osmany, car c'était bien lui, salua les Beaux, et dit :

« On m'a parlé, messieurs, de certaine partie d'échecs.

— Elle est jouée.

— Ah!

— Et voici le vainqueur, » dit Roger qui regardait attentivement Osmany.

Il montra don Pedro de la main. Le faux Hidalgo salua.

« Vraiment! dit Osmany, Son Excellence le seigneur don Pedro y Rentès.

— Vous savez mon nom?

— Il n'est personne qui l'ignore à Londres à cette heure. »

Don Pedro crut devoir s'incliner une fois encore.

« Eh bien! reprit Osmany, si Votre Excellence me veut faire l'honneur de se mesurer avec moi....

— Aux échecs? demandèrent plusieurs membres du club.

— Mais sans doute.

— Il est bien tard, murmura don Pedro qui avait hâte de quitter le club, et regardait de temps à autre le marquis Roger dont le visage ne trahissait aucune souffrance. Mais Osmany reprit :

— Les descendants de Fernand Cortès reculeraient-ils devant un pauvre Indien comme moi?

— C'est impossible! dirent plusieurs voix

— Je suis de cet avis, » ajouta le marquis Roger en souriant.

Don Pedro s'inclina, mais il était visiblement inquiet.

« Comme il plaira à Votre Seigneurie, dit-il en s'adressant au nabab Osmany.

— Excellence, reprit celui-ci, vous vous êtes battu sans témoins tout à l'heure.

— Oui.

— Moi, je vous demanderai la permission d'en avoir.

— Oh! très-volontiers, dit don Pedro qui tremblait de se trouver seul avec Osmany.

— Choisissez le vôtre, reprit le nabab.

Don Pedro avisa le banquier Brixworth et lui fit signe.

« Voici le mien, » dit Osmany qui salua le marquis Roger.

Le jeune homme cherchait depuis trop longtemps Osmany pour ne point saisir au vol cette occasion de se trouver avec lui.

« Et maintenant, messieurs, acheva le nabab, vous pouvez ouvrir les paris et tenir pour moi ; j'ai une chance d'enfer à tous les jeux. »

« C'est singulier! pensait sir James, il me semble que

ce damné bohémien, qui a déjà brouillé mes cartes au fort Saint-George, vient de me reconnaître. »

Ce fut d'un pas chancelant que don Pedro sir James rentra dans le petit salon. Il éprouvait une vague souffrance qu'il attribuait à l'apparition subite d'Osmany. Ce dernier ferma la porte à clef et vint s'asseoir dans le fauteuil que Roger occupait tout à l'heure. Le marquis et M. Brixworth demeurèrent debout, chacun derrière le fauteuil de son champion. Osmany disposa froidement les pièces sur l'échiquier.

« Monsieur, dit-il en se tournant vers M. Brixworth, si votre client don Pedro avait le temps de faire avec moi une partie de chaque soir, il aurait bientôt épuisé sa lettre de crédit sur votre maison. »

Don Pedro s'efforça de sourire :

« Nous verrons bien, dit-il.

— Malheureusement, reprit Osmany, il n'en aura pas le temps.

— Mais, fit le faux Espagnol, si Votre Seigneurie a des loisirs, nous verrons....

— Certainement, j'ai des loisirs, continua le nabab en manœuvrant son cavalier ; c'est Votre Seigneurie qui n'en a plus guère.

— Comment cela? demanda le faux Espagnol avec une pointe d'inquiétude.

— Bah! on ne sait jamais ce que l'on a encore de temps à vivre. »

Don Pedro tressaillit.

« Excusez-moi, poursuivit Osmany, mais je suis un peu médecin.

— Bah! et vous me croyez malade? ricana le seigneur don Pedro y Rentès.

— Oh! très-malade, » répondit froidement Osmany.

Don Pedro tressaillit, mais ses lèvres ne cessèrent point de sourire.

« Je vois, dit-il, que vous jouez les échecs à la manière indienne.

— Comment cela?

— Vous intimidez votre adversaire.

— Mais pas le moins du monde, dit Osmany. Tenez, je gage que vous éprouvez déjà une chaleur inexplicable dans la poitrine. »

Don Pedro secoua la tête ; mais, en même temps, il éprouva la douleur que lui annonçait Osmany.

« Jouons, monsieur, dit-il avec un rire nerveux.

— Soit! répondit Osmany, mais j'ai bien peur que vous n'ayez pas le temps de finir la partie.

— Mais, monsieur....

— Figurez-vous, reprit le nabab, que vous commencez à pâlir comme si vous aviez la peau blanche et rosée du marquis Roger d'Asburthon. »

Roger écoutait parler Osmany avec une secrète anxiété.

« Eh bien! c'est l'effet de ce verre de porto que vous avez bu tout à l'heure. Était-il bon?

— Excellent! répondit don Pedro.

— Malgré ce petit grain noir que vous y avez fait infuser? »

Le faux hidalgo étouffa un cri.

« Monsieur, dit-il, je crois que vous êtes fou !

— Non pas moi, mais vous.... car vous vous êtes trompé de verre, cher seigneur ! »

Et, comme Osmany prononçait ces derniers mots, don Pedro poussa un nouveau cri, mais un cri arraché par la souffrance, cette fois, et ses lèvres devinrent livides. Il voulut se lever. La main de fer d'Osmany s'appesantit sur son épaule :

« Restez donc, dit-il : on meurt plus commodément dans un fauteuil. »

Et le faux don Pedro se sentit vaincu par la douleur, et resta comme foudroyé, attachant sur Osmany un œil hagard. M. Brixworth et Roger se regardaient avec stupeur.

« Monsieur le marquis, dit alors Osmany à Roger, le seigneur don Pedro que voilà a voulu vous empoisonner. Il a jeté dans votre verre une poudre noire qui vient des Indes et tue en une heure.

— Que dites-vous? s'écria Roger.

— Voyez, dit Osmany en lui montrant don Pedro qui se tordait dans son fauteuil et poussait des cris inarticulés. Malheureusement, poursuivit le nabab, tandis que vous rallumiez les bougies éteintes par un coup de vent, une main adroite a changé les verres de place.... et don Pedro s'est empoisonné !... »

Roger, pâle et la sueur au front, regardait cet homme sur qui le poison exerçait déjà ses foudroyants effets.

« Mais, s'écria-t-il, quel intérêt cet homme que je ne connais pas.... à qui je n'ai jamais fait de mal.... »

Osmany interrompit Roger :

« C'est à M. Brixworth que je vais répondre, » dit-il.

Et, s'adressant au banquier muet de stupeur :

« Monsieur, lui dit-il, la lettre de crédit que vous avez payée a été souscrite, il y a près de deux ans, par la maison Nunez, Alvar et Cie, de Madrid, n'est-ce pas ?

— Oui, monsieur.

— Le seigneur don Pedro, à qui elle fut remise, arriva à Édimbourg au commencement de mai 1774..., au lieu de s'en aller en Amérique, comme vous l'a dit Sa Seigneurie (Osmany désignait le faux hidalgo, qui se tordait de douleur sur son fauteuil, les dents serrées, le visage décomposé). Donc, au lieu de se rendre en Amérique, il se mit à parcourir l'Écosse, à pied, un bâton ferré à la main. Une nuit, il fut assassiné par l'homme que voilà. »

Roger et M. Brixworth poussèrent un cri. Le moribond essaya de se lever, mais il retomba lourdement dans son fauteuil. Alors Osmany lui arracha la barbe noire qui lui couvrait la moitié du visage, et Roger, stupéfait, reconnut sir James !...

« Encore une fois, monsieur le marquis, dit alors froidement Osmany, la mort a passé bien près de vous. »

Et il ouvrit la fenêtre qui avait livré passage au courant d'air qui avait éteint les bougies.

« Wills ! » appela-t-il.

A ce nom, le piqueur d'Asburthon-le-Vieux entra. Wills avait repris sa casaque de piqueur et retrouvé son visage narquois.

L'œil mourant de sir James s'arrêta sur lui avec une expression de haine féroce.

« Ah ! dit Wills avec naïveté, voilà que Votre Honneur va mourir en reniant les principes de sa vie entière. J'ai trahi Votre Honneur à la seule fin d'hériter plus sûrement du manoir d'Asburthon et de toucher, en outre, les cinq cents livres que m'a données monsieur (il désigne Osmany). Si Votre Honneur allait m'en vouloir, il me laisserait une triste opinion de son caractère, continua Wills. Il n'y a de dévoué que les bêtes, voyez-vous, et Votre Honneur a eu tort d'empoisonner son terrier Bull. »

Un sourire plus rien d'humain crispa les lèvres décolorées de sir James ; puis sa poitrine se gonfla, un rauquement de bête fauve passa entre ses dents serrées, sa tête se renversa sur son dos ; il râlait affreusement. Quelques secondes après, une dernière convulsion roidit ses membres déjà glacés par le froid de la mort, et son cadavre roula sur le tapis. Osmany le couvrit du manteau que Wills portait sur ses épaules. Le nabab salua alors M. Brixworth et Roger, muets de stupeur, et fit un pas vers la porte. Mais le marquis d'Asburthon lui saisit le bras avec force. Osmany s'arrêta et fronça le sourcil.

« Cette main qui a changé les verres, dit Roger, c'était la vôtre n'est-ce pas ?

— Peut-être.

— Ainsi, une fois encore vous m'avez sauvé ? »

Osmany inclina la tête.

« Eh bien ! vous allez répondre à mes questions en ce cas.

— Non, milord, dit Osmany avec calme.

— Je veux enfin savoir, continua Roger, à qui je dois cette protection mystérieuse ; je le veux.

— Et si je refuse de parler?

— Je saurai vous y forcer ! » s'écria le marquis avec une sourde colère.

Un sourire tranquille vint aux lèvres d'Osmany.

« Milord, dit-il, une haine mortelle existait entre sir James et moi à propos d'une femme qu'il m'avait enlevée En vous sauvant, je servais ma vengeance. »

E, set dégageant brusquement de l'étreinte de Roger, il s'élança sur le balcon sur les pas de Wills, et disparut avec lui dans les ténèbres. Roger mit ses deux mains sur son front et murmura :

« Oh ! cet homme ment.... cet homme a menti.... »

Après le départ du marquis Roger, miss Ellen, on s'en souvient, sortit de son feint évanouissement et se prit à sourire de la naïveté de cet homme, qui renonçait à son amour par pur dévouement fraternel. Puis elle ouvrit la fenêtre et plongea son regard au dehors, car elle avait cru entendre des pas et ses voix. Mais elle s'était bientôt rassurée en se disant : « Je suis folle, c'est le bruit du vent dans les arbres. »

Depuis le départ de sir Robert Walden, elle vivait tout à fait à sa guise et ne rendait compte de ses actions à personne. Aussi, ce soir-là, elle jugea inutile de rentrer à Londres, et résolut de passer la nuit au cottage en compagnie de la vieille gouvernante. Elle monta donc au premier étage et se mit au lit. La gouvernante ferma soigneusement toutes les portes, tira les verrous et vint se coucher dans une pièce voisine. Miss Ellen, tout entière à ses projets d'ambition, attendit longtemps le sommeil ; elle se voyait duchesse dans un prochain avenir, et le manteau d'hermine qu'elle partagerait bientôt avec Lionel la faisait rêver tout éveillée. Cependant, il y avait environ une heure qu'elle avait éteint sa lampe de nuit, lorsqu'il lui sembla que les mêmes bruits insolites, qui déjà étaient arrivés à son oreille, se faisaient entendre de nouveau.

« Si Jean de France n'était pas mort, se dit-elle, je gagerais que c'est lui. »

Elle se leva sans bruit, ouvrit sa croisée sans pousser les persiennes, et explora minutieusement les abords du cottage. La campagne était déserte.

« J'ai des bourdonnements dans les oreilles, » se dit-elle.

Et elle se recoucha. La nuit était redevenue silencieuse. Miss Ellen n'entendait plus que la respiration de la gouvernante qui avait fini par s'endormir.

Une cloche lointaine, celle de la paroisse Saint-Gilles, sonna deux heures du matin. Elle se roula dans ses couvertures et ferma les yeux. Mais alors les chuchotements et les bruits étranges recommencèrent. On eût dit des fantômes qui reviennent errer autour de leur ancienne demeure. Miss Ellen et la gouvernante dormaient. Cépendant, comme le sommeil est plus léger chez les vieillards, la gouvernante s'éveilla en sursaut. Un bruit sec, assez semblable à celui d'une serrure qu'on force, venait de se faire entendre. Mais comme ce bruit ne fut suivi d'aucun autre, la vieille femme crut avoir été le jouet d'un rêve, et ne tarda point à se rendormir. Quelques minutes s'écoulèrent encore. Tout à coup, le parquet craqua sourdement. La vieille femme s'éveilla de nouveau ; mais elle n'eut pas le temps de crier. Une main vigoureuse la saisit à la gorge, un poignard s'appuya sur sa poitrine et une voix lui dit à l'oreille :

« Silence, si tu veux vivre ! »

La terreur la paralysa ; elle ne songea même pas à se débattre. En même temps, le parquet continua à craquer sous des pas étouffés, et miss Ellen s'éveilla à son tour.

« A moi, Betsy ! » cria-t-elle.

Betsy (c'était le nom de la gouvernante), ne répondit point. Miss Ellen bondit hors de son lit et se réfugia dans la ruelle : elle avait vu une forme noire, plus noire que les ténèbres qui l'environnaient, se diriger vers elle. La pupille de sir Robert Walden avait conservé, de son origine bohémienne, un sang-froid merveilleux. Tandis que la forme noire marchait vers son lit, elle se souvint qu'elle avait un pistolet accroché à son chevet.

Le saisir, ajuster et faire feu fut pour miss Ellen l'affaire d'une seconde. Une détonation éclata suivie d'un cri de douleur. La forme noire tomba sur le parquet et s'y roula en vomissant des imprécations. Mais, à la lueur du coup de pistolet, miss Ellen put voir deux autres personnages qui entraient dans sa chambre : un homme et une femme.

« Samson ! Cynthia ! » balbutia-t-elle.

Elle chercha le poignard qu'elle plaçait, la nuit, sous son oreiller ; mais soit que la terreur guidât mal ses recherches, soit qu'elle l'eût fait tomber à terre en se précipitant hors du lit, elle ne le trouva point. En même temps les bras vigoureux de Samson l'enlacèrent.

« Ah ! dit le colosse, je tiens enfin la vipère, et, cette fois, elle ne mordra plus ! »

La reine des bohémiens battit le briquet, une flamme bleue en jaillit et une mèche soufrée s'alluma. Alors miss Ellen, pâle et frissonnante, dut voir un homme qui se tordait sur le parquet dans une mare de sang : c'était le bohémien Râmo, celui que Jean de France avait trouvé investi des fonctions de fossoyeur dans le cimetière Saint-Gilles. Un quatrième bohémien avait, pendant ce temps-là, garrotté et bâillonné la vieille gouvernante. Samson dit à Cynthia :

« Ferme la porte ! »

Cynthia obéit.

« Ma petite Topsy, dit alors le colosse, cette fois tu es bien en notre pouvoir, et l'heure de ton châtiment est venue. »

Miss Ellen n'avait pas besoin de ces paroles pour comprendre la gravité de sa situation. Convaincue de la mort de Jean de France, elle sentait bien que les bohémiens ne lui feraient aucune grâce. Mais la bohémienne Topsy, comme l'avait appelée Samson, avait le sang-froid et le génie fertile de sa race. Quel est le bohémien qui n'a pas espéré le salut au pied même de l'échafaud. Toute résistance devenait impossible. La ruse seule pouvait venir en aide à miss Ellen.

« Que voulez-vous de moi ? fit-elle avec calme.

— Tu le sauras bientôt, ricana le colosse Samson.

— Si vous venez pour me tuer, poursuivit-elle avec un accent de dédain suprême, hâtez-vous et ne m'insultez pas !

— Non, pas encore, dit Samson.

— Alors que voulez-vous ?

— Que tu nous suives.

— Dans ce costume ?

— Non, habille-toi. »

« Eh bien ! sortez alors, dit-elle en se drapant pudiquement dans les rideaux du lit.

— Soit, dit Cynthia ; mais moi je suis une femme et je puis rester.

— Comme vous voudrez, » dit miss Ellen.

Samson sortit.

« Ma petite, dit alors Cynthia, tu m'as trompée une fois ; mais à présent ton génie infernal ne peut plus rien sur toi. »

Miss Ellen haussa les épaules et se tut. Elle passa un poignard à la main, jeta un châle sur ses épaules, et, tout en accomplissant ces deux choses, sa main fouilla de nouveau sous l'oreiller. Miss Ellen espérait trouver le poignard, bondir jusqu'à Cynthia et la frapper. Le poignard avait disparu.

« Allons ! dit la bohémienne, tu peux venir, Samson. »

Le colosse reparut.

« Ma petite Topsy, dit-il, vous ne marcherez jamais aussi vite que moi. »

Il la prit dans ses bras et la chargea sur ses épaules.

« En route ! » dit Cynthia.

Miss Ellen songeait à crier, à appeler à son aide, aussitôt qu'elle serait hors du cottage. Les bohémiens la prévinrent. Au moment où celui qui avait garrotté la vieille gouvernante ouvrait la porte extérieure, Cynthia jeta sur la tête de la bohémienne un capuchon semblable à celui que l'indienne Daï Natha lui avait passé douze jours auparavant, et miss Ellen se sentit emportée, sans qu'il lui fût possible de crier et de se débattre, et sans deviner en quel lieu on allait la conduire.

VI.

Lionel, que nous avons laissé rentré chez lui avec sa mère et reconduit par Roger, avait passé la nuit et la journée suivante en proie à une surexcitation extraordinaire. Ainsi, il était le fils de lord Asburthon, le frère de Roger, gentilhomme par conséquent; et son frère était assez généreux pour fouler aux pieds le droit d'aînesse et ses préjugés !... L'aveugle qui voit tout à coup et devant qui se déroulent les splendeurs de la terre et l'azur du ciel, n'éprouve pas une jouissance semblable à celle qu'éprouva Lionel; et puis, Roger ne lui avait-il pas dit :

« Tu aimes miss Ellen, tu l'épouseras ! »

Cette pensée acheva de mettre le comble au bonheur de Lionel. Il se voyait gentilhomme, et l'heure approchait où il serait l'heureux époux de miss Ellen. Le lendemain, il courut chez Roger; Roger était absent, mais il avait laissé un mot pour lui.

« Je m'occupe de ton bonheur, disait le marquis; sois patient et attends.... »

La journée avait paru bien longue à Lionel; puis, le lendemain matin, n'y étant plus, il courut à l'hôtel Walden. Portes et fenêtres étaient closes. Il sonna; un valet vint lui ouvrir.

« Miss Ellen peut-elle me recevoir ? » demanda Lionel.

Le valet sourit.

« D'abord, répondit-il, quand miss Ellen est à l'hôtel, elle ne se lève pas si matin.

— Comment ! fit Lionel, miss Ellen n'est pas chez elle?

— Non, » répondit le valet.

Lionel fronça le sourcil et ses lèvres tremblèrent.

« Où donc est-elle? demanda-t-il.

Le valet répondit :

« Elle a reçu hier soir un billet, et elle est montée en voiture presque sur-le-champ; le valet qui apportait le billet avait la livrée d'Asburthon, et je suppose que miss Ellen est allée à son cottage.

— Quel cottage?

— Mais.... celui qu'elle possède à Deptford. »

Lionel éprouva une violente émotion. Pourquoi miss Ellen s'empressait-elle de sortir de chez elle sur un billet venu de l'hôtel d'Asburthon ! Qu'était-ce que ce cottage dont il n'avait jamais entendu parler ? Il saisit le valet par le bras et lui dit avec un ton d'autorité :

« Tu vas me conduire.... il faut que je voie miss Ellen Walden sur-le-champ ! »

Le valet n'osa résister. Lionel fit monter avec lui le valet dans une voiture, et sur les indications qui lui furent fournies, le cocher les conduisit au cottage. Portes et fenêtres étaient closes.

Lionel ne pouvait s'expliquer ce rendez-vous nocturne donné par Roger à miss Ellen; il comprenait moins encore la grandeur d'âme du marquis, lui disant : « C'est toi qui épouseras miss Ellen. »

Comme la porte était fermée, Lionel frappa rudement. Des sons inarticulés, ressemblant à des cris comprimés par un bâillon, lui répondirent. Lionel, aidé du valet, enfonça la porte et pénétra dans l'intérieur du cottage. La première chose qui s'offrit à leur vue fut la vieille gouvernante qui s'était traînée, malgré ses liens, dans le corridor. Lionel, à sa vue, eut froid au cœur, et ses cheveux se hérissèrent ; il devina un malheur. Tandis que le valet débarrassait la vieille femme de ses liens et de son bâillon, Lionel s'écria :

« Où est miss Ellen ?

— Enlevée !... répondit la gouvernante; ils l'ont emportée.

— Mais qui, grand Dieu ? s'écria le jeune homme éperdu.

— Une femme et des hommes que je ne connais pas. »

Et la gouvernante raconta ce qui s'était passé, non point succinctement, clairement, mais avec les réticences d'une personne qui a perdu la tête. On trouva une mare de sang dans la chambre de miss Ellen ; la gouvernante parla du coup de pistolet, mais elle ne put dire qui l'avait tiré. Enfin, il fut bien avéré que miss Ellen avait opposé une longue résistance. La gouvernante avait entendu prononcer le nom de Cynthia ; qu'était-ce que Cynthia? Lionel avait toujours ignoré la lutte qui existait entre la pupille de sir Robert Walden et les bohémiens; il ne pouvait donc accuser ces derniers de l'enlèvement de miss Ellen. En revanche, sa jalousie se réveilla vivante et tenace, et il lui passa par l'esprit une étrange idée. Roger avait tendu un piège à miss Ellen et l'avait fait enlever.

« Oh ! s'écria-t-il avec rage, morte ou vive, il me la rendra ! »

Et il s'élança hors du cottage, remonta dans sa voiture en criant au cocher :

« A l'hôtel d'Asburthon ! »

Il avait laissé le valet au cottage ; mais celui-ci s'élança à la poursuite de la voiture et grimpa à côté du cocher.

Une heure après, Lionel, pâle et frémissant, entrait à l'hôtel d'Asburthon. Roger était chez lui. En voyant apparaître son jeune frère l'œil hagard, les vêtements en désordre, le marquis devina quelque catastrophe. Il alla au-devant de lui, les mains tendues ; mais Lionel le repoussa durement.

« Monsieur, lui dit-il, vous m'avez trompé ! »

Roger recula stupéfait.

« Vous avez fait enlever cette nuit miss Ellen dont, sans doute, vous avez fait votre maîtresse !

— Miss Ellen !... s'écria Roger, on a enlevé miss Ellen ?

— Vous le savez bien, répondit Lionel, puisque c'est vous qui....

Mais Roger saisit Lionel par le bras ; son œil étincelait, ses lèvres tremblaient de colère.

« Vous êtes insensé ! dit-il, et je vous défends de m'accuser ainsi ! »

Il y avait une telle indignation, un tel accent d'autorité dans ces paroles que Lionel se sentit dominé, et sa conviction fort ébranlée.

« Mais alors qui donc? s'exclama-t-il, qui donc a pu....

— Mais explique-toi, malheureux, au lieu de m'accuser ! Parle ! qu'est-il arrivé? s'écria Roger.

— Il est arrivé, répondit Lionel, que cette nuit, au cottage, on a enlevé miss Ellen !

— Mais.... qui?

— Hé ! le sais-je? puisque j'ai cru.... »

Et Lionel raconta à Roger ce qu'il avait vu et entendu, puis il prononça le nom de Cynthia. Ce nom fut pour Roger comme le phare qui brille tout à coup aux yeux des navigateurs sur une mer orageuse et sombre ; il saisit de nouveau le bras de Lionel, et lui dit :

« Va ! je la retrouverai !... »

Une voix secrète venait de mettre l'esprit de Roger sur les traces de la vérité. Le valet de miss Ellen, qui avait suivi Lionel, était entré à la tête de celui-ci dans la chambre. Au nom de Cynthia il tressaillit, comme avait tressailli le marquis.

« Si c'est la femme que je crois, dit-il, je sais où nous la trouverons.

— Tu sais où trouver Cynthia?

— Si c'est de la bohémienne qu'il est question, oui. »

Roger prit son chapeau et son épée, puis comme Lionel s'apprêtait à le suivre, il eut comme un pressentiment funeste.

« Frère, lui dit-il avec émotion, je te jure sur la mémoire de notre père que j'ai renoncé à l'amour de miss Ellen, qu'elle n'est plus pour moi qu'une sœur, et que je ferai tous mes efforts pour qu'elle devienne ta femme !...

— Je te crois !

— Alors, fies-toi à moi; seul je retrouverai miss Ellen.... je t'en supplie, ne me suis pas! »
Et comme Lionel hésitait, Roger ajouta :
« Au nom de notre père! je t'en supplie....
— Soit! » murmura Lionel vaincu.

Roger, enveloppé dans son manteau, courait à travers les rues tortueuses du Wapping, conduit par le valet de miss Ellen. Sa course avait été longtemps si précipitée qu'il n'avait point songé à adresser à ce dernier la moindre question. Mais, à l'entrée d'une rue plus étroite, plus boueuse et

La zingara sentait une folie vertigineuse la gagner peu à peu. (Page 61, col. 2)

plus sombre encore que les autres, le valet s'arrêta un moment.
« Il me semble pourtant bien, dit-il, que le soir où nous avons enlevé Cynthia.... »
Ces mots frappèrent Roger :
« Tu as enlevé Cynthia, toi? » fit-il.
Le valet rougit comme un écolier pris en faute, et balbutia quelques mots sans suite.

« Mais parle donc! drôle, lui dit Roger d'un ton de menace.
— Mais, milord, dit le valet, si je parle, miss Ellen me chassera....
— Eh bien! dit Roger en tressaillant, je te prendrai à mon service. »
Ces mots calmèrent les scrupules du valet, il prit la bourse que lui tendait le marquis et dit :

« Oui, milord, j'ai enlevé avec l'aide de Joë et d'une Indienne qui vend du poison, Cynthia la bohémienne.
— Quand?
— Il y a aujourd'hui treize jours. Et c'est au moment où elle allait prendre cette rue....
— Pourquoi l'as-tu enlevée?
— Pour obéir aux ordres de sir Robert Walden et de miss Ellen. »
Ces mots furent un coup de foudre pour Roger :
« Miss Ellen? balbutia-t-il, c'est miss Ellen qui t'a commandé de l'enlever?
— Oui, milord.
— Et où l'as-tu conduite?
— Au cottage du bord de la Tamise. Quand nous nous sommes emparés d'elle, nous la suivions depuis longtemps. Elle sortait de chez le chirurgien Bolton....
— Bolton ! Cynthia! miss Ellen! Oh! quel mystère! » murmura Roger éperdu.
Puis il reprit avec vivacité, en empêchant le valet d'aller plus loin :
« Mais parle donc, malheureux! parle! je payerai tes paroles ce que tu voudras.... »
Le valet ne se fit point prier davantage.
« Nous avons conduit Cynthia au cottage, poursuivit-il. Nous l'y avons gardée deux jours....
— Après! après? fit Roger.
— Le soir du second jour miss Ellen est venue la prendre en lui disant : Il s'agit du salut de votre fils, venez. »
Roger écoutait la sueur au front.
« Et elle l'a suivie?
— Oui, reprit le valet. Elles sont montées dans une voiture. C'est mon camarade Joë qui conduisait. Je ne sais pas où elles sont allées.
— Mais, dit Roger, comment espères-tu retrouver Cynthia?
— C'est que je suppose qu'elle est retournée dans sa maison.
— Et.... cette maison?
— Doit être à gauche, là-bas, au bout de cette rue....
Oui, c'est bien là....
— Marchons! » dit Roger dont le cœur battait à se briser.
Pourquoi miss Ellen avait-elle fait enlever Cynthia? pourquoi Cynthia avait-elle des relations avec Bolton? cette femme était-elle donc sa mère?
Les ouvriers allant à leur journée, les femmes du peuple balayant le seuil de leur porte regardaient passer curieusement ce beau seigneur fourvoyé dans le plus infect des quartiers de Londres, et ne comprenaient rien à ses traits bouleversés et à la rapidité de sa marche. Enfin le valet lui montra une petite maison à deux étages dont la porte était close :
« C'est là, » dit-il.
Roger lui fit un signe impérieux :
« Va-t'en, lui dit-il. Je n'ai plus besoin de toi. »
Le valet s'en alla. Roger frappa alors à la porte.
Une jeune fille de seize à dix-sept ans, blonde et d'une beauté merveilleuse, vint lui ouvrir.
« Pardon, mon enfant, lui dit Roger, Cynthia est-elle chez elle? »
La jeune fille avait jeté un regard défiant dans la rue.
« Votre Seigneurie se trompe, dit-elle. Je ne connais pas Cynthia. »
Mais ce regard de la jolie blonde n'avait point échappé à Roger :
« Ne craignez rien, dit-il en souriant, je suis un ami. C'est Osmany qui m'envoie.... »
Ce nom ouvrit la porte de la maison. La jeune fille s'effaça et dit à Roger :
« Entrez! Votre honneur. Cynthia est là-haut, auprès de ma sœur qui dort.
— J'ai une mission pour elle seule, » reprit Roger.
La jeune fille poussa la porte d'un petit salon situé au rez-de-chaussée :
« Alors, dit-elle, je vais la prévenir. Que Votre Honneur veuille bien attendre. »

Une minute après Cynthia entra, l'aperçut, étouffa un cri et demeura immobile, attachant sur lui un regard inquiet. Elle avait reconnu son fils.
« Ah ! lui dit Roger, c'est vous qui vous nommez Cynthia?
— Oui, répondit-elle d'une voix émue.
— C'est vous qui avez prétendu, reprit Roger non moins tremblant qu'elle, que vous étiez ma mère!... »
Cynthia pâlit, tout son sang afflua à son cœur ; mais elle eut assez de force pour ne point éclater. Tout au contraire, elle se mit à genoux et dit humblement :
« Que votre Seigneurie me pardonne ! il paraît que j'ai été folle....
— Ah !
— J'étais, continua Cynthia que le marquis releva avec bonté, j'étais sur le passage des troupes, quand vous êtes revenu d'Amérique, et j'ai trouvé à Votre Seigneurie une si grande ressemblance avec un fils que j'ai perdu, que je suis devenue folle de douleur.... »
Roger contemplait cette femme qui lui parlait avec l'accent de la prière et qui joignait les mains comme un coupable qui demande grâce. Une émotion terrible brisait sa voix dans sa gorge ; la fièvre faisait battre ses artères. Il s'approcha d'elle et soulevant une amulette de verroterie suspendue à son col par un cordon de soie :
« Jurez-moi, dit-il, sur votre Dieu, sur les cendres de votre race, que vous avez dit vrai; que vous n'êtes point ma mère? »
Cynthia recula comme si un abîme se fût entr'ouvert devant elle.
« Jurez ! » répéta Roger.
Elle étendit la main, elle entr'ouvrit les lèvres pour accomplir son parjure, mais ses lèvres ne rendirent aucun son, et sa main retomba inerte le long de son corps....
« O mon Dieu ! mon Dieu ! » murmura Roger.
Alors Cynthia oublia ses serments, elle oublia Jean de France, elle ne se souvint plus que d'une chose, c'est que ce beau jeune homme qu'elle avait devant elle, ce beau seigneur vêtu de soie et de velours, ce vaillant soldat dont l'Angleterre était fière, elle l'avait porté dans ses flancs, elle l'avait nourri de son lait, et un cri sublime et puissant, un cri d'amour maternel jaillit de sa poitrine :
« Mon fils !... »
Et puis elle l'enlaça de ses bras et mit un ardent baiser au front du noble héritier d'Asburthon.

VII.

Revenons à miss Ellen. Le capuchon qu'on lui avait jeté sur la tête l'empêchait de crier, et ne lui permettait ni de voir, ni d'entendre la conversation que Samson avait à voix basse avec Cynthia. Seulement, les cris étouffés de l'homme sur lequel elle avait tiré un coup de pistolet, lui apprenaient, en parvenant jusqu'à elle, qu'on emportait ce malheureux. En effet, le bohémien, qui avait garrotté la vieille gouvernante, avait chargé Ramó sur ses épaules. Bientôt miss Ellen, que son sang-froid n'abandonnait pas, et dont tous les sens étaient en éveil, comprit, aux mouvements de Samson et à une brusque secousse qu'elle éprouva, qu'on allait la faire voyager par eau. Samson venait de sauter dans une barque et il déposa la jeune fille auprès de lui, à l'arrière. Miss Ellen n'opposait aucune résistance ; elle ne songea même point à retirer ses mains que Cynthia lui lia adroitement avec un foulard. La barque se mit en mouvement, et glissa rapide sur la Tamise en redescendant le courant. Où la conduisait-on? Tant qu'elle se serait sentie au pouvoir des Bohémiens dans Londres, elle n'aurait point perdu l'espoir de leur échapper ; mais, s'ils l'emmenaient en pleine mer, elle pouvait se considérer comme perdue. Cependant, miss Ellen était trop courageuse pour perdre la tête. Après s'être mesurée avec Jean de France, pouvait-elle trembler devant une brute comme Samson ?

« Madame, dit-elle à Cynthia, ce capuchon m'étouffe.... »

Cynthia le souleva à demi.

« On vous l'ôtera, dit-elle, si vous voulez vous laisser bander les yeux.

— Je le veux bien, » répondit-elle.

Cynthia passa ses mains sous le capuchon et noua un foulard sur ses yeux.

« Maintenant, dit-elle, si vous ne devez pas crier, on vous ôtera le capuchon. »

Un sourire dédaigneux plissa les lèvres de miss Ellen.

« Comme vous m'auriez poignardée, dit-elle, avant qu'on soit venu à mon secours, mes cris seraient inutiles. »

Cynthia lui enleva le capuchon et une bouffée de l'air froid vint la frapper au visage.

« Prends garde ! dit Samson à la reine des bohémiens, elle est souple et agile comme une couleuvre. Si elle se laissait tomber à l'eau, elle nous échapperait.

— Oh ! je la tiens bien, » répondit Cynthia, qui arrondit son bras nerveux autour de la taille de miss Ellen.

La barque descendait rapidement le courant. Ramô laissait de temps en temps échapper un cri de douleur.

« Tais-toi donc, butor, lui dit Samson ; vas-tu nous trahir ? Le chirurgien du bord te pansera. »

Ces mots frappèrent miss Ellen et la confirmèrent dans ses angoisses. On la conduisait à bord d'un navire. Enfin la barque ralentit son mouvement ; miss Ellen entendit le grincement de la vergue qui glissait le long du mât, puis une voix qui criait à distance :

« Ohé ! du canot !

— Amri ! répondit la voix sonore de Samson.

— Accoste ! » cria la voix.

La barque tourna sur elle-même, coupa le courant, et tout à coup miss Ellen sentit qu'on hissait à bord le canot sur le portemanteau d'arrière.

« Ma petite Topsy, lui dit Samson qui la reprit dans ses bras, il vaut mieux que je vous porte.... nous irons plus vite. »

Quelques minutes après, miss Ellen se trouvait dans la batterie d'un brick armé en course, et Cynthia lui enlevait son bandeau. Son premier regard fut pour la reine des bohémiens, derrière qui se tenaient Samson et deux hommes qu'elle ne connaissait pas, mais dont l'un lui parut être le capitaine du navire. Cynthia avait l'air triste et solennel d'un juge, qui va prononcer quelque sentence terrible.

« Miss Ellen, dit-elle, l'heure de votre châtiment approche, et c'est vous qui allez être appelée à prononcer vous-même sur votre sort.

— Ceci ne me semble nullement clair, » dit miss Ellen.

Et elle leva sur Cynthia, et les trois hommes qui l'entouraient, un regard de défi. Cynthia reprit :

« Vous êtes ici à bord d'un navire qui lèvera l'ancre après-demain au point du jour : choisissez ou demeurer à bord, ou retourner à Londres.

— Mais, fit-elle, le choix ne me semble pas douteux.

— Croyez-vous ?

— Je ne me soucie nullement de voyager, dit-elle en souriant.

— Attendez encore, dit Cynthia : si vous demeurez à bord, ce navire vous emmènera en Amérique, où l'on vous assurera une existence honorable.

— Voilà déjà, dit miss Ellen toujours calme et railleuse, une proposition qui n'a rien de bien effrayant ; voyons la seconde ?

— Si vous refusez, dit Cynthia, demain on vous reconduira à Londres.

— Bien.

— Et vous comparaîtrez devant un tribunal ; si ce tribunal vous condamne, vous subirez la peine qu'il ordonnera. Réfléchissez.

— Je n'ai pas besoin de réfléchir pour vous répondre.

— Vous consentez à partir ?

— Non.

— Vous préférez être jugée ?

— Et même condamnée. »

Cynthia soupira et fit un signe au capitaine. Celui-ci s'avança et dit :

« Vous êtes ma prisonnière jusqu'à demain soir, mademoiselle ; veuillez me suivre.

— Allons ! » répliqua miss Ellen qui se disait :

« Ce navire doit avoir des sabords, et je suis bonne nageuse. »

....

On l'enferma dans une cabine ; mais, contre son attente, cette cabine ne prenait jour par aucun sabord, par la raison toute simple qu'elle avait été ménagée à fond de cale. Cependant, elle était relativement assez confortable pour une prison. Il s'y trouvait un lit, deux chaises, une table, des livres et du papier pour écrire. La porte fut verrouillée en dehors ; en outre, on y plaça une sentinelle. Miss Ellen, dès la première heure, jugea une évasion impossible ; mais ni son calme, ni son audace ne l'abandonnèrent.

« Nous verrons demain, » se dit-elle.

Et elle se mit au lit et s'endormit bientôt. Quand elle s'éveilla, elle aperçut sa bougie qui achevait de se consumer, et elle établit mentalement ce calcul : une bougie brûle environ sept heures ; il pouvait être trois heures du matin lorsque la barque avait accosté le brick ; il était donc alors environ dix heures, comme il est probable qu'on ne songe point à me faire mourir de faim, je verrai bientôt un visage humain.

En effet, la porte de la cabine s'ouvrit et un matelot entra, portant un plateau chargé de divers aliments. Ce matelot avait un air honnête et naïf. Miss Ellen l'enveloppa d'un regard fascinateur.

« Mon ami, lui dit-elle, veux-tu faire ta fortune ? »

Le matelot sourit.

« Je veux bien, dit-il ; que faut-il faire ?

— M'aider à sortir d'ici. »

Le matelot se mit à rire d'un gros rire béat.

« Et le capitaine qui me ferait pendre, dit-il. Salut, milady ! »

Il posa le plateau devant miss Ellen, salua et se retira sans oublier de verrouiller la porte.

Miss Ellen ressemblait peut-être, en ce moment, à ces malades dont la dernière heure approche, et qui, à chaque pas que fait la mort en venant à eux, songent à la guérison et font des projets pour l'avenir. Les obstacles insurmontables qu'elle voyait, au lieu de l'abattre, fortifiaient son courage. Son calme ne se démentit point tout le reste du jour. Elle déjeuna de fort bon appétit, prit un livre qui se trouvait sur un guéridon, et tua le temps par la lecture d'un roman français. Vers six heures, on lui apporta à dîner. Cette fois, le matelot qui la servait était accompagné du capitaine du navire.

« Ah ! ah ! lui dit miss Ellen, je gage que vous venez m'apprendre quelque chose de nouveau.

— Je viens connaître vos dernières résolutions, répondit-il avec tristesse.

— Comme vous me dites cela !

— Le navire que je commande ne devait lever l'ancre que demain matin, mais j'ai reçu de nouveaux ordres, et, grâce à une bonne brise de nord-ouest qui commence à souffler, je compte appareiller dans une demi-heure. »

Miss Ellen tressaillit, et une légère pâleur couvrit son front.

« Vous allez me déposer à terre avant de partir, au moins, fit-elle avec inquiétude.

— Cela dépend de vous, répondit le capitaine. On vous a laissée libre de choisir.

— Mon choix est fait ; je reste en Angleterre. »

Le capitaine secoua la tête.

« Vous avez tort, dit-il. Je suis bohémien comme

Samson, comme Jean de France que vous avez assassiné, comme Cynthia, comme vous. »

Elle fit un mouvement.

« C'est vous dire, poursuivit-il, que je connais parfaitement votre histoire. Vous avez trahi notre cause dès l'enfance, vous êtes notre plus mortelle ennemie.

— C'est vrai ! dit-elle avec assurance.

— Une dernière protection s'étendait sur vous. Cette protection mystérieuse a voulu vous laisser l'arbitre de votre propre destinée. Si vous consentez à venir en Amérique, je vous débarquerai aux Antilles ou à la Louisiane, à votre choix.

— Je refuse.

— Mais vous ne savez pas quel sort vous attend? »

Elle eut un geste de reine, et regarda fixement le capitaine.

« Écoutez, dit-elle, je sais ce que vous allez m'apprendre. Les bohémiens vont me jeter dans quelque cachot.

— Peut-être. »

Elle se prit à sourire.

« Il est de par le monde, dit-elle, deux hommes qui m'aiment éperdument. Ils sont jeunes tous deux, riches et braves. Avec de pareils hommes, les barreaux de fer d'un cachot se brisent comme des brins de paille, les murs épais d'une forteresse s'écroulent comme un château de cartes. »

Le capitaine secoua la tête.

« Ainsi, répéta-t-il, vous ne voulez pas venir en Amérique ?

— Non. »

Il tira sa montre.

« Vous avez dix minutes encore, dit-il. Dans dix minutes, les bohémiens viendront à bord.

— Pour me reconduire à Londres, n'est-ce pas ?

— Je le crois, dit le capitaine.

— Eh bien ! fit-elle, toujours calme et souriante, je vais profiter de ces dix minutes pour dîner. Au revoir, capitaine ! »

Et elle le congédia, comme si elle se fût trouvée, un jour de gala et de réception, dans le grand salon de l'hôtel de Walden.

« C'est une âme de bronze, » murmura le bohémien en sortant.

Miss Ellen songeait, quand il fut parti :

« Roger et Lionel me cherchent à cette heure, et Jean de France est mort ; la tête sous la hache j'aurais encore de l'espoir. »

Et elle dîna avec autant d'appétit que si elle eût suivi, au galop, une chasse au renard dans le Yorkshire. Peu après, la porte se rouvrit et le capitaine rentra.

« Il est temps, dit-il. Vous avez choisi ?

— Mais sans doute, et je vous souhaite un bon voyage. »

Le capitaine bohème était jeune, il avait un cœur sous son masque de glace ; il ne put s'empêcher de soupirer et de répéter, une fois de plus :

« Vous avez grand tort, Topsy. »

Mais miss Ellen avait déjà jeté un manteau sur ses épaules.

« Mes geôliers sont-ils là? demanda-t-elle en souriant.

— Oui.

— Alors, conduisez-moi. »

Et elle sut, par un geste plein de coquetterie, le forcer à lui offrir la main. Conduite par le capitaine, la pupille de sir Robert Walden monta des profondeurs de la cale sur le pont. Elle vit deux hommes vêtus de noir et le visage couvert d'un masque.

« Les voilà ! » dit le capitaine.

Elle eut un rire moqueur.

« A quoi bon ce masque ? fit-elle. Ne sais-je pas à qui j'ai affaire. »

Les deux hommes ne prononcèrent pas une parole et demeurèrent immobiles.

« Où est le canot ? demanda-t-elle encore au capitaine.

— Celui du bord va vous mettre à terre avec eux.

— Ah ! je ne retourne donc pas à Londres par la Tamise ?

— Je ne sais pas. »

Et le capitaine ajouta d'une voix émue :

« Topsy, je vous en supplie encore, restez à bord.

— Non, non, dit-elle en faisant un pas vers les hommes masqués.

— Alors, soupira-t-il, que votre destinée s'accomplisse ! adieu ! »

L'un des deux hommes masqués la prit par le bras et la conduisit vers l'échelle du tribord. Le canot était à flot et attendait.

Miss Ellen salua le capitaine de la main et mit bravement un pied sur l'échelle. Le second des hommes masqués était déjà dans le canot. Mais, avant de descendre, la jeune fille qui prévoyait qu'on allait lui bander les yeux, jeta un dernier regard autour d'elle. La nuit venait et les brumes de la Tamise commençaient à obscurcir l'horizon. Les deux rives du fleuve étaient désertes, et Londres avait, depuis longtemps, disparu dans le brouillard. Quand elle fut descendue dans le canot, miss Ellen leva la tête et aperçut le capitaine du navire qui lui faisait un dernier geste d'adieu. En même temps, le canot s'éloigna du *Fowler* et remonta d'abord le courant pour se laisser ensuite aller à la dérive du côté de la terre.

Miss Ellen s'étonna alors qu'on ne lui bandât point les yeux. Et comme elle avait toutes les audaces, elle dit aux deux hommes masqués :

« Bien certainement, vous oubliez quelque chose. On a dû vous recommander de me bander les yeux. »

Ils secouèrent silencieusement la tête.

« La précaution est bonne pourtant, » fit-elle avec un rire railleur.

En quelques minutes, le canot toucha la rive gauche, et l'un des matelots du *Fowler* sauta lestement à terre, son amarre à la main, devenant ainsi une ancre vivante. L'un des hommes masqués avait pris miss Ellen par le bras. Il la fit sortir du canot, et lui dit :

« Venez ! »

Miss Ellen regarda autour d'elle, tandis que le canot reprenait le large, et elle n'aperçut aucun vestige d'habitation. Seulement, elle crut distinguer un groupe sombre à quelques pas de distance, et, lorsque entraînée par son conducteur, elle se fut portée en avant, elle reconnut un homme tenant quatre chevaux en mains. Le bohémien masqué la conduisit vers cet homme ; son compagnon, armé d'un poignard, marchait derrière elle.

« Il paraît, pensa-t-elle, que je vais voyager à cheval. Où donc vont-ils me conduire ? »

En effet, parmi les chevaux, il en était un sellé pour une amazone.

Alors l'un des hommes masqués, silencieux jusque-là comme des spectres, prit la parole :

« Snob, fit-il, interpellant celui qui tenait les chevaux et qui comme lui était masqué, as-tu des ordres ?

— Oui, répondit le bohémien. Nous trouverons des frères sur la route.

Miss Ellen commençait à devenir soucieuse.

« Mais, dit-elle, je suppose que nous retournons à Londres ? »

Elle entendit rire sous les masques, et murmura avec dépit :

« On m'a trompée !

— Miss Ellen, dit alors celui qui la tenait toujours par le bras, nous sommes ici trois hommes résolus, et nous avons ordre de vous tuer si vous tentez de vous échapper.

— Après ? fit-elle dédaigneusement.

— Donc, reprit l'homme masqué, nous pourrions vous garrotter, vous jeter en travers d'une selle comme un sac de hardes ? mais nous préférons vous laisser monter à cheval, et marcher au milieu de nous.

— Je suis sensible à cette courtoisie. »

Et elle se mit en selle, posant son pied gauche sur l

genou de son conducteur. Deux bohémiens se mirent à sa gauche et à sa droite, le troisième ferma la marche et cria :

« Route de Brighton et au galop ! »

La nuit était obscure ; à peine l'œil perçant de miss Ellen aperçut-il un sentier blanchâtre devant elle. Elle tâta son cheval, comme on dit ; car elle était assez bonne écuyère pour deviner, au bout de quelques minutes, le plus ou moins de puissance de l'animal qu'elle montait. En agissant ainsi, miss Ellen songeait toujours à prendre la fuite. Un coup de cravache bien appliqué devait lancer le cheval en avant ; et si l'animal avait du sang, il pouvait distancer sur-le-champ les chevaux des bohémiens. Malheureusement l'espoir de miss Ellen devait s'évanouir aussitôt que conçu. Le cheval qu'elle montait était un bon gros poney au lourd galop, aux réactions dures, calme et froid comme la monture d'un juge. Les deux bohémiens qui galopaient à côté d'elle avaient, au contraire, deux hunters ou chevaux de chasse venus d'Irlande, à hautes actions, et à qui il suffisait de rendre la main pour en obtenir une vitesse fantastique.

« Allons ! se dit miss Ellen avec rage, ils ont tout prévu. »

La route de Brighton était assez large pour qu'on y pût galoper trois de front. Les chevaux allaient bon train, et la nuit devenait de plus en plus obscure. Au bout d'une heure de marche rapide, les cavaliers entendirent retentir un coup de sifflet. L'un des bohémiens appuya deux doigts sur ses lèvres et répondit. Le chemin qu'ils suivaient longeait alors une forêt qui descendait par un plan incliné vers la mer. Les cavaliers s'arrêtèrent un moment, et de la lisière de la forêt se détachèrent aussitôt trois autres cavaliers qui vinrent à la rencontre de miss Ellen et de son escorte.

« La nuit est noire ! dit l'un d'eux.
— Vive la nuit ! » répondit celui qui chevauchait à la gauche de la jeune fille.

C'étaient les mots de passe. Les trois nouveaux venus se rangèrent deux en avant, un en arrière :

« En route, le temps presse ! » cria celui qui semblait commander aux autres.

Miss Ellen, malgré son courage commençait à perdre un peu la tête ;

« Que veulent-ils donc faire de moi ? » se demanda-t-elle.

On courut une heure encore ; puis un nouveau coup de sifflet fut échangé ; et trois autres cavaliers vinrent grossir l'escorte de la bohémienne. Celle-ci sentait ses cheveux se hérisser et une sueur glacée coulait lentement le long de ses tempes. La nuit s'épaississait de plus en plus, et la brise de mer venait lui fouetter le visage. Tout à coup, le chemin fit un coude, abandonnant brusquement le bord de la forêt et se dirigeant vers les falaises qui dominaient la mer. D'autres cavaliers attendaient à ce coude, et l'escorte de miss Ellen se trouvait forte maintenant de douze hommes, tous masqués, tous muets, le mot d'ordre échangé. Miss Ellen commençait à se repentir de n'être point restée à bord du *Fowler*.

Soudain, comme on approchait des falaises, un bruit lointain arriva jusqu'à elle. C'était le galop précipité d'un cheval.

« Qui sait? pensa-t-elle, c'est peut-être Roger... »

Mais en même temps, les bohémiens poussèrent leurs montures, et l'un d'eux allongea un vigoureux coup de cravache au poney de miss Ellen. La bise, de plus en plus piquante, annonçait le voisinage de la mer.

C'était chose sinistre et fantastique que cette troupe de cavaliers qui galoppaient sans prononcer un mot, entourant une femme qu'ils conduisaient on ne savait où, et qu'attendait quelque mystérieuse et terrible destinée. Enfin un dernier coup de sifflet se fit entendre et, l'escorte tout entière s'engagea dans une sente creusée dans la falaise et qui descendait par des rampes rtueuses jusqu'à la mer.

La zingara sentait une folie vertigineuse la gagner peu à peu. Le froid lui avait donné une sorte de somnolence maladive, et elle avait cru rêver un moment, rêver qu'une troupe de démons l'entraînaient vers une des bouches de l'enfer.

Mais, à partir du moment où les derniers cavaliers rejoignirent l'escorte, elle ne rêva plus. On entendait mugir la mer en bas de la gorge, et la bise glacée qui fouettait le visage de la bohémienne l'empêcha désormais de fermer les yeux. Enfin une voix, celle du cavalier qui avait pris la tête de l'escorte, se fit entendre :

« Halte ! cria-t-elle. Halte et pied à terre ! »

Chaque cavalier obéit. Miss Ellen tremblait si fort maintenant qu'il fallut l'enlever de sa selle et la poser à terre. Deux bohémiens la prirent alors chacun par la main et on continua à l'entraîner dans la direction de la mer. La gorge devenait trop étroite, et la pente trop rapide pour que les chevaux pussent aller plus avant.

On fit marcher miss Ellen un quart d'heure encore. Vainement essaya-t-elle de reprendre courage, de rappeler à elle tout son sang-froid, et d'espérer encore. Elle n'entendait plus ce galop lointain dont le bruit avait amené sur ses lèvres le nom de Roger.

Maintenant les rauquements de la mer qui roulait les galets de la plage dominaient tous les bruits, même celui des pas des zingari qui marchaient derrière la bohémienne. Au bout d'un quart d'heure, et comme la gorge qui continuait à se resserrer, faisait un nouveau coude, Topsy vit tout à coup briller un point lumineux. C'était une lueur rougeâtre comme celle d'une forge et cette lueur semblait jaillir de terre.

« C'est ici ! dit alors celui des bohémiens qui s'était tenu constamment à sa gauche.
— Ici ? » fit-elle avec effroi.

Il ricana sous son masque.

« Tu sais bien, Topsy, dit-il, que de pauvres bohémiens comme nous n'ont à leur disposition ni la Tour de Londres, ni le palais de Saint-James, et qu'il faut bien qu'ils établissent leur salle de tribunal quelque part.
— Un tribunal ! murmura-t-elle avec l'accent de la terreur.
— Pour te juger, répondit le bohémien. Viens ! viens ! l'heure approche. »

Et il l'entraîna brusquement ; bientôt elle put reconnaître d'où provenait cette lueur rougeâtre qui semblait être le but de leur course. C'était un feu allumé à l'entrée d'une grotte qui s'enfonçait sous la falaise. Un homme masqué comme les autres, mais d'une taille herculéenne, attisait ce brasier. Miss Ellen reconnut le colosse Samson.

« Venez, dit le bohémien, le président est sur son siège. »

Avant de franchir le seuil de la grotte, miss Ellen tourna la tête. La troupe des bohémiens marchait derrière elle.

« Mon Dieu ! murmura-t-elle, sentant ses forces fléchir, vont ils donc me tuer ?
— Hé ! hé ! ricana le géant, on dirait que la petite va se trouver mal ! »

Et il la prit dans ses bras, l'enleva de terre comme une poupée et lui dit avec un rire sinistre :

« Viens çà, chère mignonne ! »

La grotte était spacieuse et couverte de blocs de granit. La gitane éperdue vit un homme, le visage couvert d'un masque blanc, assis sur le quartier de rocher le plus élevé.

C'était sans doute le président.

Chaque bohémien entra dans la grotte et vint se ranger autour de l'homme au masque blanc. Le colosse reposa mis Ellen sur ses pieds, mais il continua à appuyer ses deux larges mains sur ses épaules frissonnantes. Alors le président jeta un rapide regard autour de lui et compta les cavaliers.

« Vingt-quatre ! dit-il. Le nombre y est.... »

Miss Ellen reconnut cette voix et jeta un cri. Mais le

président n'ôta point son masque, au travers duquel ses yeux brillaient comme les charbons ardents du brasier qui flambait à l'entrée de la grotte.

« Miss Ellen, dit alors le président qui se leva, la clémence de ceux que nous avez trahis, est épuisée enfin. On vous avait offert la liberté, si vous consentiez à quitter l'Angleterre, on vous offrait une fortune, et vous avez refusé....

— Oh! s'écria miss Ellen, retrouvant un reste d'énergie, les morts sortent-ils donc du tombeau? »

Le président ôta son masque, et la bohémienne terrifiée tomba à genoux; elle avait reconnu Jean de France! Jean reprit :

« Topsy la gitana, c'est en vain que tu as renié notre race, c'est en vain que tu as ourdi tes trames criminelles pour t'affranchir de nous et nous trahir. L'heure du châtiment va sonner pour toi. Ces hommes que tu vois là, ont été choisis par le sort, dans notre tribu, et ils vont prononcer sur ta destinée. »

Miss Ellen regardait autour d'elle avec épouvante. Jean de France poursuivit :

« La sentence que ces hommes vont prononcer contre toi, sera exécutée sur-le-champ, Topsy la gitana. Ainsi n'espère plus de grâce. »

Et alors il s'adressa à celui des hommes masqués qui se trouvait à sa droite :

« Quel châtiment mérite cette femme? lui demanda-t-il.

— La mort, » répondit cet homme.

Miss Ellen jeta un nouveau cri.

Jean de France interrogea ainsi chaque bohémien.

Dix-huit optèrent pour la mort.

Six seulement gardèrent le silence. Ceux-là étaient jeunes sans doute, et la merveilleuse beauté de la jeune fille les avait émus.

« Mourir! mourir! s'écria miss Ellen, mourir à vingt ans!... pitié !

Les cris de cette jeune fille si belle émurent ses juges, et quelques voix répétèrent le mot de grâce. Mais Jean de France se leva et imposa silence.

« Miss Ellen, dit-il, tu peux choisir : perdre ta beauté et vivre !

— Oh! non! dit-elle, plutôt la mort!... tuez-moi! tuez-moi !...

— Non. Tu vivras et tu resteras belle pour ton châtiment! dit une voix au seuil de la grotte, une voix impérieuse et dominatrice comme celle d'un chef suprême. »

Un homme masqué comme les bohémiens, et vêtu comme eux, s'avança brusquement, en prononçant le mot de passe : La nuit est noire !

Jean de France se leva précipitamment et s'écria :

« Sommes-nous donc trahis? Quel est cet homme? »

Mais le nouveau venu alla à lui, mit une main sur son épaule et lui dit à voix basse :

« Je me nomme Amri, et j'ai le droit d'ordonner, car je suis ton roi ! »

En même temps il ôta et remit rapidement son masque, si rapidement que, seul, Jean de France put voir son visage. Le bohémien s'inclina humblement :

« Ordonnez ! j'obéirai ! »

Le roi des bohémiens releva Jean de France, et lui dit :

« Commande à ces hommes de s'éloigner.

— Tous? fit Jean de France.

— Tous, à l'exception de celui-là, » et il désigna le colosse.

Jean de France étendit la main et dit avec soumission :

« Frères, celui qui est au-dessus de nous vous ordonne de sortir ! »

Et les bohémiens, qui avaient coutume d'obéir à Jean de France sans jamais discuter ses volontés, se levèrent et sortirent.

— Retournez à Londres, » ajouta Jean de France.

Bientôt la grotte ne contint plus que quatre personnes : Jean de France, humble et dompté en présence de l'homme masqué, comme jadis, dans le cirque, le lion devant Androclès ; Samson, qui ne comprenait rien à ce qui venait de se passer, et miss Ellen, qui éprouvait la stupeur du condamné qui reçoit sa grâce sur les marches de l'échafaud. Elle s'était relevée, mais ses jambes refusaient de la porter. Enfin l'homme masqué, debout, calme, la tête rejetée en arrière, ôta son masque quand les bohémiens furent sortis. Alors seulement la gorge crispée de miss Ellen put laisser échapper un cri de joie et de reconnaissance :

« Roger ! dit-elle.

— Le marquis d'Asburthon ! murmura Samson.

— Non plus le marquis d'Asburthon, mais Amri le bohémien, Amri le fils de Cynthia et le chef de sa tribu ! » répondit le jeune homme. Et Samson, épouvanté comme Jean de France, se courba devant le maître. Alors Roger fit un pas vers miss Ellen :

« Ces hommes voulaient te tuer; moi, je t'ai fait grâce, mais c'est à la condition que tu quitteras Londres, cette nuit même, et que tu iras rejoindre sir Robert Walden, en Écosse, et que tu ne songeras plus à devenir la femme de Lionel. »

Miss Ellen baissait les yeux.

Roger se tourna vers Samson :

« Tu vas, dit-il, conduire cette jeune fille hors d'ici, tu la feras monter à cheval, et tu la conduiras jusqu'à la porte de l'hôtel Walden. »

Samson s'inclina.

« Allez! dit encore Roger qui montra d'un geste le chemin à miss Ellen, et ajouta, s'adressant à Samson : malheur à toi s'il tombe un cheveu de sa tête ! »

Samson prit miss Ellen dans ses bras et l'emporta hors de la grotte. Alors Roger regarda froidement Jean de France :

« A nous deux ! dit-il.

VIII.

Jean de France, le chef de tribu, qui courbait tout un peuple sous sa volonté, était maintenant humble et tremblant sous le regard de Roger.

« Oui, reprit Roger, à nous deux nabab Osmany, je sais ton vrai nom maintenant : tu t'appelles Jean de France et tu es le frère de ma mère Cynthia. »

Jean baissait les yeux et se taisait, Roger poursuivit :

« Cynthia m'a bien dit comment moi, Amri le bohémien, j'avais été substitué à l'enfant mort, au fils légitime de celui dont je n'étais que le bâtard; mais ce qu'elle n'a pu me dire, c'est le but que tu poursuivis depuis si longtemps. Tu as osé me faire lord, me faire pair, me faire colonel d'un régiment du roi. Toi et toi vous avez menti à toute l'aristocratie anglaise, en lui disant que Cynthia était folle; vous m'avez menti à moi-même, en m'affirmant que j'étais bien le vrai, le légitime marquis d'Asburthon. Pourquoi? »

Et en prononçant ce dernier mot, Roger regarda fixement son interlocuteur.

Mais alors Jean de France releva fièrement la tête :

« Amri, dit-il, puisque le secret de votre naissance vous est connu, il faut bien que je m'explique?

— Parle, dit Roger.

— Une nuit, deux hommes vinrent demander l'hospitalité dans le camp des bohémiens, à trois lieues de Calcutta. L'un était le chirurgien Bolton, l'autre le plus grand seigneur de l'Inde anglaise, lord Asburthon. Ce dernier vit au seuil d'une tente, un enfant de trois ans qui jouait et se roulait dans la poussière : c'était vous. Et les entrailles de cet homme s'émurent, car il reconnut son sang. Lord Asburthon était bien votre père. La nuit suivante, j'étais blessé et couché sous ma tente, quand l'un de ces deux hommes revint. C'était Bolton. Il venait de la part de lord Asburthon, affolé de douleur, il venait chercher l'enfant de la nuit pour en faire le fils du grand jour. Une vipère noire, glissée dans le hamac du jeune marquis Roger, par l'infâme sir James, avait donné la mort à l'enfant. D'abord, continua Jean de

France, je voulus résister, car ce fut à moi que Bolton s'adressa; mais il fit briller à mes yeux cet avenir splendide qui s'ouvrait devant vous, et j'eus le vertige. Voir un homme de ma race monter aussi haut, s'asseoir à côté des pairs du royaume, triompher en lui, nous, les réprouvés et les bannis, ah! c'était à rendre fou d'orgueil! Et alors j'ai accepté la mission qui m'était confiée, j'ai veillé sur vous nuit et jour, à toute heure, comme eût fait une mère, et je n'ai fait, en mentant ainsi à l'Angleterre, tout entière, qu'obéir aux volonté de lord Asburthon, votre père, qui ne voulait pas que ses biens et son titre passassent jamais au fils de l'infâme sir Jack, le calomniateur et le bourreau de lady Cecily. Et maintenant, si je suis coupable, condamnez-moi, vous qui êtes mon roi, mon maître! »

Et Jean de France fléchit le genou devant Roger. Roger le releva et lui tendit la main :

« Tu es un bon et loyal serviteur, Jean, dit-il ; et je te pardonne le mal que vous m'avez fait, Bolton et toi.... Ah! continua-t-il en portant la main à ses yeux mouillés de larmes, ce que je souffre depuis que je connais la vérité tout entière, nul ne le saura jamais. Moi, Amri le bohémien, j'ai été lord, j'ai été pair, j'ai commandé un régiment, j'ai été le fier et noble marquis Roger d'Asburthon ! et je ne suis qu'un bâtard, un valet!... »

Jean de France fit un geste énergique :

« Vous êtes le fils de lord Asburthon !

— Oui, le bâtard, murmura Roger.

— Soit, mais il est trop tard maintenant pour fouler sous vos pieds cette couronne de marquis, et ce manteau de pair qui nous ont coûté si cher, monseigneur. Ah! poursuivit Jean de France avec émotion, si notre présence à Londres vous gêne et vous humilie, dites un mot, faites un signe, nous nous éloignerons, nous repasserons la mer ; et, soyez tranquille, votre secret sera gardé plus fidèlement que s'il était enfoui dans un cercueil. »

Roger secoua la tête :

« Non, dit-il, vous ne partirez pas, ou plutôt, je partirai avec vous. »

Et comme Jean de France faisait un mouvement, le jeune homme ajouta :

« Écoute, Jean. Si l'infâme sir James vivait encore, si la couronne ducale et les immenses biens de la famille d'Asburthon devaient passer à sa race exécrée, je n'aurais certes pas le courage de jeter le masque....

— Mais, interrompit Jean de France, si vous renoncez à ce titre et à cette fortune, qu'adviendra-t-il ? Un décret du parlement déclarera la famille d'Asburthon éteinte, et ses immenses biens retourneront au domaine de la couronne. »

Roger secoua la tête :

« Tu te trompes, Jean, dit-il. Le nom d'Asburthon ne s'éteindra pas. Lady Cecily avait un autre fils que le marquis Roger?

— Oui, dit Jean, mais ce fils est mort.

— Tu te trompes, Jean, ce fils existe et tu le connais.

— Que dites-vous? s'écria le bohémien en pâlissant.

— La vérité. Le second fils de lord Asburthon mon père, et son véritable héritier, tu le connais, Jean, tu t'es battu côte à côte avec lui au fort Saint-George. C'est le capitaine Lionel. »

Jean de France jeta un cri de rage.

« Tu le vois donc bien, reprit Roger, il ne me reste plus qu'à descendre de ce pouvoir que j'avais usurpé innocemment. »

Jean de France, en présence de la mort, devant le bourreau levant sa hache, eût été moins atterré qu'il ne le fut en ce moment.

« O mon Dieu! murmura-t-il en cachant son visage dans ses deux mains, mon Dieu ! mon rêve devait-il donc finir ainsi? »

Roger ne répondit point, car un bruit se fit au dehors et un homme apparut dans le cercle de lumière décrit par la flamme du brasier.

« Bolton! le docteur! s'écrièrent en même temps Jean et Roger.

— J'ai fait cinquante milles en six heures, et j'ai crevé mon dernier cheval à deux cents pas d'ici, » répondit le chirurgien en montrant ses bottes poudreuses et ses vêtements en désordre.

Il paraissait en proie à une surexcitation extraordinaire.

« Mais j'arrive à temps !

— Qu'est-ce? Qu'y a-t-il? demanda Roger.

— Il y a, répondit Bolton avec animation, que notre ennemi sir Robert Walden sait tout.

— Sir Robert? fit Roger, mais n'était-ce pas l'ami de mon père?

— C'est votre ennemi mortel, dit Bolton.

— Ah !

— Et de tous ceux de votre race, car, ajouta le chirurgien, je vois qu'on n'a plus rien à vous cacher maintenant. Eh bien ! poursuivit Bolton, sir Robert Walden a bien travaillé depuis quinze jours ; il a parcouru l'Écosse et l'Angleterre, il a visité dans leurs châteaux, les principaux membres de la chambre des lords, et il compte, dans huit jours prendre la parole au parlement.

— Pour quoi faire?

— Pour demander qu'on chasse du royaume cette race de vagabonds, de mendiants et de voleurs qu'il nomme bohémiens.

— Ah ! dit Roger.

— Maintenant, milord, acheva brutalement Bolton, voyez si c'est l'heure pour vous de déclarer bien haut que vous êtes le fils d'une zingara, et de rendre le nom et le titre des Asburthon légitimes à votre frère Lionel. »

Roger courbait le front comme Jean de France, et une lutte terrible semblait s'élever en lui.

« Non, non! s'écria-t-il enfin en relevant fièrement la tête, légitime ou bâtard, j'ai dans les veines un sang qui ne ment jamais ni à l'honneur, ni au devoir. L'officier ne donne point sa démission la veille d'une bataille, le soldat ne songe point à jeter son épée lorsqu'il entend le bruit lointain du canon ! »

Et comme Bolton et Jean de France se regardaient se demandant l'explication de ces paroles, Roger ajouta :

« Ah ! sir Robert Walden osera réclamer du parlement l'expulsion des bohémiens? Eh bien ! il y aura un pair d'Angleterre qui se lèvera pour les défendre!

Bolton et Jean de France suspendaient leur regard et leur âme aux lèvres de Roger.

« Rassurez-vous, mes amis, leur dit-il, je suis encore le marquis Roger d'Asburthon, colonel des dragons du roi ! »

Jean de France et Bolton frémirent d'enthousiasme et se courbèrent fascinés sous le regard étincelant du jeune chef de tribu.

IX.

Cependant miss Ellen et Samson galopaient vers Londres.

Esclave docile, qui obéit d'abord et ne songe point à raisonner, Samson avait emporté miss Ellen hors de la grotte, il l'avait mise à cheval, avait sauté lui-même en selle, et, pendant près d'une demi-heure, absourdi par tout qu'il venait de voir et d'entendre, il n'avait pas même songé à se demander la raison des événements qui venaient de s'accomplir.

Mais enfin, et tandis qu'il courait ventre à terre à côté de la jeune fille, prêt à casser la tête, d'un coup de pistolet, à celui qui, maintenant, fût-ce un bohémien, oserait porter la main sur elle, son épaisse intelligence se prit à réfléchir.

Il chercha longtemps et finit par trouver

« Ah ! j'y suis ! se dit-il, c'est le petit. »

C'était ainsi qu'il désignait le fils de Cynthia dans ses monologues.

« Le petit sait maintenant toute la vérité, et comme ça le fatigue d'être marquis et pair d'Angleterre, il préfère redevenir roi des bohémiens, ce qui est infiniment plus agréable ! »

De son côté, miss Ellen retrouvait peu à peu toute sa présence d'esprit et raisonnait froidement à mesure qu'elle se rapprochait de Londres.

« Me voici sauvée une fois encore ! se disait-elle, le diable est avec moi plus que jamais. Roger sait tout, je le vois, il me méprise, dit-il, et je ne dois plus compter sur lui, mais il me reste Lionel. et si je puis lui parler avant qu'il ait revu le faux marquis d'Asburthon.... »

Cette espérance devenait pour le génie fertile de miss Ellen la base de tout un nouveau plan d'opération. Ni elle ni Samson n'échangèrent un mot pendant la route. Ils avaient marché tout le jour, au coucher du soleil, le pavé de Londres résonnait sous le fer de leurs chevaux et, peu après, ils s'arrêtaient à la porte de l'hôtel Walden. Mais, en mettant pied à terre dans la cour, la jeune fille tressaillit subitement. Derrière le valet accouru pour lui ouvrir, elle avait aperçu sir Robert Walden. Sir Robert était grave et calme comme un juge armé d'une sentence.

« Mon oncle ! » balbutia miss Ellen avec confusion.

Le baronnet fit trois pas vers elle et lui dit avec l'expression du plus profond mépris :

« Je suis au courant de toutes vos abominables intrigues, de vos relations avec les gens de votre race, de vos rendez-vous nocturnes avec cet imposteur affublé du nom et du titre de marquis d'Asburthon.

Topsy, la bohémienne, poursuivit sir Robert Walden avec un accent glacé, on m'avait toujours affirmé que si jeune qu'on prenne un louveteau, il est impossible de l'apprivoiser. Tôt ou tard les mauvais instincts de sa race reprennent le dessus et il mord la main qui l'a nourri. »

Miss Ellen écoutait pétrifiée.

« Topsy, continua sir Robert Walden, vous allez sortir de chez moi. Je vous chasse ! Le banquier Brixworth vous payera chaque mois une pension honorable car je ne veux pas que vous soyez forcée de mendier votre pain.... en attendant, prenez ceci, » et il lui mit un portefeuille dans la main.

Mais miss Ellen prit le portefeuille et le jeta dédaigneusement aux pieds de sir Robert Walden.

« Je ne veux pas de votre pitié ni de votre aumône, » dit-elle.

Et elle sortit la tête haute, de cette maison où elle avait passé son enfance ; elle en sortit sans jeter un regard en arrière au bruit que fit la porte en se refermant sur elle.

. . . .

Topsy se trouvait alors sur le pavé de Londres, sans abri, sans ressources, et Samson avait disparu. Toute autre que cette âme de fer eût été brisée de tant de coups ; toute autre se fût mise à pleurer.... Mais Topsy avait l'indomptable énergie de sa race, et le seul regret qu'elle exprima de se voir chassée de l'hôtel Walden, fut traduit par ces mots :

« Sir Robert m'ayant déliée de toute reconnaissance, je puis maintenant agir sur Lionel. »

La nuit était froide, la brise sifflait, et on eût pu croire que la jeune fille, succombant sous le poids des émotions et de ses fatigues, irait chercher un refuge dans quelque hôtel du voisinage ; car elle avait conservé sa bourse qui renfermait une vingtaine de pièces d'or. Il n'en fut rien cependant, miss Ellen connaissait la valeur du temps et savait, par expérience, que souvent une minute de plus ou de moins décide d'une destinée. L'œil observateur de la jeune fille s'était arrêté sur le costume de voyage de sir Robert Walden, dont les bottes étaient couvertes de poussière.

« Il n'a pas eu le temps de voir Lionel ! » s'était-elle dit sur-le-champ.

Elle se rendit donc dans le Strand où, toute la nuit, circulent de nombreuses voitures, et se jeta dans la première qui vint à passer.

« A la caserne des dragons du roi. » dit-elle au cocher.

Miss Ellen se souvenait que Lionel devait être de service. En effet, le factionnaire lui apprit que le jeune officier était rentré vers minuit.

« Pourrai-je lui parler ? demanda miss Ellen ; il s'agit de choses de la plus haute importance.

— Vous ne pouvez entrer, dit le soldat, mais vous pouvez lui écrire. »

Miss Ellen dit au soldat :

« Il vous suffira de lui dire mon nom. »

Le factionnaire entr'ouvrit la porte du poste où sommeillaient, sur des lits de camp, les soldats de garde. Il en appela un qui accourut.

« Mon ami, lui dit miss Ellen qui lui montra son beau visage dans le cercle de lumière décrit par les lanternes de la voiture, voulez-vous aller dire au capitaine Lionel que miss Ellen Walden a besoin de le voir à l'instant même. »

Elle lui mit une couronne dans la main, et le soldat partit. Cinq minutes après Lionel accourut et jeta un cri de joie en la reconnaissant.

« Ah ! se dit-elle, il ne sait rien ! »

Lionel avait souffert mille morts depuis le matin. D'abord, il avait attendu Roger à l'hôtel d'Asburthon, mais Roger n'était point rentré ; seulement, vers midi, il avait envoyé un billet laconique à son frère :

« Je suis sur les traces de miss Ellen. »

Le pauvre jeune homme avait passé la journée à errer de l'hôtel Walden à la maison de sa mère, et de l'hôtel d'Asburthon à la caserne des dragons. La nuit était venue ; toutes les heures de la soirée avaient successivement tinté aux horloges des paroisses voisines : miss Ellen n'était point revenue à l'hôtel Walden, le marquis Roger n'avait point reparu à l'hôtel d'Asburthon. Lionel était à demi fou de douleur. Cependant l'instinct du devoir vint lui rappeler qu'il était de service ce jour-là, et qu'il devait remplacer, à la caserne, le capitaine Hardy à minuit. Il avait alors cherché dans les soucis du service une sorte de distraction forcée à ses terribles préoccupations. Tantôt il avait foi en Roger ; tantôt, au contraire, il se défiait de lui et se demandait si son frère de s'entendait point avec miss Ellen pour le tromper. Cette dernière supposition prit même un tel empire sur son esprit qu'il alla jusqu'à croire que Roger avait fait enlever miss Ellen. Enfermé dans sa chambre, la tête dans ses mains, en proie aux tortures de la jalousie, le jeune officier tourna à peine la tête lorsque le soldat entra, car il crut qu'on venait le chercher pour affaire de service. Mais au nom de miss Ellen il bondit sur ses pieds, étouffa un cri et se précipita sur les pas du soldat.

« Vous ! vous ! fit-il en saisissant avec transport la main que miss Ellen lui tendait par la portière de la voiture.

— Moi ! répondit-elle d'une voix altérée, moi qui suis perdue si vous ne me venez pas en aide ! » et elle ajouta :

« Pouvez-vous vous absenter ?

— Oui, en prévenant un de mes camarades et en le priant de prendre mon service.

— Alors, dit-elle, hâtez-vous, car les minutes valent des siècles ! »

Lionel, tout ému, rentra dans le poste, y prit un crayon et écrivit un billet au capitaine Hardy, qui était son ami intime, le suppliant de venir le remplacer ; puis il monta dans la voiture, à côté de miss Ellen, en lui disant :

« O mon Dieu ! que vous est-il donc arrivé ? Ah ! si vous saviez ce que j'ai souffert ! »

Miss Ellen lui prit vivement le bras :

« Lionel, dit-elle, m'aimez-vous ?

— Si je vous aime !

— Etes-vous homme à braver pour moi mille colères ?

— Je braverai la mort en souriant, vous le savez bien.

— Et bien ! mon oncle et Roger ont juré votre perte !

— Ah! s'écria Lionel.
— C'est mon oncle qui m'a fait enlever la nuit dernière, poursuivit miss Ellen, pour me séparer de vous à jamais et m'unir au marquis Roger.
— Mais c'est infâme! » s'écria Lionel pâle de colère.

Miss Ellen lui prit les deux mains :
« Il est temps encore, mon ami, lui dit-elle, renoncez à moi.
— Jamais!
— Vous voulez donc que je sois votre femme?

« Eh bien! dit-il, je vous marierai. » (Page 70, col. 1.)

— Oh! murmura Lionel, n'est-ce pas le rêve de ma vie?
— Eh bien! fuyons alors, quittons Londres cette nuit même, réfugions-nous dans quelque province obscure, dans quelque village ignoré où un prêtre bénira notre union sans retard, dit-elle avec animation, ou sans cela, nous sommes perdus!

Lionel ne comprenait pas très-bien, mais les blanches mains de miss Ellen serraient les siennes; sa voix enchanteresse le fascinait; il oublia Roger, il oublia sa mère, et murmura un seul mot :
« Fuyons! »
Alors miss Ellen donna un ordre au cocher, et la voiture partit au grand trot.

....
Pendant ce temps, le calme et méthodique sir Robert Walden remettait au lendemain une conversation qu'il projetait d'avoir avec Lionel sur miss Ellen, se promettant bien de le désillusionner et de le guérir d'un indigne amour.

X.

Il s'était écoulé trois jours depuis le retour du baronnet sir Robert Walden à Londres. Depuis trois jours, le digne gentleman était en proie à une poignante émotion. Lionel avait disparu. Lionel, d'après le récit fait par les soldats, était monté, à la porte de la caserne, dans une voiture où se trouvait une femme, et les soldats se souvenaient très-bien que cette femme avait dit se nommer miss Ellen. Donc, il y avait une chose qui ne faisait plus doute pour sir Robert Walden : Lionel s'était enfui avec la bohémienne.

Le digne baronnet s'était adressé à la police de Londres, si habile d'ordinaire ; la police avait fouillé toutes les hôtelleries et n'avait pas trouvé trace des fugitifs. Et, sir Robert se désespérait, car il savait fort bien que la zingara ne laisserait point reparaître Lionel qu'il ne l'eût épousée.

En Angleterre, et surtout à cette époque, deux amoureux se présentaient au premier pasteur venu, dans une église quelconque, et le pasteur les mariait. Cette pensée torturait le vieux gentleman qui, depuis quinze jours, avait fait deux serments. Le premier : que jamais miss Ellen n'épouserait Lionel ; le second, plus solennel encore, consistait à forcer Roger le bâtard à se dépouiller du titre et de la fortune du marquis d'Asburthon en faveur du fils légitime, c'est-à-dire de Lionel. Comme il se désespérait et s'apprêtait à retourner pour la dixième fois depuis trois jours chez le chef de la police, on vint lui dire qu'un homme qui, par son costume, paraissait être un marchand, demandait à lui parler sans retard. Sir Robert ordonna qu'on l'introduisit. Cet homme, qui entra en se courbant jusqu'à terre et avec force génuflexions, était presque un vieillard ; il était grêle, chétif, avait un petit œil gris d'une extrême mobilité, des cheveux rares et blancs, et le visage allongé comme un museau de renard.

« Il me semble que j'ai déjà vu cet homme quelque part, se dit sir Robert.

— Votre Honneur ne me reconnaît pas sans doute ? fit le vieillard en saluant pour la vingtième fois.

— Oui.... non.... en effet.... il me semble.... balbutia sir Robert.

— J'ai eu l'honneur de rencontrer Votre honneur aux Indes.

— Ah ! fit sir Robert.

— Deux fois même : une fois sur la route de Chandernagor à Calcutta ; l'autre, dans le schoultry de Brahmane. »

Ces mots furent un trait de lumière pour sir Robert Walden.

— L'homme à la fouine ! dit-il.

— Précisément, Votre Honneur ; c'est moi qui suis Nathaniel, le père de la petite Topsy, le joaillier du Strand, à qui vous avez fait donner cinquante coups de fouet.

— Après ? dit sir Robert en fronçant le sourcil ; est-ce de l'argent que tu veux ? »

Nathaniel secoua la tête.

« Dieu merci ! mon commerce est assez bon, et depuis quinze ans que je suis établi dans le Strand, je n'ai pas eu à me plaindre, si ce n'est une fois, il y a un peu plus d'un an, à l'époque où j'ai été condamné au fouet. Le peuple, qui est bête et donne toujours raison à l'oppresseur contre l'opprimé, n'a pas voulu croire que la belle miss Ellen est ma fille, et il a pillé ma boutique. Heureusement j'avais livré mes commandes les plus importantes la veille, et le coroner m'a fait indemniser.

— Ah çà, interrompit sir Robert Walden impatienté de la faconde de Nathaniel, ce n'est pas, je suppose, pour me raconter tes affaires que tu es venu ici ?

— Non, certes, Votre Honneur.

— Alors, que veux-tu?

— Voici, reprit le bohémien. Je me fais vieux, j'ai cinq cents livres de revenu, un bon commerce et pas d'héritier. Je voudrais avoir ma fille.

— Ah ! fit sir Robert.

— Elle ferait si bien dans ma boutique où elle attirerait les chalands, car, entre nous, Votre Honneur, c'est un joli brin de fille.

— Eh bien ! dit sir Robert Walden avec calme, je n'y vois pas d'inconvénient.

— Ah ! fit Nathaniel qui leva un clair regard sur le baronnet.

— Ta fille, poursuivit sir Robert, s'est mal conduite avec moi qui avais été son bienfaiteur.

— Oh ! cela ne m'étonne pas, dit Nathaniel avec calme. Elle ressemble à sa défunte mère qui ne valait pas grand'chose.

— Et je l'ai chassée, ajouta sir Robert.

— Je sais encore cela, Votre Honneur. »

Sir Robert eut un mouvement d'impatience.

« Que viens-tu donc faire ici ?

— Attendez, poursuivit le bohémien. Je sais bien d'autres choses encore.

— Tu sais où elle peut être ? s'écria le baronnet en lui saisissant le poignet.

— Précisément, Votre Honneur.

— Parle, mais parle donc, misérable !

— Oh, doucement, Votre Honneur, poursuivit le bohémien avec calme. Commençons par faire nos conditions. »

En examinant ce visage blafard, ces lèvres minces, cet œil mobile et qui fuyait le sien, sir Robert Walden comprit qu'il ne tirerait rien de cet homme par la violence.

« Parle, » répéta-t-il, résigné d'avance à l'écouter jusqu'au bout.

Nathaniel reprit :

« Topsy n'est plus à Londres ; elle est partie avec un beau capitaine à qui, paraît-il, Votre Honneur s'intéresse fort et qui va l'épouser.

— Oh ! s'écria sir Robert Walden, cela ne sera pas !

— Si Votre Honneur sait s'y prendre, non ; mais si.... Votre Honneur ne daigne point m'écouter....

— Toi ? fit le baronnet avec dédain.

— Moi, répondit froidement le bohémien.

— Je crois te deviner, murmura sir Robert, tu veux me vendre le secret de la retraite de ta fille. »

Nathaniel secoua la tête.

« J'ai déjà dit à Votre Honneur que je ne voulais pas d'argent.

— Alors, que veux-tu?

— Écoutez bien, Votre Honneur. Le capitaine Lionel a été si bien entortillé par la petite qu'il ne croira ni vous, ni moi, ni personne. »

Sir Robert Walden frappa du pied le parquet avec une sourde colère.

« Un seul homme, poursuivit Nathaniel, pourrait s'opposer au mariage.

— Et.... cet homme ?

— C'est moi. Malheureusement, Votre Honneur ayant toujours nié que je fusse le père de Topsy....

— Eh bien ! je ne le nierai plus.

— Oh ! dit Nathaniel, cela ne suffit plus maintenant.

— Que faut-il encore ?

— Il faut que Votre Honneur me conduise chez le roi George. »

Sir Robert eut un haut-le-corps, et ne put réprimer un éclat de rire.

« Il faut, poursuivit tranquillement Nathaniel, que Votre Honneur me conduise à Saint-James, me présente au roi et lui avoue que je suis bien le père de Topsy ; enfin, qu'il supplie Sa Majesté de vouloir bien ordonner que ma fille me soit rendue. Avec cet ordre écrit, je me charge du reste. »

Sir Robert Walden voulut résister, car il lui répugnait singulièrement d'avoir à convenir devant le roi qu'il avait fait passer pour sa nièce la fille d'un bohémien.

« Ce que tu demandes là est impossible, dit-il à Nathaniel.
— Alors, répondit le joaillier du Strand, que Votre Honneur me pardonne de l'avoir dérangé. Je n'ai plus qu'à me retirer. »

Et il fit un pas vers la porte.

« Reste ! dit impérieusement sir Robert Walden, et dis-moi où est la fille. »

Le bohémien secoua la tête.

« Non, dit-il. C'est à prendre ou à laisser. Si Votre Honneur préfère que la bohémienne Topsy épouse le capitaine Lionel....
— Non, cela ne sera pas ! s'écria résolûment le baronnet.
— Non, si Votre Honneur daigne me conduire à Saint James.

Sir Robert Walden comprit que cet homme le tenait à sa merci. Refuser, c'était laisser accomplir le mariage du vrai marquis d'Asburthon avec une abominable aventurière. Conduire Nathaniel à Saint-James, c'était se condamner, lui, Sir Robert Walden, un gentilhomme, et avouer un mensonge. Mais quand il s'agissait de l'honneur d'une famille mis dans la balance avec son propre orgueil, sir Robert Walden ne pouvait hésiter longtemps.

Soit, dit-il enfin, je vais te conduire chez le roi. »

Et il sonna pour demander sa voiture.

« Votre Honneur a raison, murmura Nathaniel, de prendre ce parti. La petite Topsy jouerait fort mal un rôle de grande dame, elle sera beaucoup mieux dans ma boutique. »

....

Un homme aussi important que le baronnet sir Robert Walden, dont l'éloquence avait plus d'une fois fait sensation au parlement, ne pouvait faire antichambre chez le roi. Il n'eut donc qu'à se soumettre pour passer sur le corps d'une vingtaine de courtisans et de solliciteurs qui attendaient patiemment le bon plaisir de S. M. Britanique.

Le roi George III était seul, ce jour-là, dans son cabinet, occupé à caresser un magnifique ara des Iles qui était posé sur son poing gauche, lorsqu'on lui annonça que sir Robert Walden sollicitait la faveur d'être admis en sa présence. En voyant entrer le baronnet, George III se fit un abat-jour de la main, et put voir derrière lui la mine cauteleuse de maître Nathaniel, lequel était mis comme un marchand et non comme un gentilhomme.

« Sir, dit sir Robert Walden pour couper court aussitôt à l'étonnement que manifestait le roi de voir ce singulier personnage pénétrer jusqu'à lui, depuis les anciens rois saxons jusqu'à Votre Majesté, les souverains de la libre Angleterre n'ont jamais dédaigné de rendre eux-mêmes la justice.
— C'est vrai, dit le roi.
— Sire, poursuivit humblement sir Robert Walden, l'homme que vous voyez là, tremblant sous l'auguste regard de Votre Majesté, est un malheureux père que sa fille renie, et qui vient supplier le roi de lui faire rendre son enfant. »

Alors sir Robert Walden, tout à fait maître de lui, expliqua au roi attentif, et cela avec une habileté merveilleuse, glissant avec prudence sur certains faits, il expliqua, disons-nous, comment miss Ellen s'appelait Topsy et comment elle était la fille de Nathaniel. Le baronnet sut adroitement se justifier d'abandonner sa fille adoptive, en dévoilant les instincts pervers qu'elle avait montrés. Le roi George trouva la réclamation de Nathaniel si juste, qu'il fit appeler son capitaine des gardes et lui dit, en montrant le joaillier :

« Vous allez suivre cet homme, vous appréhenderez sa fille, au nom du roi, et vous la conduirez dans la maison de son père. Si elle persistait à nier qu'elle est la fille de cet homme, vous lui direz que sir Robert Walden a témoigné du contraire. »

Le capitaine des gardes s'inclina. Mais, au moment où sir Robert Walden allait sortir, un nouveau personnage entra dans le cabinet du roi. C'était le marquis Roger d'Asburthon à qui son grade de colonel des dragons ouvrait les petits appartements, ce qui le dispensait de passer par les grandes antichambres. Roger ne parut point étonné de la présence du bohémien Nathaniel. Sir Robert Walden, au contraire, tressaillit à la vue du jeune colonel. Roger le salua de la main.

« Sire, dit-il au roi, mes dragons sont de garde au château aujourd'hui, et je viens prendre le mot d'ordre que Votre Majesté daigne donner tous les jours. »

Le roi fit un signe qui voulait dire : « Attendez que nous soyons seuls. » En même temps, sir Robert Walden fit un pas de retraite. Mais Roger le retint d'un geste, et s'adressant toujours au roi :

« Je suis heureux de rencontrer sir Robert Walden chez Votre Majesté. »

Le baronnet s'inclina légèrement.

« Car, poursuivit Roger, je supplierai Votre Majesté de me laisser l'entretien de choses qui ne seront point indifférentes, j'ose l'espérer, au très-honorable baronnet.
— Parlez, marquis, dit le roi.
— Sire, reprit Roger, un officier de mon régiment, le capitaine Lionel, dont sir Robert Walden est, je crois, le tuteur.... »

Sir Robert s'inclina.

« Vient d'encourir une grave punition. Il a quitté Londres sans permission, et va se marier avec une aventurière si Votre Majesté n'y met bon ordre.
— Ah ! fit le roi avec une grimace de dégoût.
— Cette aventurière, poursuivit Roger, se fait appeler miss Ellen Walden, mais elle est en réalité la fille de cet homme qui se nomme Nathaniel.
— Comment ! fit le roi en regardant tour à tour Nathaniel, Roger et sir Robert Walden.
— La présence de sir Robert Walden et de ce Nathaniel dans le cabinet du roi, acheva Roger, m'apprend que, sans doute, Votre Majesté a déjà donné des ordres.
— Oui, fit le roi d'un signe de tête.
— Alors, si cet homme peut se retirer, je supplierai Votre Majesté de m'accorder quelques minutes d'audience en présence de sir Robert Walden. »

Le baronnet fronçait le sourcil, ne sachant où le marquis Roger en voulait venir. Le roi fit un signe. Le capitaine des gardes emmena le joaillier Nathaniel, et Roger demeura en présence de sir Robert Walden. George III, qui commençait à souffrir depuis quelques mois d'un mal mystérieux qui devait le changer bientôt en folie, George III, souvent d'humeur acariâtre, se fût certainement impatienté de la lenteur que Roger mettait à s'expliquer, s'il n'avait eu pour le jeune et vaillant colonel une affection presque paternelle.

« Voyons, marquis, dit-il avec bonté, de quoi s'agit-il ?
— Sire, je viens apprendre à Votre Majesté, une nouvelle qui l'étonnera fort sans doute, mais dont sir Robert Walden que voilà, aura, je n'en doute pas, la bonté d'affirmer la véracité. »

Sir Robert regarda Roger qui, alors, s'adressa directement au baronnet :

« Mon cher collègue, lui dit-il, vous pouvez raconter au roi que vous étiez l'ami de feu lord Asburthon, mon père.
— C'est vrai, dit le baronnet.
— Que mon père, poursuivit Roger, abusé par de faux rapports, croyant lady Cecily sa femme, coupable, la tenait éloignée de lui, ainsi que son second fils, mon frère cadet, par conséquent. Les terreurs de lady Cecily, poursuivit Roger, furent telles, à l'endroit de cet enfant, pour lequel elle redoutait l'aveugle colère de lord Asburthon, qu'elle le fit passer pour mort.
— Comment ! dit le roi, cet enfant n'est pas mort ?

— Non, sire.
— Qu'est-il donc devenu?
— Il est capitaine dans mon régiment, et je viens vous demander sa grâce, car c'est lui qui, amoureux fou de cette aventurière, a quitté Londres et son régiment sans autorisation.
— Puisque c'est votre frère, marquis, dit le roi avec bonté, je le relève de la punition qu'il a encourue, nous lui avons accordé un congé de trois mois.
— Ah! sire, » reprit Roger en s'inclinant profondément devant le roi.
George III fit aux deux gentilshommes un salut de la main qui équivalait à un congé.
Tous deux s'inclinèrent et sortirent.
....

« Un mot, milord? dit sir Robert Walden à Roger, comme ils traversaient l'antichambre royale.
— Quatre, si cela plaît à Votre Honneur, répondit froidement Roger.
— Je désirerais vous entretenir longuement, aujourd'hui même. Vous plairait-il m'assigner un rendez-vous? »
Roger entraîna sir Robert Walden dans l'embrasure d'une fenêtre et lui montra les grands arbres du parc de Saint-James.
« Voyez, dit-il, le jardin est désert. Nous y serons au mieux.
— Soit, » répondit sir Robert Walden.
Ils descendirent au jardin et gagnèrent une allée ombreuse et déserte.
« A présent, dit Roger, j'écoute Votre Honneur tout à mon aise.
— Milord, reprit sir Robert Walden, je me suis absenté de Londres, il y a quinze jours.
— A la suite de certaine séance mystérieuse du club de l'*Hermine*, je crois, » fit sèchement Roger.
Sir Robert Walden le regarda:
« Ah! vous savez cela? dit-il.
— Oui, dit le marquis avec hauteur, je sais même que miss Ellen et vous, aviez trouvé une certaine bohémienne appelée Cynthia, laquelle se disait ma mère. »
Ces paroles, prononcées avec un accent glacé firent éprouver à sir Robert Walden l'impression que subit le spadassin qui compte sur sa botte secrète et qui, tout à coup, voit cette botte parée. Cependant, il ne sourcilla point:
« Puisque vous me parlez le premier de ces événements, milord, dit-il, je vois que ma tâche va se simplifier.
— Comment cela, monsieur?
— Cette femme, nommée Cynthia, reprit sir Robert Walden et qui se disait votre mère....
— Après? sir Roger.
— Cette femme, dis-je, enlevée par de prétendus infirmiers de Bedlam, ne se trouve pas dans cette maison d'aliénés.
— Je le sais.
— Ah!... vous.... le savez?
— Oui, je la fais soigner par le chirurgien Bolton.
— Vous croyez donc à sa folie?
— J'y crois, milord. »
Un sourire ironique vint aux lèvres de sir Robert Walden. Mais Roger demeura calme.
« Vous me disiez donc, reprit-il, que vous aviez quitté Londres, il y a environ quinze jours?
— Oui, milord.
— Vous êtes allé faire un voyage en Écosse et, sur votre chemin, dit Roger en scandant ses paroles, vous avez parlé à quelques membres de la chambre haute de certaine loi de proscription que vous comptez demander au parlement?
— Peut-être.... » dit à son tour sir Robert Walden.
Roger était calme et fier comme un lion au repos.
« Monsieur, dit-il à sir Robert Walden, où voulez-vous en venir? »
Cette question directe déconcerta quelque peu le baronnet.

« Je veux faire chasser les bohémiens du royaume, dit-il en regardant fixement le marquis. C'est le seul moyen, selon moi, de forcer les imposteurs à se démasquer.
— Mais, dit froidement Roger, ces gens-là ne cachent point leur origine.
— Vous croyez? » ricana le baronnet.
Roger posa sa main sur l'épaule de sir Robert Walden, et, le regardant à son tour:
« Écoutez-moi bien, dit-il. Entre gens comme nous, les mots à double entente sont inutiles. Je sais ce que vous pensez.
— Ah!
— A vos yeux, je suis un fils naturel substitué au fils légitime, le bâtard de lord Asburthon et de la bohémienne Cynthia? »
Sir Robert garda un silence affirmatif.
« Aux yeux du roi, aux yeux de la noblesse, aux yeux du monde entier, je suis le marquis Roger, colonel de dragons du roi.
— Soit, dit sir Robert Walden.
— Je n'ai pas à vous dire, sir Robert, continua Roger avec un dédain superbe, si vous êtes dans le vrai ou si vous avez été trompé. Un homme comme moi ne descend point à se disculper.
— Cependant, si j'avais des preuves.... »
Roger haussa les épaules:
« Je vous défie d'en donner, dit-il. Mais, écoutez-moi encore: vous êtes respectueusement attaché à lady Cecily?
— Oui.
— Vous aimez Lionel comme un fils?
— Oh! certes, et je lui rendrai son héritage. »
Un sourire plissa la lèvre supérieure de Roger;
« C'est bizarre! dit-il. Voici un jeune homme et un vieillard face à face; c'est le vieillard qui a des emportements juvéniles, quand le jeune homme demeure calme. Tâchez donc de m'écouter, monsieur.
— Soit, parlez! murmura sir Robert Walden qui se mordit les lèvres.
— Si vous aimez réellement Lionel, dit le marquis Roger, je vous engage à ne point jouer son avenir. Je lui fais la part assez belle, comme vous avez pu le voir.
— Milord, interrompit sir Robert avec brusquerie, si vous étiez le fils légitime....
— Milord, pardon, dit Roger dont l'œil étincela, je vous défends d'émettre ce doute, jusqu'à l'heure où vous pourrez prouver à l'Angleterre ce que vous osez avancer. »
Ces paroles hautaines exaspérèrent le baronnet. Il porta la main à son épée et dit:
« Je saurai bien vous forcer....
— Monsieur, répliqua froidement Roger, un coup d'épée ne prouve pas grand'chose. Il est probable même, si nous croisons le fer, que c'est moi qui vous tuerai, et vous aurez ainsi enlevé à Lionel son seul protecteur. »
Ces mots calmèrent le baronnet comme par enchantement. Roger continua:
« Je suis jeune, on me dit brave, et la loyale Angleterre fait la guerre.... qui vous dit que je ne serai pas tué au premier jour, à la tête de mon régiment?
— Excusez-moi, dit le vieux gentleman, mais je ne conseillerai point à Lionel d'attendre ce hasard.
— Et moi, monsieur, répondit Roger, je vois qu'il n'y a plus aucun moyen de nous entendre. Vous voulez la lutte, vous l'aurez!
— Soit, dit sir Robert.
— Vous avez tort, sir Robert Walden.
— On n'a jamais tort, répondit le baronnet, quand on obéit à sa conscience.
— Ainsi, c'est la guerre?
— Oui.
— Vous demanderez l'expulsion des bohémiens au parlement?
— Oui.

— Moi, dit froidement Roger, je les défendrai!.. Adieu.... »

Et il salua sir Robert Walden avec courtoisie et s'éloigna. Le baronnet croisa ses bras sur sa poitrine et demeura longtemps pensif.

« Cet homme est environné d'un triple airain, murmura-t-il enfin. Comment le forcer à se trahir? Il faut pourtant que la vérité se fasse jour! il faut que le bâtard cède la place au fils légitime!»

Il se mit à marcher à grands pas dans l'allée où il avait cheminé avec Roger. Tout à coup, il tressaillit en apercevant le docteur Bolton, qui traversait le parc. Bolton marchait la tête inclinée, et semblait ne pas voir sir Robert Walden. Le baronnet alla vers lui :

« Bonjour, docteur, » dit-il.

Bolton salua :

« Tiens! fit-il, je vous croyais en Écosse, mon cher baronnet.

— J'arrive, répondit sir Robert.

— Et vous êtes déjà aux environs de l'antichambre royale? Seriez-vous devenu courtisan, sir Robert?

— Non, dit le baronnet, mais je vais chez le roi quand j'ai besoin de sa justice.

— Vous aurait-on fait quelque passe droit?

— A moi, non.

— A qui donc, cher?

— A un homme qui a longtemps passé pour mort, et qui est parfaitement vivant, répondit sir Robert.

— Pardon, dit Bolton, mais si vous le voulez bien, nous allons abréger. Je sais de qui vous parlez, c'est du capitaine Lionel, second fils du marquis d'Asburthon.

— Et son unique héritier, reprit sir Robert Walden, depuis la mort du véritable marquis Roger. »

Bolton regarda avec ébahissement le vieux gentilhomme.

« Mon cher baronnet, dit-il, vous m'excuserez, si je ne me suis pas aperçu, en vous abordant, du véritable état de vos facultés mentales. Vous oubliez que je suis médecin aliéniste. »

Sir Robert prit le bras de Bolton et le serra violemment :

« Oh! dit-il, vous savez mieux que personne que je ne suis pas fou.

— Hé! hé! je ne voudrais point l'affirmer: surtout si vous me répétez encore de pareilles sornettes. Le marquis Roger mort! allons donc! je viens de le voir franchir la grille de Withe-Hall.

— Ce n'est pas le marquis.

— Bah!

— C'est le fils naturel de lord Asburthon et de la bohémienne Cynthia. »

Bolton haussa les épaules :

« Ah çà! dit-il, est-ce que vous allez croire, vous aussi, aux calomnies répandues par cette petite Topsy dont vous avez fait votre nièce? »

Sir Robert Walden regardait Bolton, et se demandait si cet homme n'était pas sincère, tant son œil était calme et son visage tranquille.

« Vous devez pourtant bien savoir la vérité, dit-il, vous qui étiez le médecin du feu lord Asburthon.

— Certainement, je le sais.

— Alors, parlez!

— Vous le voulez?

— Si le le veux! s'écria le baronnet qui prit la main de Bolton et la serra.

— Eh bien! mon cher baronnet, dit le docteur, la vérité est que vous êtes sur la pente de la folie, et que vous ferez bien de rentrer chez vous, d'y faire votre malle et de vous en aller sur le continent. Le voyage est un excellent remède pour la monomanie. »

Et Bolton salua le baronnet stupéfait et s'éloigna.

« Oh! tous ces hommes sont pour lui! » s'écria sir Robert Walden avec rage.

XI.

L'audacieuse bohémienne avait mis le temps à profit. La voiture avait conduit les deux jeunes gens hors de Londres, à Hertford. Le jour naissait, comme ils entraient dans la ville. Durant le trajet, la bohémienne avait démontré au crédule Lionel que Roger et sir Robert Walden conspiraient contre eux, à l'envi l'un de l'autre, et que le premier avait juré, dans son orgueil, qu'il la ferait marquise d'Asburthon; enfin elle avait fait comprendre à Lionel la nécessité de se cacher durant le jour et de ne voyager que la nuit.

« Où irons-nous? lui avait demandé Lionel.

La bohémienne avait fait ce raisonnement : « Mon oncle, Roger et tous les bohémiens vont bouleverser l'Angleterre pour nous retrouver. Le seul endroit où, certainement, ils ne songeront point à nous chercher est ce coin de l'Écosse où mistress Celia avait une maison blanche, entourée d'une prairie. C'est donc là qu'il faut aller. » Et elle dit à Lionel :

« Retournons à la maison blanche.

— Vous avez raison, ma bien-aimée, répondit l'amoureux capitaine. Le révérend Kilworth, qui dessert la paroisse voisine, nous mariera sans difficulté. »

Cependant Lionel poussa un soupir.

« A quoi songez-vous? lui demanda miss Ellen.

— Je songe à ma pauvre mère, répondit Lionel.

— Oh! nous la reverrons bientôt, dit-elle : aussitôt que nous aurons mis Dieu entre nous et l'insatiable ambition de mon oncle qui, vous le savez, a une déplorable influence sur l'esprit de votre mère. »

Ils passèrent la journée cachés dans un hôtel d'Hertfort. Le soir, Lionel demanda des chevaux de poste. Le lendemain, au petit jour, leur berline de voyage s'arrêtait à l'entrée d'un petit village distant de Londres de près de quarante lieues. L'aubergiste qui tenait la poste était sur le seuil de la maison.

« Holà! des chevaux! » cria le postillon.

Alors l'hôtelier s'avança, ôta son bonnet de laine et, s'adressant à Lionel qui mettait la tête à la portière :

« Votre Honneur m'excusera, dit-il, mais je ne puis lui fournir des chevaux avant deux heures.

— Pourquoi?

— Parce que je n'en ai plus à l'écurie, mais que j'en attends du relais de Reven. Un lord, qui se rend en Écosse, a passé tout à l'heure, et il a pris ceux qui restaient. »

Lionel et miss Ellen furent donc contraints de passer deux grandes heures dans cette auberge. Le jeune capitaine descendit plusieurs fois sur la route pour voir si les chevaux arrivaient. Pendant ce temps, enfermée dans sa chambre, miss Ellen prêtait une oreille distraite à l'entretien des gens de l'auberge qui causaient dans la cour.

« Hé! Snob, disait une servante à un valet d'écurie, as-tu jamais vu un lord si noir?

— Pourquoi dire la vérité, Betsy, répondait Snob, ce lord-là est plutôt un Espagnol qu'un Anglais. Il a les cheveux noirs comme une aile de corbeau, et il est brun comme une olive de France. »

Ces mots frappèrent miss Ellen. Soudain elle songea à Jean de France, et une vague inquiétude l'assaillit. Mais Lionel remonta bientôt et lui dit joyeusement :

« Nous avons des chevaux, partons! »

Miss Ellen remonta en voiture et continua sa route, sans faire part à Lionel de son inquiétude. D'ailleurs, pourquoi lui aurait-elle parlé de Jean de France? Et la chaise de poste continua à rouler un train d'enfer. Lionel semait l'or pour arriver plus vite. Le lendemain, au point du jour, la chaîne des monts Cheviot découpa ses lignes vaporeuses à l'horizon. Quelques heures plus tard, les deux jeunes gens arrivaient à la maison blanche, où les deux vieux serviteurs laissés par mistress Celia les accueillirent avec joie.

« Mon brave Glin, dit alors Lionel en s'adressant à l'un d'eux, tu vas monter à cheval, courir au village et nous ramener le révérend Kilworth. »

Glin enfourcha, sans répliquer, un poney des montagnes et le lança au grand galop sur le chemin du presbytère. Une heure après, le révérend Kilworth arrivait à la maison blanche. C'était un vieillard vert encore, à l'œil bleu plein de douceur, aux cheveux blancs comme la neige. Un désespoir d'amour l'avait jeté dans les bras de la religion, et il devait être plus que tout autre indulgent à ceux qui s'aimaient. Lionel et miss Ellen le prirent pour confident, elle, mentant avec candeur, lui, croyant à tout ce qu'elle lui avait raconté. Le vieux prêtre qui se souvenait avoir toujours vu sir Robert Walden hocher la tête quand on lui parlait de l'amour de Lionel, crut sans peine à la version de miss Ellen. Sir Robert Walden devint à ses yeux un ambitieux qui voulait faire sa nièce marquise et se souciait peu de son bonheur. Il se défendit tout d'abord de céder aux instances des deux jeunes gens; mais il les vit si résolus, qu'il finit par se laisser fléchir.

« Eh bien! dit-il, je vous marierai, mais non point demain, mes enfants, car c'est demain vendredi, le jour où le Christ est mort en croix, mais samedi. »
Et comme ils poussaient un cri de joie, le révérend ajouta :
« Samedi, au coucher du soleil, présentez-vous à la porte du temple.
— Nous y serons, » répondirent-ils en pressant les mains ridées du vieux prêtre.

Le samedi, en effet, tandis que le soleil couchant dorait les vitraux de ses derniers rayons, l'église du petit village, garnie de fleurs, attendait les futurs époux. Le prêtre avait revêtu les habits sacerdotaux, et les laboureurs des environs étaient accourus pour assister à la cérémonie. Un peu avant l'arrivée des mariés, une troupe d'étrangers passa devant l'église et y entra. Ces étrangers étaient au nombre de huit; quatre étaient vêtus comme des bourgeois qui voyagent pour leur commerce; les quatre autres étaient enveloppés de longs manteaux qui ne cachaient qu'imparfaitement des uniformes de l'armée royale.

Le sacristain s'avança vers eux et leur dit :
« Désirez-vous quelque chose? »
L'un d'eux répondit :
« Nous voulons prier Dieu. »
Le révérend Kilworth ayant entendu cette réponse, tout haut :
« La maison de Dieu est ouverte à tous ses enfants. »

Les étrangers gagnèrent le coin le plus obscur du temple et s'y agenouillèrent dévotement. Peu après, Lionel et miss Ellen arrivèrent, escortés par les serviteurs de la maison blanche; les deux jeunes gens ne remarquèrent point les étrangers et allèrent s'agenouiller devant le maître-autel. Miss Ellen était radieuse; encore quelques minutes, et l'ambitieuse jeune fille allait voir son rêve s'accomplir, elle allait être la femme de Lionel, du futur marquis d'Asburthon, pair d'Angleterre. Comme le révérend descendait les marches de l'autel et s'avançait vers les futurs époux et prononçait la formule consacrée :

« Je vais procéder au mariage de Lionel Asburthon et de miss Ellen Walden. Y a-t-il quelqu'un ici qui s'oppose à ce mariage?
— Moi! » dit une voix.
Alors Lionel et miss Ellen, frémissants, virent un homme se lever et s'avancer au milieu de l'église.
C'était le bohémien Nathaniel.
« Vous?... dit le pasteur étonné, tandis que miss Ellen étouffait un cri en reconnaissant l'homme à la fouine, vous?
— Oui, mon révérend.
— Qui êtes-vous?
— Je suis le père de cette jeune fille, et voilà des gens qui peuvent l'attester. »

En ce moment les trois autres voyageurs vêtus d'habits bourgeois s'avancèrent lentement, et miss Ellen, épouvantée, reconnut Jean de France, Samson et le marquis Roger.
« Cet homme a dit vrai! firent-ils tous ensemble. »
— Roger! s'écria Lionel qui pâlit de colère.
— Ces hommes mentent! » s'écria miss Ellen d'une voix étranglée par la stupeur.

Mais alors celui des soldats qui semblait commander aux autres s'avança à son tour.
« Au nom du roi! dit-il, je m'oppose à ce mariage, et j'intime à la bohémienne Topsy l'ordre de suivre son père, le joaillier Nathaniel. »
Miss Ellen jeta un cri terrible et tomba évanouie.
« Qu'on l'emporte! ordonna l'officier du roi, tandis que le tumulte était à son comble.
— Misérable! » s'écria Lionel en s'élançant vers Roger.

Mais le colonel des dragons, calme et tranquille, lui posa la main sur le bras et lui dit simplement, en lui montrant Nathaniel :
« La fille du bohémien Nathaniel. »
Et Lionel, terrassé par ce regard et par ces foudroyantes paroles, courba la tête.

TROISIÈME PARTIE

I.

Un mois s'était écoulé depuis les derniers événements que nous venons de raconter.

Aux chaleurs torrides qui pèsent sur Londres, vers la fin de l'été, avaient succédé les bises et les brouillards de l'automne. C'était par une de ces nuits de brume intense pendant lesquelles la circulation des voitures devient impossible, et la lueur des lanternes inutile.

Les rares passants qui regagnaient leur demeure n'avançaient qu'à tâtons, rasant les murs, l'œil fixé sur les lanternes des rues dont la clarté n'était plus qu'un point rougeâtre dont il était impossible d'apprécier l'éloignement. Cependant, deux hommes enveloppés dans leurs manteaux, le chapeau sur les yeux, sortirent bravement par une des grilles du palais de Saint-James, et se prirent à marcher rapidement, s'enfonçant dans les rues de Londres comme des gens pour qui le brouillard n'a pas de mystères.

« Monseigneur, dit l'un d'eux, je crois que nous pouvons nous risquer ce soir.
— Je le crois aussi, mon bon Delton, répondit le second; que le diable m'étrangle! si mes créanciers songent à moi ce soir.... mais, je t'en prie, soyons prudents, supprime les titres d'Altesse et de monseigneur, et appelle-moi seulement George. »

Celui qui se nommait Delton prit familièrement le bras de son compagnon.

« Vois-tu, mon pauvre Delton, le parlement aura beau faire de grandes phrases, et les papiers publics exalter la gloire de la noble Angleterre, cela ne l'empêchera point d'être le plus ennuyeux, le plus maussade de tous les pays du monde.

— En effet, murmura Delton, le climat laisse à désirer.

— Et les lois donc! Ah! fit le grand personnage avec amertume, j'ai toujours trouvé la plus amère ironie au fond de toutes ces formules de respect servile qu'emploie le peuple anglais vis-à-vis de ces malheureux esclaves qu'il a la bonté d'appeler ses souverains. Jolis souverains, ma foi! Le roi ne peut sortir du royaume sans l'autorisation du parlement, et son fils, du moment où il met le pied hors de Saint-James, redevient un simple citoyen, taillable et corvéable à merci, ou plutôt justiciable d'une douzaine de croquants et de drôles qui ont l'insolence de s'intituler ses créanciers.

— J'avoue, dit tout bas Delton, que tout ceci est tout à fait intolérable et parfaitement indigne de la monarchie anglaise.

— Ah! soupira le grand personnage, ce n'est point le roi de France qui tolèrerait cela; mais mon père est si faible! Figure-toi, mon bon Delton, que toutes les fois qu'il y a à prononcer contre un gentilhomme et quelques épais marchands de la cité, il n'hésite jamais à condamner le premier. C'est le résultat de ses idées libérales, comme il dit. Il prétend que nos ancêtres, quand ils étaient en Hollande, étaient tenus d'obéir aux lois avant le dernier de leurs sujets.

— Que voulez-vous, monseigneur, le remède à tous ces maux étant la patience, je conseille à Votre Altesse de se résigner. Quand Votre Altesse régnera...

— Mais tais-toi donc, imprudent; tu veux donc m'envoyer coucher au Queen's-Bench? »

Or, celui qui prononçait ces dernières paroles n'était autre que S. A. R. le prince de Galles, l'héritier présomptif de la couronne.

Une courte digression est indispensable pour expliquer l'étrange conversation qu'il avait alors avec le colonel Delton, son aide de camp et le confident, le compagnon ordinaire de ses fredaines. Le prince de Galles passait, dans l'opinion publique, pour le plus franc mauvais sujet de Londres. Joueur, libertin, perdu de dettes, il avait poussé si loin ses excès de toute nature, que des plaintes nombreuses étaient arrivées au roi George. Un jour, un membre de la chambre des communes eut le courage de déposer sur le bureau du président un volumineux manuscrit, qui n'était autre qu'une plainte collective de deux ou trois douzaines de fournisseurs que Son Altesse Royale avait fait jeter dehors par ses gens, toutes les fois qu'ils avaient eu l'audace de réclamer leur argent. Le parlement s'émut quelque peu de cette protestation, et adressa une supplique respectueuse au roi. Alors le roi ordonna au parlement de déclarer, par un bill, que le prince de Galles pouvait être considéré par ses créanciers comme un simple particulier, appréhendé au corps et conduit en prison par le premier constable qui serait requis de prêter main-forte à la loi. Puis il paya ses dettes et dit au jeune prince :

« Maintenant, monsieur, retenez bien ceci : vous êtes membre né de la chambre des lords; et, sous le toit de Saint-James, vous êtes l'héritier présomptif de la couronne. Si vous faites de nouvelles dettes, vos créanciers ne pourront vous poursuivre ni dans Saint-James, ni dans l'enceinte du parlement; mais, partout ailleurs, ils auront le droit de vous faire arrêter. »

Le jeune prince avait promis de devenir raisonnable et de ne plus dépasser son budget; mais promettre et tenir sont deux; au bout de trois ans, le prince était plus endetté que jamais. Cette fois, le roi refusa de payer et ordonna que le bill rendu par le parlement ressortît son plein et entier effet. Dès lors, le prince ne sortit plus de Saint-James qu'en cachette, usant des plus grandes précautions, empruntant les déguisements les plus ingénieux. Quand il se rendait au parlement, c'était dans une voiture de la cour escortée par un piquet de cavalerie. On comprend maintenant que le brouillard, qui enrhumait et faisait tousser les bons bourgeois de la cité, plût au prince de Galles et qu'il le préférât à la lumière du soleil.

« Brrr! dit Delton, il fait horriblement froid ce soir.

— Aussi, répondit le prince, j'espère que mes créanciers sont dans leur lit.

— C'est assez probable.

— Crois-tu que personne ne nous a vu sortir, mon bon Delton?

— Les abords du palais étaient déserts, monseigneur.

— Tu me rassures.

— Mais, reprit Delton, oserai-je vous faire une question?

— Parle.

— Est-ce simplement l'amour du grand air qui pousse Votre Altesse à sortir par un temps pareil?

— Non.

— Ah! »

Ces deux monosyllabes furent gros, l'un de mystère, l'autre de curiosité.

« Je suis amoureux, dit le prince.

— Cela vous arrive souvent, monseigneur.

— Ah! mais amoureux comme je ne l'ai jamais été.

— Allons-nous chanter une romance sous son balcon?

— Elle n'a pas de balcon.

— Bah! fit Delton, tous les hôtels de Londres ont des balcons.

— Elle n'a pas d'hôtel.

— C'est donc une bourgeoise, quelque jolie femme d'affreux marchand?

— Moins que cela.

— Oh! oh! monseigneur.

— J'ai envie de m'encanailler tout à fait, Delton, mon ami.

— Mais enfin, monseigneur....

— Veux-tu son portrait?

— Assurément.

— Elle est blonde avec de grands yeux noirs, un petit pied cambré à le prendre dans la main et il y a cher lui de la distinction; elle est vêtue comme une fille du peuple : robe de laine, bas de laine, cheveux emprisonnés dans une résille bleue, petit manteau gris sous les plis duquel on devine une taille souple, élancée, délicate à rendre une duchesse jalouse.

— Mais voilà un portrait ravissant, ma foi!

— Tu trouves?

— Dame, et où Votre Altesse a-t-elle rencontré cette merveille?

— Ah! c'est tout une histoire.

— Puis-je l'apprendre?

— Certainement. Il y a trois jours, en me rendant au parlement, je passais ici.... là où nous sommes en ce moment. Tu sais que, lorsque je vais au parlement, je me moque des créanciers. J'avais donc mis la tête à la portière et je souriais à la foule de la meilleure grâce du monde. Tout à coup j'aperçus cette jeune fille, qui s'était arrêtée et regardait curieusement ma voiture et mon escorte.

— Et le beau visage de Votre Altesse.

— Peut-être... fit le prince avec un grain de fatuité. Je fis arrêter, je lui adressai un baiser et un sourire. Elle rougit et disparut. Mais un de mes gens, un valet fort intelligent, qui se nomme Fox, ne la perdit point de vue; et ce matin, en m'habillant, il m'a renseigné sur sa demeure, les habitudes et l'entourage de ma belle inconnue.

— Où demeure-t-elle?

— Oh! dans un quartier, dit le prince en riant, où jamais on ne me supposera capable de m'aventurer : au Wapping.

— En effet, monseigneur, si retors que soient vos créanciers, ils ne s'imagineront jamais que l'héritier présomptif de la couronne se promène, aux environs de minuit, dans le plus boueux et le plus infect des bas quartiers de Londres.

— Eh bien! doublons le pas, reprit le prince; j'ai hâte de voir ma merveille. »

Delton toussa comme un homme assez embarrassé.

« Est-ce que cela te répugne d'aller dans le Wapping? demanda le prince en riant.

— Pas précisément; mais je trouve que ce n'est pas très-prudent. C'est un quartier infesté de voleurs, hanté par les matelots ivres.

— Est-ce que cela t'effraye, toi?

— Et puis, dit Delton, cette jeune fille a sans doute un père, des frères, un amant peut-être...

— Rien de tout cela. Elle habite une petite maison avec sa sœur qui est au lit malade, et une vieille femme qui est sa tante, paraît-il. Du moins c'est ce que Fox prétend. D'ailleurs, ajouta le prince en souriant, nous avons de bonnes épées sous nos manteaux, et je crois que nous savons nous en servir.

— Chut! dit l'aide de camp.

— Qu'est-ce? fit le prince inquiet

— Je crois qu'on nous suit.

— Diable!

— Depuis quelques minutes j'entends marcher derrière nous des gens qui semblent régler leur pas sur le nôtre. »

Le prince de Galles passa la main sous son manteau et la posa sur la garde de son épée. Puis il prêta l'oreille. Deux voix chuchotaient dans le brouillard, à une faible distance.

« Ce sont des bourgeois qui parlent de leurs affaires, dit le prince avec insouciance; occupons-nous des nôtres. »

Delton suivit le prince qui entra résolûment dans le Wapping. Les pas continuèrent à se faire entendre.

« Mon bon ami, dit le prince de Galles en s'arrêtant tout à coup, ces gens-là commencent à m'ennuyer! »

Le prince s'étant arrêté les pas s'arrêtèrent. Le prince de Galles rebroussa chemin alors et marcha droit à ces hommes qu'il ne voyait pas, mais dont il entendait le pas et la voix. Tout à coup deux noires silhouettes se dessinèrent dans le brouillard.

« Holà! cria Delton, si vous êtes des coupe-bourses, vous vous adressez mal, mes amis. Nous avons le diable logé en notre poche, et à la ceinture, deux bonnes rapières de trois pieds de long. »

Un éclat de rire moqueur fut la seule réponse qu'obtint cette apostrophe. En même temps, deux autres silhouettes, puis deux autres estompèrent leur ombre dans le brouillard. Delton se retourna : trois autres personnes arrivaient en sens inverse comme pour lui couper la retraite.

« Flamberge au vent! dit-il tout bas, nous sommes cernés! »

Le prince avait déjà l'épée hors du fourreau.

« Place, manants, » dit-il.

Un second éclat de rire lui répondit seul. Puis un coup de sifflet se fit entendre. C'était un signal convenu, sans doute, car le cercle des silhouettes se resserra.

« Place! répéta le prince.

— Monseigneur, dit une voix railleuse, vous êtes reconnu, et le plus prudent est de vous exécuter de bonne grâce. »

Le prince fondit, l'épée haute, sur l'homme qui venait de parler ainsi.

« Place! place! » répéta-t-il.

Les silhouettes s'écartèrent et reculèrent.

« Cette canaille voulait nous voler! dit le prince à Delton, chargeons-la. »

Les silhouettes prirent la fuite. Le prince alors se mit à les poursuivre; mais, à peine avait-il fait trois pas que son pied s'embarrassa dans un obstacle invisible. Il fit un faux pas et tomba, laissant échapper son épée.

Au même instant, deux bras robustes l'enlacèrent, et Delton, qui avait également trébuché, fut pareillement appréhendé au corps et mis dans l'impossibilité de venir au secours du prince. L'obstacle qui venait d'arrêter le prince et son aide de camp était une petite corde tendue à un pied de hauteur en travers de la rue.

Alors les silhouettes se rapprochèrent de nouveau, se déchirèrent plus nettement dans le brouillard, et le prince de Galles se vit environné d'une douzaine d'hommes bien armés. Alors encore, la voix railleuse prit un corps, et ce corps l'apparence d'un officier de la police commerciale, sorte d'agent spécialement chargé d'arrêter les débiteurs et de les conduire en prison.

« Misérables! disait le prince de Galles exaspéré, vous payerez de votre tête cette insolence.

— Ma tête est fort bien sur mes épaules, monseigneur, ricana l'officier de police, aussi vrai que vous êtes S. A. R. le prince de Galles.

— Comment! drôle! s'écria le prince, tu me connais et tu oses....

— Ce n'est pas moi, monseigneur, c'est le parlement. A Dieu ne plaise que Jonathan Sunter, qui est un fidèle sujet de Sa Majesté, eût jamais songé à rendre un pareil bill. Arrêter le prince de Galles, l'héritier du trône, fi! monseigneur.

Le futur roi d'Angleterre s'imagina que l'agent de la police commerciale n'était pas incorruptible, et il lui tendit sa bourse :

« Prends, » dit-il.

L'agent secoua la bourse, comme s'il eût voulu se rendre compte du nombre de pièces d'or qu'elle contenait, puis il la lui rendit.

« Je crois, dit-il, que Votre Altesse se trompe.

— Qu'est-ce à dire, maraud?

— La bourse de Votre Altesse contient une vingtaine de guinées, mais non point six mille livres, ce qui est le montant de la créance pour laquelle j'ai la douleur d'avoir arrêté Votre Altesse, que je suis depuis sa sortie du palais.

— Ah! traître!

— Je savais que Votre Altesse devait sortir, et j'ai pris mes précautions en conséquence.

— Coquin! je te ferai pendre.

— La corde qui me serrera le cou, monseigneur, n'est point encore filée.

— Quand je serai roi.

— Le roi Georges III se porte à ravir et il est plus jeune que moi. Quand votre Altesse montera sur le trône, je serai mort! Allons, monseigneur, continua l'agent, je ferai humblement observer à Votre Altesse qu'il fait froid, que le brouillard est humide et malsain et qu'elle fera bien de rentrer.

— Reconduisez-moi à Saint-James, en ce cas.

— Non pas monseigneur.

— Et où donc oserais-tu me mener?

— Au Queen's-Bench, monseigneur. »

Le prince eut un léger frisson. Le recors poursuivit :

— Comme j'étais à peu près certain de la capture de Votre Altesse, j'ai prévenu le directeur et les guichetiers. Votre appartement est prêt, monseigneur.

— Ah! bandit, misérable gredin! s'écria le prince, tu ne m'as point encore écroué. »

Et il essaya de se débattre et d'échapper aux mains de fer qui l'étreignaient. Le colonel Delton l'imitait, et il était parvenu même, car il était doué d'une force herculéenne, à renverser celui des agents qui l'avait pris à la gorge.

En ce moment, un pas sec, régulier, quoique rapide, retentit à quelque distance.

« A moi! au secours! » cria le prince qui crut reconnaître une démarche militaire.

Les pas devinrent plus rapides, et un homme apparut.

« Qui donc appelle à l'aide? demanda une voix claire et sonore.

— Moi, répondit le prince, moi George d'Angleterre, prince de Galles, sur lequel on a osé porter la main. »

L'homme s'approcha, et, à sa vue, le recors laissa

échapper un geste de surprise. C'était un homme de haute taille, vêtu d'une vareuse de matelot qu'il semblait porter comme un déguisement, tant il avait de noblesse dans sa physionomie, et trahissait l'homme d'éducation par sa démarche. Il ôta son chapeau ciré et salua respectueusement le prince. Puis il regarda froidement le garde de la police.

« Comment! drô'e, dit-il, tu te permets de porter la main sur Son Altesse?
— Le *maître*, » murmura l'agent à mi-voix.
Puis il balbutia tout haut :
« Excusez-moi, mais j'obéis aux ordres que j'ai reçus.
— Tu n'as d'ordre à recevoir que de moi, répondit l'homme à la vareuse, et je te commande de tomber

« Je ne suis pas un assassin, » dit sir Robert Vallen. (Page 80, col. 2.)

aux genoux de Son Altesse qui, à ma prière voudra bien te pardonner peut-être. »
Le prince était stupéfait. L'agent de la police commerciale fléchit un genou, et, tout tremblant, balbutia quelques mots d'excuse.
« Va-t'en et emmène tes valets, » commanda l'homme à la vareuse.

La garde de la police ne se le fit pas répéter. Il fit un signe à ses hommes, salua et s'éloigna rapidement.
En deux minutes, tous ces hommes disparurent comme un flocon de fumée au souffle du vent, et le prince et son aide de camp demeurèrent seuls en présence de cet inconnu qui exerçait un si bel empire sur

les agents de la police commerciale. Alors cet homme salua de nouveau le prince de Galles, et lui dit :

« Veuillez me pardonner, monseigneur, de ne m'être pas présenté assez tôt pour empêcher ces misérables.

— Par les cornes du diable ! interrompit le prince qui commençait à revenir de sa stupeur et considérait son sauveur avec curiosité, qui donc êtes-vous, monsieur, vous qui avez le pouvoir de faire reculer le seul homme qui ne recule jamais, un agent de la police commerciale ?

— J'ai rendu quelques services à cet homme, répondit modestement l'inconnu ; il était mon obligé.

— Diavel ! murmura Delton, vous lui avez parlé avec l'autorité d'un maître.

— Je l'étais un peu.... pour lui.

— Oh ! dit le prince, je ne vous laisserai point vous éloigner, monsieur, sans avoir votre nom ; je veux, dès demain, vous témoigner publiquement....

— Chut! monseigneur, ne parlons point de ces choses. Seulement Votre Altesse me permettra bien, j'imagine, de l'accompagner jusqu'au palais de Saint-James ? »

Le prince de Galles dont l'émotion se calmait peu à peu, se souvint alors du but premier de sa nocturne expédition.

« Mais, dit-il, c'est que je ne compte point rentrer à Saint-James.

— Votre Altesse a tort peut-être.

— C'est que je suis amoureux.

— Je suis cela.... »

Et l'homme à la vareuse se mit à sourire; puis, comme l'étonnement du prince redoublait, il ajouta :

« Vous Altesse a vu passer, il y a deux jours, une jeune fille blonde, coiffée d'une résille bleue.

— C'est parfaitement exact.

— C'est la sœur de la femme que j'aime, dit froidement l'homme à la vareuse. Or, si Votre Altesse a quelques égards pour un homme qui vient de lui épargner le queen's bench.... »

Le prince de Galles ne le laissa point achever :

« Il suffit, dit-il, et, quoi qu'il m'en coûte, je ne pousserai pas plus loin l'aventure. Je suis endetté; mais, soyez tranquille, l'ami, je suis de noble race et de sang loyal : je vous engage ma parole de gentilhomme que je ne chercherai point à séduire cette jeune fille.

— Merci, prince.

— Maintenant, ajouta le fils du roi George, puisque ma course nocturne n'a plus de but, je vais user de vos offres de service ; reconduisez-moi à Saint-James, vous devant lui que les gardes de police reculent.

— Je suis aux ordres de Votre Altesse. »

Tous trois se mirent en route.

« Savez-vous, dit le prince, que vous avez là un joli pouvoir, mon ami. Là où un fils de roi ne peut rien....

— Je peux tout, n'est-ce pas ? répondit l'inconnu en souriant.

— Oui, certes.

— Il ne tient qu'à Votre Altesse de se fier à moi, et, désormais, elle pourra rentrer et sortir à toute heure de nuit et de jour.

— Ah ! par exemple !

— C'est comme j'ai l'honneur de l'affirmer à Votre Altesse.

— Comment ! mes créanciers me laisseraient tranquilles !

— Oui, prince.

— Ah çà ! vous êtes donc magicien ? dit Delton.

— Un peu.

— Eh bien ! vendez-moi votre procédé, mon ami, et, foi de prince, vous n'aurez point affaire à un ingrat.

— Votre Altesse aura-t-elle confiance en moi. »

En parlant ainsi, l'inconnu attacha sur le prince un regard souriant.

« Oui, dit l'Altesse Royale.

— Alors qu'elle vienne avec moi. »

Tandis qu'ils parlaient ainsi, ils avaient laissé le pont de Londres derrière eux et ils rentraient dans les beaux quartiers de la grande cité. L'inconnu marchait en avant, d'un pas rapide. Le prince et le colonel Delton suivaient. Au bout d'un quart d'heure, tous trois s'arrêtèrent devant la porte d'une petite maison d'honnête et modeste apparence.

« C'est ici, » dit l'inconnu.

Et il sonna.

La maison était silencieuse et paraissait déserte. Cependant, au coup de sonnette, une vieille femme vint ouvrir, et, en voyant l'homme à la vareuse, elle salua avec respect.

— C'est quelque gentilhomme déguisé , » pensa le prince.

Et il entra dans la maison, sur les pas de l'inconnu. Celui-ci lui fit traverser un corridor, gravir un escalier, poussa une porte devant lui et l'introduisit dans une pièce assez vaste, dont l'ameublement et la disposition annonçaient le cabinet d'affaires d'un négociant. L'inconnu avança un fauteuil au prince et demeura respectueusement debout.

« Mais, dit ce dernier en riant, si vous êtes sorcier, votre laboratoire n'a rien d'offrayant, en vérité. »

L'inconnu se fit apporter une lampe à abat-jour, que la vieille femme posa sur un grand bureau de chêne noirci; puis il dit au prince :

« Le moyen que je vais indiquer à Votre Altesse est bien simple.

— Voyons ? dit le prince.

— Le créancier est un chien féroce qu'on apaise en lui donnant à manger.

— Parbleu ! dit le prince, si c'est là votre procédé, il est simple, mais d'une exécution difficile : je ne puis pas payer mes dettes. »

L'inconnu ouvrit un tiroir et en retira une liasse de papiers.

« Monseigneur, dit-il, voilà les dossiers de vos créanciers. »

Le prince de Galles fit un soubresaut dans son fauteuil.

« Elles sont acquittées, ajouta tranquillement l'homme à la vareuse.

— Pardon, mais....

— Et les voilà, » acheva l'inconnu qui les tendit respectueusement au prince.

Celui-ci croyait rêver.

« Ah ça, dit-il enfin, m'expliquerez-vous cela, monsieur ?

— C'est facile, monseigneur. On a payé vos dettes et désintéressé tous vos créanciers, à l'exception de celui qui vous faisait poursuivre ce soir encore et qui sera payé demain matin.

— Et qui donc a payé mes dettes ? s'écria le prince avec une soupçonneuse fierté.

— Des gens qui vous sont dévoués.

— Vous, peut-être ?...

— Moi.

— Qui donc êtes-vous ? »

Et le regard du prince sembla vouloir pénétrer au fond de l'âme de cet homme.

« Mon nom vous apprendrait peu de chose, monseigneur.

— Je veux le savoir. »

L'inconnu s'inclina :

« Je m'appelle Osmany, » dit-il.

Osmany se trompait ; le prince avait entendu parler de lui.

« Vous êtes le nabab que le laird Mac Gregor a fait son héritier ?

— Oui, monseigneur.

— Et vous payez mes dettes ? »

Osmany s'inclina. Le prince, stupéfait, le regardait toujours.

« Vous êtes donc bien riche ? dit-il enfin.

— Pas moi, monseigneur.

— Qui donc ?

— Une association que je représente, une compagnie.

— Quelle est-elle ?

— Voici, monseigneur, dit Osmany, où il m'est impossible de satisfaire la curiosité de Votre Altesse.
— Cependant....
— Ce n'est pas mon secret, monseigneur.
— Mais, dit le prince qui tombait de surprise en surprise, savez-vous bien que je dois six mille livres?
— Votre Altesse ne les doit plus. »
Le prince se leva :
« Monsieur, dit-il, si le parlement payait mes dettes, je trouverais le procédé délicat; mais une association qui veut demeurer inconnue.... parlez, expliquez-vous, qu'est-ce que cela signifie?
— Monseigneur, répondit Osmany, si je me présente un jour au palais de Saint-Jamais et demande à parler à Votre Altesse, me recevra-t-elle?
— Si je vous recevrai!
— Eh bien! un jour (quand? je l'ignore), je me présenterai à Saint-James et je viendrai réclamer à Votre Altesse le prix du léger service que je lui rends aujourd'hui. »
Et comme le prince fronçait le sourcil, Osmany ajouta :
« Que Votre Altesse se rassure, le service que je lui demanderai ne mettra en péril ni son honneur ni son devoir.
— Monsieur, répondit le prince, gardez ces dossiers; je veux rester votre débiteur jusqu'au jour où j'aurai tenu la promesse que je vous fais aujourd'hui. »
Osmany s'inclina.
« Je n'ai plus qu'une grâce à demander à Votre Altesse.
— Parlez!
— C'est de garder le plus profond silence sur notre rencontre.
— Foi de gentilhomme, je me tairai; vous entendez, Delton? fit le prince qui se tourna vers le colonel, témoin muet et étonné de cette scène.
Le colonel inclina la tête en signe d'adhésion.
« Et maintenant, monseigneur, ajouta Osmany, Votre Altesse désire-t-elle rentrer à Saint-James?
— Oui, certes! » répondit le prince.
Osmany frappa sur un timbre; au bruit, une porte s'ouvrit et un homme entra : c'était un géant. Osmany le désigna au prince :
Voilà, dit-il, un homme qui me représente dans les rues de Londres; avec lui, Votre Altesse peut aller partout. »
Le prince de Galles, en rentrant au palais de Saint-James, poussa un cri d'étonnement en trouvant une liasse de papiers sur le guéridon de sa chambre à coucher. Il ne s'était pourtant point arrêté en route, et était venu directement de chez Osmany au palais de Saint-James. Cependant, la liasse de papiers y était arrivée avant lui : c'étaient les mémoires de ses fournisseurs et toutes ses créances acquittés.
« Cet homme est donc sorcier? » se demanda-t-il.
Le prince se mit au lit et ne dormit pas de la nuit; jusqu'au matin, il se posa cette question et ne put la résoudre :
« Qu'attend-il de moi, cet homme qui vient de me faire un cadeau de six mille livres? »
Quand le jour vint, il prit une plume et écrivit ces lignes :

Le prince de Galles au nabab Osmany.

« Monsieur,
« Vous m'avez débarrassé de mes créanciers, mais je n'en reste pas moins votre débiteur; et prenez ce dernier mot dans sa plus large acception. »

Puis il manda Delton auprès de lui et lui commanda de porter ce billet dans cette petite maison où ils avaient pénétré la veille sur les pas d'Osmany; en même temps il tira une bague de son doigt, une chevalière sur le chaton de laquelle étaient gravées les armes de la maison de Nassau.
« Tu lui remettras ceci en souvenir de moi, » dit-il.

Delton partit; mais il revint au bout d'une heure, rapportant la bague et la lettre :
« Votre Altesse est-elle bien sûre de n'avoir point rêvé cette nuit?
— Et toi? fit le prince.
— Moi, je n'en suis pas bien certain.
— Comment cela?
— J'ai vainement cherché la rue, la maison et le nabab, tout cela a disparu.
— Un homme disparait, répondit le prince, mais.... une rue.
— Du moins, acheva Delton, je n'ai pu la reconnaître.
— Je la trouverai bien, moi! » dit le prince.
Et il sortit, donnant le bras à Delton, en plein jour, en plein soleil, ce qui ne lui était pas arrivé depuis bien longtemps. Mais le prince eut beau errer dans Londres, vainement il parcourut toutes les rues du quartier où les avait conduits Osmany; pas plus que Delton, il ne put retrouver la maison de son mystérieux sauveur.
« Vous le voyez bien, monseigneur, dit Delton en riant, nous avons rêvé.
— Je voudrais le croire, répondit le prince de Galles, mais cela m'est impossible, attendu que j'ai déjà rencontré aujourd'hui une douzaine de mes créanciers; les drôles m'ont salué avec respect : donc ils sont payés. »
Delton s'inclina devant cet argument sans réplique.
Le prince rentra à Saint-James; sa curiosité fut tenue quelques jours en éveil, puis elle s'apaisa; il reprit sa vie de plaisir et de dissipation, et, huit jours après, il avait à peu près oublié Osmany.
Huit autres jours s'écoulèrent encore. Un soir, le roi Georges III fit appeler son fils et lui dit :
« Il paraît, monsieur, que mes sages conseils ont fini par vous convertir. »
Le prince salua.
« Que veut dire Votre Majesté? fit-il.
— J'apprends que vous avez payé vos dettes.
— Oui, » sire.
Le roi, qui depuis longtemps boudait son héritier présomptif, lui tendit la main :
« S'il en est ainsi, dit-il, je vous rends mon amitié.
— Ah! sire....
— Et j'augmente votre pension de quatre mille livres par an. »
Le prince fit un nouveau salut et se demanda si le sorcier Osmany n'aurait pas ensorcelé le roi George. Ce dernier reprit :
« Puisque vous êtes devenu raisonnable, je vous permets de reparaître au conseil privé d'où je vous avais exclu.
— Votre Majesté me comble de joie, répondit le prince, car elle me permet ainsi de reconnaître ses bontés en me laissant m'occuper des affaires du royaume.
— Tiens! fit le roi, à propos d'affaires, en voici une. Vous connaissez ce baronnet excentrique appelé sir Robert Walden et qui siège au parlement.
— Oui, sire.
— Lisez, » dit le roi.
Et il remit au prince de Galles un placet qu'il venait de recevoir et qui était signé de sir Robert Walden.
Le prince lut :

« Sire,

« Je supplie Votre Majesté de m'accorder une audience en présence de S. A. le prince de Galles et de deux de vos meilleurs gentilshommes. J'ai à entretenir Votre Majesté de faits d'une haute gravité et qui touchent à l'honneur de la noblesse tout entière. »

« Que peut-il avoir à nous dire? fit le roi quand le prince eut pris connaissance du placet.
Le prince répondit :
« Sir Robert Walden est le gentilhomme le plus ori-

ginal des trois royaumes, et je le crois beaucoup moins occupé de politique qu'il ne l'est de la chasse au tigre ou de voyages dans le nouveau monde. Cependant, puisque Votre Majesté s'est fait une loi de ne jamais refuser une audience....

— Écrivez-lui, prince, dit le roi, et dites-lui que nous le recevrons demain à neuf heures du soir, dans notre cabinet, en présence de deux gentilshommes attachés à notre personne. »

Le prince prit une plume et écrivit :

« Le roi Georges III daignera recevoir sir Robert Walden demain vendredi, à neuf heures du soir. Sir Robert entrera par les petits appartements.

« GEORGE, prince de Galles. »

Cette lettre écrite, le prince causa quelques instants encore avec le roi qui l'invita à dîner. Alors il reprit le chemin de ses appartements particuliers, l'étiquette de la cour exigeant qu'il ne s'assît à la table royale qu'en grand uniforme de général de cavalerie.

Tandis que ses valets de chambre le parfumaient et lui apportaient un bain, le prince aperçut un billet cacheté sur une table. Il le prit et l'ouvrit :

« Le prince de Galles est prié, disait-on, de passer dans son cabinet de travail lorsqu'il aura terminé sa toilette. »

Le prince jeta le billet au feu, acheva de s'habiller, passa dans son cabinet de travail et jeta un cri d'étonnement. Le nabab Osmany était tranquillement assis au coin de la cheminée.

II.

Le lendemain, vendredi, un peu avant sept heures, la voiture du baronnet sir Robert Walden s'arrêta devant la maison qu'habitait mistress Celia. La mère de Lionel n'avait point encore repris son titre de marquise d'Asburthon. Le baronnet était en habit de cour, et une petite épée à gaîne de chagrin et à poignée enrichie de diamants lui battait les mollets. Les valets de mistress Celia saluèrent le baronnet avec une nuance d'étonnement, car il y avait fort longtemps déjà que sir Robert Walden n'avait mis les pieds chez elle.

« Comment va Lionel? demanda sir Robert Walden.

— Un peu mieux, répondit un vieux serviteur ; mais notre jeune maître a été bien malade, Votre Honneur.

— Je le sais.

— Il a été fou pendant plusieurs jours et parlait de se tuer.

— Pauvre Lionel ! » murmura sir Robert Walden en faisant passer son nom à mistress Celia.

Lady Cecily était assise au chevet de son fils. Lionel dormait ; sa belle tête, pâlie et amaigrie, reposait sur l'oreiller, inclinée vers l'épaule ; et sa mère, penchée sur lui, semblait s'enivrer de son souffle devenu calme et régulier.

« Chut ! fit-elle tout bas en posant un doigt sur ses lèvres et tendant son autre main au baronnet ; voilà la première fois qu'il dort ainsi....

— Il a donc été bien malade, mon Dieu ! fit sir Robert Walden frappé de la pâleur et de l'amaigrissement de Lionel.

— Ah ! mon ami, répondit lady Cecily, j'ai cru qu'il en mourrait.... si vous saviez comme il aimait miss Ellen....

— Je le sais, milady.

— Savez-vous bien, reprit la pauvre mère, qu'il a eu le délire pendant trois semaines ?

— Pauvre enfant !

— Il voulait revoir cette femme.... il voulait la revoir à tout prix.... Un jour Roger, qui vient ici matin et soir, est arrivé à temps pour l'empêcher de se précipiter par la croisée et se briser la tête sur le pavé de la rue. »

Au nom de Roger, sir Robert Walden fronça le sourcil.

« Madame, dit-il tout bas, je viens vous parler justement du marquis Roger.

— De mon fils ?

— Du marquis Roger, répéta sir Robert Walden.

— Eh bien ! dit lady Cecily inquiète, je vous écoute....

— Non, pas ici. Lionel dort ; passons, je vous en prie, dans une pièce voisine. Ce que j'ai à vous dire est de la plus haute importance. »

Lady Cecily se leva et indiqua à sir Robert Walden un petit boudoir attenant à la chambre où dormait Lionel.

« Parlez, dit-elle.

— Je n'ai pas eu l'honneur de vous revoir, milady, reprit sir Robert Walden, depuis que vous êtes allée à l'hôtel d'Asburthon.

— Ah ! c'est juste, dit lady Cecily. Mais vous avez appris....

— J'ai appris que le marquis Roger voulait reconnaître publiquement Lionel pour son frère puîné et partager avec lui sa fortune.

— Oh ! dit lady Cecily, comment douter encore en présence de tant de noblesse ?

— Hélas ! madame, répondit sir Robert Walden, le doute n'est plus permis.

— Oh ! c'est bien mon fils, n'est-ce pas ?

— Ce n'est pas votre fils, répliqua sir Robert avec un calme effrayant. J'ai maintenant une preuve irrécusable. »

L'accent de sir Robert Walden avait une telle autorité que lady Cecily courba la tête.

« Mon Dieu ! dit-elle, mais si vous saviez comme il est noble et bon, si vous saviez comme il m'aime !... comme il aime Lionel !...

— Il veut rester marquis, dit le baronnet avec le calme du scepticisme.

— Mais enfin, s'écria lady Cecily, vous dites que ce n'est pas mon fils, et vous prétendez avoir une preuve ?

— Oui, madame.

— Quelle est-elle ?

— J'ai trouvé un ancien domestique du feu lord le marquis d'Asburthon, un nègre qui berçait le petit Roger, votre vrai fils.

— Et... cet homme....

— Cet homme affirme que le malheureux enfant fut trouvé un soir, le soir du jour où je tuai l'infâme sir Jack, mort dans son berceau d'où s'échappa un reptile bien connu dans l'Inde, la vipère noire.

— Et l'enfant était réellement mort, demanda lady Cecily d'une voix tremblante.

— Oui, madame.

— O mon Dieu ! cet homme ment peut-être.

— Il dit vrai. »

Sir Robert Walden s'exprimait avec un tel accent de conviction que lady Cecily ne put retenir ses larmes.

« Mais enfin, dit-elle, si Roger n'est pas.... mon fils...

— Il ne l'est pas.

— Que comptez-vous faire ?

— Je compte demander au roi que le marquis Lionel d'Asburthon reprenne sa place.

— Et Roger, que deviendra-t-il ?

— Ce que deviennent ceux de sa race. Il ira chercher fortune loin de l'Angleterre.

— Oh ! non, jamais ! s'écria lady Cecily, car s'il n'est pas mon fils, je l'aime déjà comme tel. Ah ! vous ne savez pas, vous ne savez, puisque vous vous montrez aussi impitoyable.... vous ne savez pas qu'il allait tuer Lionel et qu'à ma voix, il a jeté son épée. Est-ce qu'une mère oublie cela, mon Dieu !

— Madame, répondit gravement sir Robert, prenez garde ! vous allez faire tort à votre fils de sa fortune et de son titre.

— Lionel ne consentira jamais à dépouiller celui qu'il appelle son frère.

— Mais puisque cet homme est un imposteur !

— Qu'importe! répondit lady Cecily, n'est-ce point toujours le fils de lord Asburthon. »

Sir Robert Walden regarda douloureusement lady Cecily.

« Il n'y aura donc que moi, murmura-t-il, qui aurai le courage d'écouter la loi du devoir. »

Et il se leva :

« Adieu, madame, dit-il. Je vois bien que je dois agir seul.

— Mon Dieu! que voulez-vous donc faire?

— Mon devoir, répondit sir Robert Walden, comme je l'ai toujours fait, même en imposant silence à mon cœur. »

Et il salua lady Cecily interdite et se retira, sans que la pauvre femme brisée d'émotion eût la force de le retenir.

Le baronnet remonta en voiture; mais il ne se fit point conduire tout d'abord au palais de Saint-James. Il se rendit à Oxford street et fit arrêter son équipage à quelques pas d'une boutique de pâtissier dans laquelle il pénétra après avoir dissimulé le plus possible les broderies de son habit de cour sous les vastes plis de son manteau.

La boutique avait pour enseigne : *au Nègre!*

L'enseigne était justifiée par la présence, au comptoir, d'un magnifique noir, dont la tête était couverte d'une forêt de cheveux blancs. Cet homme pouvait avoir soixante ans. C'était l'un des deux nègres qui s'étaient autrefois penchés sur le parapet de la terrasse pour admirer les tours du jongleur indien, abandonnant ainsi, un moment, le hamac où dormait le petit marquis Roger.

Sir Robert Walden s'accouda sur le comptoir et lui dit :

« Es-tu prêt?

— Oui, Votre Honneur.

— Répéteras-tu textuellement ton récit devant le roi.

— Oui, Votre Honneur.

— Ainsi tu es bien certain que le véritable marquis est mort?

— Aussi sûr que de mon existence.

— Comment se sont accomplis les événements dont tu parles?

— Voici, dit le nègre. Antonio et moi, nous éventâmes le berceau jusqu'au soir. Puis, quand la nuit fut venue, nous le rentrâmes dans l'appartement. Je soulevai les rideaux de mousseline blanche qui le couvraient et, voyant l'enfant immobile, je supposai qu'il dormait. Nous enveloppâmes le berceau d'une moustiquaire, Antonio alla se coucher, et je demeurai seul auprès de l'enfant. Le sommeil ne tarda point à me gagner. Depuis quand étais-je endormi? C'est ce qu'il m'est impossible de préciser. Mais je fus réveillé brusquement par une vive clarté. En même temps j'entendis un cri; et, ouvrant les yeux, j'aperçus le marquis d'Asburthon et son médecin, le docteur Bolton. Le marquis s'était penché sur le berceau et jetait un cri. L'enfant était froid. Le docteur Bolton le prit dans ses bras et l'emporta dans la pièce voisine.

« Il est mort, » dit-il.

Ce mot arriva jusqu'à mon oreille. Glacé de terreur, je feignais de dormir. Dix minutes après, le docteur revint et me secoua.

« Viens avec moi, » me dit-il.

Je me levai. Nous montâmes à cheval et nous sortîmes de Calcutta. Quand nous eûmes atteint les jungles, le docteur se tourna brusquement sur sa selle, se tourna vers moi, et, armant un pistolet, il me dit :

« J'ai l'ordre de te tuer. Cependant il me répugne de tuer un innocent. Veux-tu vivre? »

J'étais descendu de cheval et je m'étais mis à genoux :

« Tiens, me dit le docteur, voici une bourse. Va-t'en à Singapour, et ne reparais jamais à Calcutta. »

Sir Robert Walden avait écouté le récit du nègre :

« Tu vas répéter cela au roi, n'est-ce pas? dit-il.

— Oui, Votre Honneur.

— Es-tu chrétien?

— Oui.

— Jureras-tu sur le salut de ton âme que le marquis Roger est mort?

— Oui, Votre Honneur.

— Viens avec moi, » dit sir Robert Walden.

Le nègre quitta sa veste de pâtissier, endossa un vêtement convenable et suivit sir Robert Walden qui le fit monter à côté du cocher, auquel il dit :

« Au palais de Saint-James. »

Une demi-heure après, sir Robert Walden entrait au palais. Bien qu'il fût près de neuf heures du soir, une certaine agitation régnait dans la demeure royale.

Les officiers allaient et venaient, les valets se croisaient. Chaque visage avait un air de consternation. Le baronnet, un peu étonné, gagna les petits appartements. Un garde écossais était à la porte :

« On n'entre pas! dit-il.

— Pardon, répondit sir Robert Walden, j'ai une lettre d'audience.

— De qui?

— Du roi. »

Le factionnaire répondit :

« Votre Honneur ne sait pas probablement ce qui s'est passé.

— Quoi donc? demanda le baronnet.

— Le roi a été pris d'un accès de folie, et c'est le prince de Galles qui est régent du royaume. »

Comme le factionnaire faisait cette réponse à sir Robert Walden stupéfait, un officier s'approcha :

« Êtes-vous sir Robert Walden? demanda-t-il au baronnet.

— Oui.

— Alors venez.... Le prince de Galles va vous donner audience. »

Sir Robert Walden hésita.

« Venez, insista l'officier, Son Altesse Royale a formellement donné l'ordre de vous introduire. »

Sir Robert Walden fronça le sourcil, mais il suivit l'officier.

III.

Sir Robert Walden éprouva une impression pénible, en apprenant qu'il allait se trouver en présence du prince de Galles et non du roi. Il eût volontiers rebroussé chemin, mais il n'était plus temps, et l'officier de service l'avait pris par la main. Le prince attendait le baronnet dans son cabinet. Il avait revêtu son grand uniforme de général. Deux dragons placés en sentinelle à la porte attendaient ses ordres.

Sir Robert Walden fit signe au nègre de demeurer dans l'antichambre, et il entra seul chez le prince. Celui-ci l'accueillit avec un sourire bienveillant.

« Milord, lui dit-il, vous avez demandé au roi la faveur d'une audience. Le roi est malade et m'a chargé de vous recevoir. En outre, vous avez manifesté le désir d'être entendu en présence de deux gentilshommes. J'ai choisi les meilleurs de notre cour. »

Le prince frappa sur un timbre. Le colonel Delton entra.

« Voici d'abord, dit le prince, lord Archibald Delton, comte d'Epsom, mon aide de camp. Un de ses ancêtres fut tué à côté de Guillaume, le roi Conquérant. »

Sir Robert Walden s'inclina et salua Delton. Le prince frappa un second coup.

« Voici, maintenant, dit-il, un gentilhomme d'aussi bonne origine et dont vous ne contesterez, certes, ni la bravoure, ni le mérite. »

Comme le prince parlait ainsi, une porte s'ouvrit et le marquis Roger d'Asburthon, en grand uniforme de colonel des dragons du roi, se montra sur le seuil.

Sir Robert Walden recula comme si un abîme se fût entr'ouvert sous ses pas. Roger le salua et vint se placer à la droite du prince de Galles.

« Parlez, milord, dit le prince. Nous vous écoutons.
— Monseigneur, dit alors le baronnet qui fit un violent effort pour demeurer calme, depuis vingt ans environ, il est une race qui s'est introduite en Angleterre et qui menace d'envahir tous les emplois, de prendre d'assaut toutes les positions.
— Expliquez vous plus clairement, milord, et dites-nous quels sont ces hommes.
— Les bohémiens, monseigneur.
— Je croyais, répondit le prince en riant, que les bohémiens se contentaient de faire des tours dans les rues, de danser sur la corde, de remettre les entorses et de dire la bonne aventure.
— Non pas, monseigneur. Il en est un qui est un des grands bijoutiers de Londres.
— Bon! dit le prince.
— Un autre est banquier.
— Après.
— Un troisième est juge dans son district.
— Jusque-là, dit le prince, je ne vois pas où est le mal.
— Un autre, enfin, dit sir Robert Walden, siége au parlement.
— Oh! par exemple, dit le prince, ceci est trop fort. Perdriez-vous l'esprit, milord?
— Je dis vrai, monseigneur.
— Eh bien! je serais curieux de vous voir prouver votre dire, milord.
— C'est facile, monseigneur.
— Ainsi, selon vous, un bohémien siége au parlement?
Sir Robert fit un signe de tête affirmatif. Le prince croisa les bras. Delton et Roger demeurèrent impassibles.
« Monsieur, dit le prince de Galles, nul ne siége à la chambre haute, s'il n'est lord.
— Votre Altesse a raison, dit sir Robert Walden, mais il peut se faire qu'un imposteur ait pris le nom d'un lord.
— Ceci serait grave, monsieur.
— Le bâtard d'un lord peut avoir été substitué à son fils légitime.
— Ah! ah!
— Et ce bâtard peut être le fils d'une bohémienne.
— Monsieur, dit froidement le prince, je vous jure que si vous me prouvez cela, je chasserai tous les bohémiens du royaume.
— C'est tout ce que je venais demander à Votre Altesse.
— Mais, d'abord, il faut me montrer ce lord de mauvais aloi, et ensuite me prouver cette substitution d'enfant.
— Monseigneur, dit sir Robert Walden d'une voix grave et convaincue, ce lord de mauvais aloi, ce bâtard substitué au fils légitime, se nomme Roger d'Asburthon, et le voilà! »
En parlant ainsi, le courageux baronnet étendit la main vers Roger. Le colonel des dragons du roi ne sourcilla point.
« Monseigneur, dit-il, je crois comme Votre Altesse, que sir Robert Walden a perdu l'esprit. Cependant, s'il peut prouver ce qu'il avance, et si je suis reconnu bohémien, je consens à être chassé du royaume.
— Milord, répondit le prince en s'adressant à Roger, sir Robert Walden aura entendu parler de cette bohémienne appelée Cynthia, et qui, devenue folle à la suite de l'émotion qu'elle éprouva le jour de la rentrée des dragons à Londres, répète depuis qu'elle est votre mère.
— Cette femme dit vrai, affirma sir Robert Walden.
— Prouvez-le! dit Roger.
— Monseigneur, reprit sir Robert Walden que le calme de Roger ne déconcerta point, voulez-vous me permettre de faire entendre à Votre Majesté la déposition d'un homme qui était au service de lord Asburthon, dans l'Inde, et qui vous affirmera que le vrai Roger, le fils légitime, est mort au berceau.
— Où est cet homme?

— Dans l'antichambre de Votre Altesse. »
Le prince donna l'ordre d'introduire le nègre; mais, au moment où il entrait, une portière qui lui faisait face s'écarta un moment, et un homme vêtu de l'uniforme des dragons du roi, se montra, et, regardant le nègre, mit un doigt sur ses lèvres. Le nègre tressaillit et sa peau noire blanchit l'espace d'une minute. Puis la portière, entr'ouverte, se referma. Le prince regarda cet homme qui venait attester qu'un pair d'Angleterre mentait aux trois royaumes et n'était qu'un bohémien.
« Comment vous appelez-vous? demanda le prince.
— Iago, répondit le nègre.
— Vous avez été au service de lord Asburthon?
— Oui, monseigneur.
— Lord Asburthon avait un fils?
— Oui, monseigneur.
— Et ce fils est mort?
— Je ne sais pas, » dit le nègre.
Sir Robert Walden fit un pas à cette réponse inattendue.
« Mais, misérable! s'écria-t-il, ne m'as-tu pas dit....
J'ai dit à Votre Honneur, dit lentement le nègre, que le fils de lord Asburthon ayant été mordu par une vipère était tombé malade.
— Tu m'as dit qu'il était mort!
— Pardon, Votre Honneur; s'il est mort, je n'en sais rien, ayant été congédié le jour même. »
Sir Robert poussa un cri, devint livide et posa ses deux mains sur son front.
« Allons! dit le prince de Galles en souriant, rassurez-vous, monsieur le marquis Roger d'Asburthon, j'ai maintenant la preuve que sir Robert Walden est fou. »

....

Quant au nègre, il s'en alla, murmurant :
« Je viens de mentir, mais l'homme qui m'a fait signe de me taire m'a arraché, il y a quinze ans, des mains des étrangleurs de l'Inde, et je devais lui obéir! »

IV.

Quinze jours après, nous eussions retrouvé le marquis Roger d'Asburthon dans son lit, malade, presque mourant. La veille au soir au club des *Beaux*, le beau colonel des dragons du roi, avait été pris d'un étourdissement subit, à la suite d'une partie de pharaon. Le nabab Osmany, qui était son partner, n'avait eu que le temps d'appeler au secours et de le soutenir dans ses bras. On avait transporté le marquis chez lui et on avait, en toute hâte, envoyé chercher le docteur Bolton. Comme depuis huit jours le parlement avait, à la sollicitation du prince de Galles, reconnu Lionel pour frère puîné du marquis et autorisé ce dernier à partager sa fortune avec lui, lady Cecily avait repris son rang et s'était installée, avec son second fils, à l'hôtel d'Asburthon. Le docteur Bolton, accouru sur-le-champ, avait déclaré que le marquis était atteint d'une fièvre nerveuse, dont le principe se gagne dans les Indes, et, tout en ne désespérant pas de le sauver, n'avait pu dissimuler à lady Cecily et à Lionel, la gravité de la situation. Tout Londres était ému de cet événement; car les récentes aventures du marquis Roger avaient achevé de le mettre à la mode. On avait raconté partout le nouveau jugement de Salomon, et la prétention de sir Robert Walden à faire passer le marquis d'Asburthon pour un bohémien, avait paru si ridicule, que les trois royaumes avaient retenti d'un immense éclat de rire. Le pauvre baronnet avait dû se réfugier dans une de ses terres et y chercher le silence et la solitude.
Or donc, ce soir-là, le marquis sommeillait. Son mal consistait, depuis la veille, en une sorte de somnolence à peine interrompue par un rare éclair de raison et un morne regard. Le docteur Bolton, lady Cecily et Lionel se tenaient au chevet du malade. Un moment Roger ouvrit les yeux et les tourna vers eux. Lady Cecily se précipita vers lui et prit sa main.

« Mon enfant, dit-elle, mon cher enfant, reviens à toi.... ne me reconnais-tu pas ?
— Et moi, dit Lionel qui mit un baiser sur le front pâle de Roger, ne suis-je pas ton frère ? »
Roger sembla retrouver sa présence d'esprit ; son œil brilla, ses lèvres s'entr'ouvrirent ; mais sa tête s'inclina aussitôt sur son oreiller, et il retomba dans cette horrible somnolence qui semblait être l'avant-coureur de la mort.
« O mon Dieu ! mon Dieu ! murmura lady Cecily, sauvez-le !
— Mon frère ! » disait en même temps Lionel qui secouait la main du moribond, et versait toutes les larmes du désespoir.
Bolton les regardait, grave et recueilli.
« Madame, dit-il enfin à voix basse à lady Cecily, le marquis Roger est bien malade.
— Mais vous le sauverez, n'est-ce pas ?
— Hélas ! je n'ose plus l'affirmer. »
Lady Cecily sanglotait.
« Écoutez, reprit Bolton, à cette heure solennelle, je vous dois la vérité tout entière, madame.
— Mon Dieu ! qu'allez-vous m'apprendre ?
— Le marquis Roger d'Asburthon n'est point votre fils, » dit brusquement Bolton.
Il s'attendait à un cri, à une exclamation. Lady Cecily se contenta de lever les yeux au ciel et de répondre :
« Je le sais ; mais je l'aime comme s'il était de mon sang, car il est noble et bon. »
Et elle se mit à genoux et murmura avec la ferveur d'une sainte :
« O mon Dieu ! prenez ma vie, mais sauvez celle de ce brave et noble enfant, qui a eu pour moi la tendresse et le respect d'un fils. »
Lionel s'était agenouillé auprès de sa mère et disait :
« Frère, je ne sais pas si le même flanc nous a porté ; je ne sais pas si je suis le fils légitime et toi le bâtard ; mais, ce que je sais bien, c'est que nous avons un père commun, que tu es plus beau, plus brave, plus noble que moi, plus digne, enfin, d'être le chef de notre race.
— Ainsi, dit Bolton prenant le bras du jeune homme, si Roger vit, vous vous résignerez, sous le vrai marquis, à n'être que le capitaine Lionel, le cadet d'Asburthon ?
— Ah ! s'écria Lionel, sauvez-le, docteur, et vous jure sur jamais une parole qui puisse faire supposer que je sais la vérité, ne sortira de mes lèvres.
— Sauvez-le ! reprit lady Cecily avec angoisse, et je serai sa mère ! »
A ces derniers mots, le moribond entr'ouvrit de nouveau les yeux, et ses mains se tendirent vers lady Cecily, qui s'en empara et les couvrit de baisers.
« Écoutez, fit Bolton d'une voix émue, tandis que Roger retombait dans sa prostration, je vais faire un dernier, un suprême effort pour le sauver. Laissez-moi seul avec lui, car j'ai besoin de toute ma présence d'esprit, de tout mon courage. »
Et il s'exprimait avec l'accent d'autorité que donne la science, et leur montrait la porte d'une pièce voisine. Lady Cecily vint poser ses lèvres fiévreuses sur le front pâle de Roger et jeta à Bolton un regard affectueux.
« Si vous le sauvez, dit-elle, je prierai Dieu nuit et jour pour vous, docteur.
— Et moi, dit Lionel, je vous renouvelle le serment, docteur, d'être toujours le frère soumis et respectueux du fils aîné de mon père. »
Puis tous deux sortirent lentement le visage baigné de pleurs. Alors Bolton alla fermer la porte avec la précaution et la défiance d'un voleur qui ne veut pas être dérangé. Puis il revint vers le lit. Le marquis s'était dressé sur son séant ; il avait ouvert les yeux et son regard avait retrouvé toute sa limpidité, toute son intelligence.
« Et bien ! lui dit Bolton, avez-vous entendu.

— Oui, dit Roger ; et je vois maintenant qu'ils sont dignes tous deux de mon sacrifice. »
Son regard se porta sur l'écusson de la vieille maison d'Asburthon, qui surmontait la cheminée ; puis, de l'écusson, il alla aux portraits de famille qui couvraient les murs. Alors, s'adressant à ces toiles muettes, Roger dit :
« Pardonnez au pauvre bâtard, au fils de la bohémienne, d'avoir un moment occupé la place du maître légitime, d'avoir habité cette demeure qui n'était pas mienne, d'avoir porté le titre et le nom que vous aviez transmis à mon père. Aux âges héroïques, souvent les bâtards des grandes races ont sauvé l'honneur en péril de leurs aïeux ; souvent le fils de l'amour a pris en main la bannière du devoir et restauré l'écusson, dont les couleurs menaçaient de se ternir. Pardonnez-moi donc, ô vous tous les Asburthon des siècles éteints, ancêtres dont le nom ne m'appartient pas, mais dont le sang coule dans mes veines. Je vais remettre en des mains légitimes la vieille épée de notre race, et cette fortune immense qui fut toujours si noblement employée. »
Roger parlait d'une voix émue mais ferme ; et Bolton pleurait.
« Mon vieil ami, lui dit-il, maintenant, que j'ai fait mon devoir, donne ton breuvage, je le boirai sans trembler.
Le docteur alla prendre, sur un guéridon, un gobelet d'argent dans lequel il versa le contenu d'une petite fiole qu'il tira de sa poche, et apporta le gobelet au jeune homme. Roger le prit ; sa main ne trembla point, le sourire n'abandonna point son visage, son œil demeura calme et fier. Il approcha le gobelet de ses lèvres, et le vidant d'un trait :
« Voici la fin, dit-il ; Dieu protège le marquis Lionel d'Asburthon ! »
Puis il retomba brusquement sur son oreiller, les yeux fermés, le visage d'une pâleur livide, les mains glacées. Bolton alla ouvrir la porte de la chambre où Lionel et sa mère attendaient, anxieux, et leur dit d'une voix brisée :
« Dieu sans doute avait de secrets desseins. Capitaine Lionel, vous êtes désormais marquis d'Asburthon, et vous siégerez à la chambre des lords. »

V.

A quarante-huit heures de distance, de nombreux équipages aux chevaux caparaçonnés de noir encombraient les abords du vieil hôtel d'Asburthon. La noblesse en Angleterre pleurait le plus jeune, le plus noble, le plus héroïque de ses pairs : le colonel des dragons du fort saint-George, Roger, marquis d'Asburthon, était mort. Exposé depuis la veille sur son lit de parade, dans la salle d'honneur de son hôtel convertie en chapelle ardente, le cadavre du jeune marquis avait été visité par tous les grands personnages du royaume.
On avait emmené lady Cecily hors de l'hôtel, dans une ville voisine de Londres, pour l'arracher aux poignantes émotions des funérailles. Un prêtre veillait au chevet du mort ; deux hommes se trouvaient près de lui : Lionel, accablé d'un morne désespoir, et le nabab Osmany, délégué du club des Beaux qui avait cru devoir rendre ce suprême et dernier honneur à celui de ses membres qui était depuis six mois le lion des trois royaumes.
Pendant toute la journée, la chapelle ardente avait été visitée par l'aristocratie anglaise ; le prince de Galles lui-même était venu en grande pompe, avec les officiers de sa maison, et on l'avait entendu dire en sortant, avec une émotion profonde :
« Le roi perd un vaillant soldat, la noblesse un digne gentilhomme, et moi je perds un ami ! »
Une larme du prince avait servi de péroraison à cette éloquente et simple oraison funèbre. Derrière le carrosse du prince, les portes de l'hôtel d'Asburthon

s'étaient refermées. Son Altesse Royale avait été le dernier visiteur admis. L'exposition solennelle était finie, l'heure de la prière silencieuse venait enfin.

« Monsieur le marquis, dit alors le nabab à Lionel, il faut vous retirer.

— Abandonner le corps de mon frère ! s'écria le jeune homme, oh! jamais....

— Il le faut, dit Osmany ; l'heure de la mise au cercueil approche, et l'usage anglais ne permet pas que les proches parents assistent à cette douloureuse cérémonie. »

Lionel se jeta sur le corps de son frère et le tint longtemps embrassé. Mais Osmany l'arracha à cette étreinte et le conduisit vers la porte.

« Partez ! » répéta-t-il.

Lionel sortit, étouffant ses sanglots.

Osmany revint vers le prêtre et lui fit un signe. Le prêtre s'en alla sans mot dire, et Osmany demeura seul, grave et recueilli, contemplant Roger.

« J'avais pourtant rêvé pour toi, noble enfant, murmura-t-il, de grandes destinées !... »

Et comme Osmany prononçait ces mots à voix basse, une porte s'ouvrit et le docteur Bolton entra. Derrière lui marchaient deux hommes qui portaient un cercueil sur leurs épaules : l'un était Samson, l'autre Rhamô, le fossoyeur du cimetière Saint-Gilles.

Osmany mit un doigt sur ses lèvres, pour recommander à Bolton de parler bas.

« Tout est-il prêt? demanda-t-il.

— Tout, répondit Bolton ; les funérailles auront lieu à la tombée de la nuit; le cercueil sera descendu dans le caveau de famille, et les gardiens du cimetière sont tous à nous.

— Êtes-vous sûr de l'effet de la liqueur que vous avez préparé ?

— Oui, répondit le docteur ; mais il n'y a que moi qui puisse l'employer.

— De telle sorte, dit Osmany que si vous mouriez ce soir...

— Le marquis Roger serait bien mort jusqu'à l'heure de la résurrection éternelle dans la vallée de Josaphat. »

Osmany frissonna.

« Mais soyez tranquille, dit Bolton, je ne mourrai pas d'ici à minuit, et les portes de la tombe fermées sur le marquis Roger d'Asburthon, se rouvriront dans les ténèbres devant Amri, le roi des bohémiens.

— Allons ! soupira Osmany, faites votre œuvre, en ce cas. Souvenez-vous que vous avez répondu de lui sur votre tête.

— Oui, » dit Bolton.

Osmany quitta la chapelle ardente. Alors les deux bohémiens s'approchèrent du lit de parade. Le cercueil était en bois de cèdre garni de satin blanc, et un coussin sur lequel était brodé en argent l'écusson des Asburthon, était destiné à recevoir la tête du mort illustre. Les deux bohémiens prirent le corps avec respect, le soulevèrent avec des précautions infinies et le placèrent dans le cercueil que fermaient trois serrures.

« A présent, dit Bolton aux deux Bohémiens; allez-vous-en et ne quittez pas le cimetière, souvenez-vous....

— Nous nous souviendrons, » répondit le fidèle Samson.

Bolton demeura seul dans la chambre mortuaire. Alors il tira de sa poche un petit flacon d'argent, et le considérant avec émotion :

« Quand un songe, murmura-t-il, que la vie d'un homme est là dedans; que si je venais à mourir.... »

Il n'acheva pas, et une sueur glacée mouilla son front : un visage austère venait de se refléter dans une glace voisine.

Un homme était entré dans la chambre mortuaire. Par où?... Bolton eût été embarrassé de le dire.

Cet homme marcha droit au chirurgien et lui dit :

« Vous avez eu tort, docteur, de prendre aussi bien vos précautions, en éloignant les serviteurs et les parents de la mort, et en vous séparant de votre ami Jean de France.

— Sir Robert Walden ! murmura Bolton qui devina un immense danger.

— Moi-même, répondit le baronnet avec un calme sinistre.

— Vous avez pris toutes vos précautions, poursuivit-il, mais vous avez oublié de fermer cette porte. »

Bolton avait posé la main sur la garde de son épée. Le baronnet tira lentement la sienne.

« Maintenant, reprit-il, il me faut ce flacon ou votre vie; car je ne veux pas que le faux marquis Roger d'Asburthon ressuscite cette nuit. »

Et il marcha l'épée nue sur Bolton, qui n'eut que le temps de se mettre en garde. Ce fut alors une lutte acharnée, effroyable; lutte muette, silencieuse et ne rendant d'autre bruit que celui de deux respirations oppressées, et le froissement de deux lames d'où jaillissaient parfois des étincelles.

« S'il me tue, pensait Bolton, dont les cheveux se hérissaient, s'il me tue, Roger est bien mort. »

Et cette pensée terrible redoublait ces forces et son courage ; mais sir Robert Walden était un des plus redoutables tireurs des trois royaumes, et il avait juré de tuer Bolton et de briser le flacon.

Tout à coup Bolton jeta un cri, un cri terrible, un cri de suprême désespoir. Son épée s'était brisée en deux tronçons, et celle de sir Robert Walden s'appuyait sur sa poitrine.

« Je ne suis pas un assassin, dit sir Robert Walden ; mais, aussi vrai que je suis gentilhomme, si vous ne me donnez pas ce flacon, j'use de mon droit : je vous tue !

— Oh ! une épée ! une épée! hurla Bolton qui, bondissant en arrière, se fit un rempart d'un fauteuil et s'accula dans un coin comme une bête fauve. Mon Dieu ! ne ferez-vous pas un miracle, et permettrez-vous qu'il meure ! »

Soudain la porte par laquelle le baronnet était entré s'ouvrit brusquement, et la bohémienne Topsy, haletante et les cheveux épars, s'élança dans la salle. Elle tenait une épée qu'elle tendit à Bolton en s'écriant :

« Et moi aussi, je ne veux pas qu'il meure ! Lui qui m'a sauvée, lui qui a voulu que je fusse encore belle, lui que j'aime !... »

Bolton s'empara de l'épée et le combat recommença, plus terrible et plus acharné que jamais.

VI.

Les funérailles de haut et puissant seigneur, marquis Roger d'Asburthon, membre de la chambre des lords, eurent lieu aux flambeaux, à huit heures du soir, dans le cimetière Saint-Gilles, où la noble race d'Asburthon avait son tombeau. Le cortège avait été imposant ; le cercueil, placé sur un char attelé de six chevaux caparaçonnés de noir, avait eu pour escorte toute la noblesse de Londres. Derrière le char funèbre, deux hommes marchaient tête nue : Lionel, le nouveau marquis d'Asburthon, et, à sa droite, le plus grand personnage de l'Angleterre après le roi, S. A. R. le prince de Galles, régent du royaume. Parmi les députés du club des *Beaux*, on voyait le nabab Osmany triste et recueilli. Enfin, le chirurgien Bolton suivait modestement à distance. Mais on eût cherché vainement, parmi les assistants, le baronnet sir Robert Walden.

On plaça le cercueil à l'entrée du caveau ; les prêtres récitèrent les dernières prières, puis chacun des assistants vint s'incliner devant la mort. Quand ce fut au tour de Bolton, il s'approcha et murmura à voix basse :

« Sir Robert Walden, Dieu fasse paix à votre âme. »

....

Un homme masqué, enveloppé dans un grand manteau et caché derrière un cyprès, n'avait perdu aucun détail de la cérémonie. Cet homme vit passer tour à tour Lionel qui sanglotait ; Osmany, le front penché ; et enfin S. A. R. le prince de Galles, auprès de qui marchait un jeune courtisan, le jeune duc de Sommerset.

« Est-ce que Votre Altesse, dit le jeune duc, a jamais ajouté foi à cette rumeur publique, qui faisait le marquis Roger d'Asburthon fils d'une bohémienne ? »

Le prince de Galles répondit :

« Je ne sais pas si le noble marquis Roger d'Asburthon était bohémien ; mais, ce que je sais bien, c'est que si les bohémiens avaient cette noblesse, cette beauté et ce courage, je les ferais tous nobles quand je serai roi ! »

« Allons ! fit l'homme masqué à mi-voix, voici une parole, monseigneur, qui portera bonheur au roi George IV ; et, dès ce jour, je dois tout mon sang à la libre Angleterre. »

....

Quand l'homme masqué quitta sa retraite, le cimetière était désert. Mais, à la porte, deux cavaliers tenaient en main un de ces fougueux étalons arabes, qui ne peuvent être montés et domptés que par un cavalier dans les veines de qui ruisselle le généreux sang des fils du désert. Ce cheval était noir comme la nuit ; il avait au front une étoile blanche, signe de royauté. Les deux hommes mirent respectueusement pied à terre, présentèrent l'étalon à l'homme masqué et lui dirent :

« Roi, tes sujets attendent tes ordres. »

ÉPILOGUE

La mer gronde au pied de la falaise. Sur la plage, des ombres mouvantes entourent un immense brasier. Le *Fowler*, armé en course et immobile sur ses ancres, découpe sa noire silhouette sur le ciel étoilé et la vague écumante. Dans une heure, il va emporter sous d'autres cieux les fils de Bohême, qui attendent sur la plage le signal du départ.

Au milieu de cette population aux costumes divers, indiquant des professions différentes, un homme vêtu d'un manteau rouge, coiffé de la toque écossaise, que surmonte une plume de faucon, l'oiseau royal, promène autour de lui un regard tranquille et fier, le regard du chef sous lequel se courbe toute volonté. C'est Amri, le roi des bohémiens. Jean de France et Samson sont placés à ses côtés. Le roi fait un signe, et, à ce signe, le silence s'établit, les enfants cessent leurs jeux, les femmes se taisent, et tous les yeux se portent avidement sur le jeune chef.

« Frères, dit-il, je vous ai convoqués ici, car l'heure du départ approche, et le navire que votre roi, muni de lettres de marque au nom du capitaine Black, va commander, lèvera l'ancre aussitôt que nous serons tous à bord.

« Frères, poursuit le roi d'une voix vibrante et sonore qui domine les mugissements de la mer, frères, le Dieu que nous adorons et qui est le Dieu de tous, a placé chaque être dans sa sphère ; il a assigné à chaque homme une demeure et une patrie ; il a dit à l'aigle : tu planeras dans l'éther que fendra ton aile puissante, et l'éther sera ton royaume. Il a dit à l'homme : tu bâtiras des cités et tu fonderas des empires ! Mais il a dit au bohémien : tu es le fils du désert, et le vent de la liberté soufflait si fort le jour de ta naissance qu'il renversa les piquets de la tente et souleva une mer de sable sous laquelle disparurent les loin villes et villages. Je t'ai donné le regard de l'aigle et la vitesse du cheval arabe et le courage indomptable du lion. Pareil à la frégate, cet oiseau des mers qui fait une lieue d'un coup d'aile, je veux que tu sois le pèlerin éternel qui se promène, calme et fier, d'un bout à l'autre de l'univers. Tu seras le fils du ciel, pour qui la terre est trop petite ; ta patrie sera le monde, et cette patrie n'aura d'autres bornes que les horizons d'azur que je lui ai donnés. Laisse aux hommes ordinaires le soin de créer des cités et de tracer des frontières, et marche ! Tu t'appelles la force, tu t'appelles la vitesse, tu t'appelles la pensée libre et féconde, marche donc toujours et sans cesse, et que les fils de Bohême soient les rois nomades de l'univers ! »

Le peuple d'Amri le bohémien écoutait frémissant d'enthousiasme.

« Frères, dit encore le jeune roi, si parmi vous cependant il est quelqu'un qui regrette la vieille Angleterre, quelqu'un qui ait perdu le sentiment vagabond de notre race, qu'il se lève ! je ne le forcerai pas à nous suivre !... »

Mais nul ne bougea, et un cri, un seul cri unanime, immense, retentit :

« Vive Amri ! Vive notre roi !

— Eh bien, frères, dit Amri, partons alors ! »

Il prit une torche enflammée des mains de Samson, et la brandit un moment au-dessus de sa tête.

C'était le signal qu'on attendait avec impatience à bord du *Fowler*, car soudain le brick salua de dix coups de canon et mit ses embarcations à la mer.

Mais en ce moment aussi, on entendit retentir dans l'éloignement le galop d'un cheval, un galop forcené, semblable à celui du cheval-fantôme, ce héros de l'indépendance américaine. Et, quelques minutes après, une amazone apparut au milieu du cercle de lumière décrit par le brasier. Elle sauta à bas de son cheval fumant, et dit :

« Moi aussi, je suis bohémienne, et je pars avec vous !

— Topsy ! » s'écrièrent à la fois Jean de France, Samson et le jeune roi des bohémiens.

La zingara marcha droit à ce dernier et lui dit :

« Oui, je veux partir, et, si on t'a parlé de l'épée que j'ai apportée à Bolton, tu ne me refuseras point la place à laquelle j'ai droit dans la tribu.

— Non, certes ! » dit Amri d'une voix qui courba sous la sienne toutes les volontés et éteignit tous les murmures.

Mais, au même moment, une femme s'avança au milieu du cercle et dit :

« Et moi, je ne veux pas ! »

C'était une jeune fille, encore pâle et souffrante, mais dont l'œil jetait des éclairs et dont la fière attitude arracha un murmure d'admiration aux bohémiens. Elle avait un poignard à la main, ses cheveux noirs flottaient épars, sur ses épaules demi-nues. C'était bien la vraie gitana, la fille de l'Inde, la plante luxuriante de sève et poussée en pleine terre, au grand soleil.

« Amri ! dit-elle, puisque tu es notre roi, tu dois te montrer juste avant tout.

— Je le serai, dit Amri.

— Je me nomme Elspy, reprit la bohémienne, et cette femme que tu vois là est mon ennemie mortelle.

Elle m'a traîtreusement attaquée : j'ai encore à l'épaule le trou mal cicatrisé de sa balle. Je veux qu'elle soit chassée de la tribu, ou qu'elle se batte avec moi ! »

Miss Ellen fit un pas vers la bohémienne :
« J'accepte le combat, » dit-elle.

Jean de France étouffa un murmure.

« Je ne veux pas, moi, » balbutia-t-il.

Mais Amri lui imposa silence, et dit à Topsy :
« Si cette femme a à se plaindre de toi, elle a le droit de demander ton expulsion de la tribu, à moins que tu ne consentes à lui donner la satisfaction qu'elle exige. »

Topsy, elle aussi, avait un poignard qu'elle tira de sa ceinture.

« Oui, répéta-t-elle avec joie, oui, j'accepte le combat, mais à une condition. »

Et son œil jetait des flammes.

« Parle, dit Amri.

— C'est que ce sera un combat à mort, sans trêve ni merci, et que personne de vous n'interviendra.

— Non, non, c'est impossible ! s'écria Jean de France. Elspy est encore trop faible.

— C'est possible, si le roi le veut, » dit Samson.

Jean de France courba la tête et se tut. Amri regarda longtemps, et tour à tour, ces deux femmes jeunes et belles toutes deux, toutes deux animées par la haine. Et tandis qu'il les contemplait, tous les bohémiens avaient les yeux sur lui et semblaient suspendre leur âme à ses lèvres. Enfin Amri prononça ces paroles :
« J'autorise le combat à mort entre Elspy et Topsy. »

Les deux femmes poussèrent un cri de joie.

« Amri ! s'écria Jean de France haletant d'émotion.

— Allons donc ! murmura Samson, vas-tu pas trembler maintenant ? C'est Elspy qui l'a provoquée. »

Jean de France se tut.

« Allez ! » dit Amri qui donna ainsi le signal du combat.

Telles deux lionnes rugissantes bondissent l'une vers l'autre sur le sable roux du désert, telles se précipitèrent les deux bohémiennes, le poignard à la main. Chacune d'elles avait enroulé autour de son bras gauche un plaid, à la façon des tauréadors.

Elles ne s'enlacèrent point d'abord, comme on aurait pu le croire. Ainsi que des spadassins habiles, elles étudièrent leurs mouvements et leurs gestes, l'œil dans l'œil, le bras gauche en avant, le droit prêt à frapper. Et, comme les héros d'Homère, elles s'apostrophèrent tour à tour :

« Je te hais, vois-tu, disait Elspy, parce que tu as voulu tuer mon bien-aimé, Jean de France !

— Moi, répondit miss Ellen, je ne te hais pas; je te méprise ! mais j'ai besoin de ton corps sanglant pour me faire un piédestal. »

Alors on entendit deux cris, deux cris rauques, deux cris de mort, et les deux ennemies acharnées ne formèrent plus qu'un groupe compacte se tordant et s'agitant. Les lames se heurtèrent, les haleines se confondirent, les bras s'enlacèrent, et le groupe se coucha tout à coup sur le sol.

« Mon Dieu ! mon Dieu ! » s'écria Jean de France qui voulut s'élancer au secours d'Elspy. Mais une main de fer le retint.

— Non ! non ! dit la voix rude de Samson, tu ne peux pas intervenir, Jean, tu ne le peux pas ! ce serait déloyal. »

Et le géant cloua Jean de France immobile, au bord du cercle, tandis qu'un immense cri d'angoisse et de terreur se faisait entendre parmi les bohémiens.

Miss Ellen venait de terrasser son ennemie ; elle appuyait un genou sur sa poitrine, et, le bras levé, elle allait lui enfoncer son poignard dans le cœur. Les bohémiens étaient glacés d'effroi.

« Grâce ! grâce ! balbutia Jean de France qui étendit vers Amri ses mains suppliantes.

« Ah ! dit Topsy, tu demandes grâce pour elle ? Eh bien ! voici mes conditions.... »

Alors, son poignard toujours levé, et le genou sur la poitrine oppressée de la zingara, Topsy regarda Amri, le roi de sa tribu.

« Écoute, dit-elle, toi qui es notre chef. J'ai été ambitieuse, j'ai été vindicative ; mais nos lois défendent-elles l'ambition, défendent-elles la vengeance ? Si j'ai commis des fautes, ne les ai-je point réparées ?

— C'est vrai, dit Amri.

— J'ai le droit de frapper ; si mon bras levé ne retombe pas, si je fais grâce à mon ennemie, que feras-tu pour moi ?

— Je te ferai reine de la tribu, » dit Amri.

La zingara se leva triomphante et jeta son poignard. Amri la prit par la main et dit :

« Inclinez-vous, voilà votre reine ! »

Elle chancela ; tandis qu'il la soutenait dans ses bras :

« Ah ! dit-elle d'une voix mourante, tu avais donc deviné que je t'aimais, depuis le jour où tu sauvas ma beauté. »

. . . .

Au point du jour, *le Fowler* glissait, toutes voiles dehors, au sommet des vagues, emportant les bohémiens et leur fortune.

www.ingramcontent.com/pod-product-compliance
Lightning Source LLC
LaVergne TN
LVHW052110090426
835512LV00035B/1489